广东艺术家在上海

——20世纪前期上海粤籍美术家活动研究

徐立 著

上海大学出版社

上海高校青年教师培养资助计划 编号 ZZshsf12028

图书在版编目(CIP)数据

广东艺术家在上海：20世纪前期上海粤籍美术家活动研究/徐立著. —上海：上海大学出版社，2015.8
ISBN 978-7-5671-1783-9

Ⅰ.①广… Ⅱ.①徐… Ⅲ.①美术家—生平事迹—研究—中国 Ⅳ.①K825.72

中国版本图书馆CIP数据核字(2015)第157719号

责任编辑 傅玉芳
封面设计 柯国富
技术编辑 金 鑫

广东艺术家在上海
——20世纪前期上海粤籍美术家活动研究
徐 立 著
上海大学出版社出版发行
(上海市上大路99号 邮政编码200444)
(http://www.shangdapress.com 发行热线021—66135112)
出版人：郭纯生
*
南京展望文化发展有限公司排版
上海上大印刷有限公司印刷 各地新华书店经销
开本787×960 1/16 印张14 字数215千
2015年8月第1版 2015年8月第1次印刷
ISBN 978-7-5671-1783-9/K·131 定价：36.00元

序
PREFACE

徐立女士在做博士论文时就选择这个课题，毕业后，锲而不舍，以数载之功终于成就了目前的项目。本课题的确立基于以下三点事实：中国近现代革新思潮和新文化运动多发轫于南方，尤其岭南地区，并由南方人士传播到全国；20 世纪上半叶上海是中国新文化运动、中外文化交流的重镇之一，其艺术创作与艺术教育在全国占有重要地位；20 世纪前期，活跃在上海的粤籍美术家有着不可低估的影响。

民国初期，是 20 世纪中国文化的一段黄金时期，活跃在上海画坛的粤籍美术家，虽然是一个松散的群体，但作者对其作为群体存在的可能性做了深刻论证，不失为一家之言。这个群体的活动揭示出新文化运动中以岭南文化为代表的南方的巨大辐射力，也揭示出海派文化的重要构成。

本书从跨文化研究角度着手，力图给读者展示多维度的视角。通过梳理“二高一陈”在沪的活动，论证粤籍美术家以《真相画报》为宣传窗口，开创民国美术革新之先河。又通过评析这一时期的重要文献——陈抱一的《洋画运动过程略记》，论述上海粤籍西画家在中国洋画运动的先驱作用。再而以木刻讲习会中的粤籍学员为切入点，探讨粤籍美术家在新兴木刻运动中的重要角色。沪上粤籍美术家作为群体在新美术运动中所扮演的先锋角色由此而凸现。

作者在围绕留学生引进外来美术中日本派系和欧美派系的问题时，联系西洋绘画在巴黎——东京——上海的发展路径，从美术教育模式、师承关系、创作主题、美术活动、艺术主张等方面探讨上海粤籍美术家的成就。在此过程中，岭南文化固有的开拓精神和前卫意识也得到明确体现。

本书意在阐述上海粤籍美术家如何在多元文化碰撞、交融下，将东方与西方文化、海上文化与岭南文化融合于一身，通过他们的美术活动，将当时的先进文艺，以上海为平台，再向全国辐射，从而成为传播新美术的先驱。在以往的研究中，对粤籍上海美术家的研究尚还不力，此书的出版将弥补这一缺憾。

徐立博士，作为上海近现代艺术史、中外艺术交流研究领域的新人，通熟日文、英文、法文，在此课题研究中有得天独厚的优势，对解释这段曾被忽略、被遗忘的历史，做出了重要的学术贡献。她以细腻的笔法、丰富的史料、鲜明的观点、中肯的评析，给这段历史勾勒出一幅多彩的画面。是故值得向读者推荐。

潘耀昌

2015 年 5 月

目 录
CONTENTS

第一章
绪　论

第一节　缘　起

众所周知，中国是一个有着悠久历史、广袤大地和灿烂文化的文明古国。中国拥有举世闻名的造纸术、印刷术、指南针、火药四大发明，在世界文明史上留下了光辉的一页。在亚洲，中国是较早接触到西洋文明的国家之一，在西洋文化的汲取方面具有优势。近现代，上海与广东作为中国东南沿海地区最早接触西洋文化、接受欧风美术的影响，成为中国近现代美术重镇。然而，由于种种原因，20 世纪前期上海粤籍美术家的事迹渐渐被人们淡忘，成为一段被遮蔽了的历史。在导师的指引下，笔者自硕士研究生阶段起便开始关注这个问题。

一生收藏了 150 余名中外现代木刻家作品的鲁迅曾有过搞版画的多为广东人的感叹。根据上海鲁迅纪念馆、江苏古籍出版社编《版画纪程：鲁迅藏现代木刻全集》(1991)，有简介的 57 名作者中，粤籍美术家占半数以上(29 人)。而 1931 年 8 月 17 日参加上海新兴版画运动木刻讲习会的 13 名学员中[①]，粤籍亦占近半数。由此，笔者对为数众多的粤籍美术家投身上海新兴木刻运动

① 木刻讲习会 13 名学员如下：陈广(卓坤，1908—2002，粤籍兴宁人)、陈铁耕(1908—1969，粤籍兴宁人)、江丰(周熙，1910—1982，沪籍)、黄山定(1910—1996，粤籍兴宁人)、李岫石(1911—1938，四川籍内江人)、顾鸿干(中国左翼美术家联盟东京分盟成员，粤籍云浮人)、邓启凡(粤籍兴宁人)、钟步卿(粤籍兴宁人)、乐以钧(1910—1997，四川籍雅安人)、苗勃然(笔名草田，1910—1967，四川籍成都人)、倪焕之、胡仲明、郑川谷。

的原因产生了浓厚的兴趣。

不仅限于版画，粤籍画家在留日画派所占比例也十分明显。根据刘晓路 1996 年发表在《美术家通讯》上的《让先辈们名垂史册——〈东京美术学校中国留学生名簿〉的世纪沉思》一文，1900—1949 年东京美术学校所有 133 名中国留学生中粤籍留学生为 25 名，占中国留学生总人数的近五分之一，这些留学生中有些在上海留下了他们的足迹。然而长期以来，学界一直存有留日画家不及留欧美的观点。诚然，由于诸多主客观原因，针对留日画派的研究的确有过一段沉寂期，但随着近年对于早期中国留日美术家的个案研究增多，这个领域受到愈来愈多研究者的关注。笔者试图以 20 世纪前期东京美术学校粤籍留学生为分析、研究对象，结合他们归国后在上海的美术活动，探讨日本西画教育下的中国美术留学生究竟对近代中国西洋美术教育产生了怎样的影响。

20 世纪前期活跃于上海画坛的众多美术工作者中，粤籍美术家的活动尤为明显，涉及包括新国画、油画、版画等诸多新美术领域。他们离乡背井，四处求学，从广州到上海，再从上海奔赴日本、法国；为了传播西方新美术，实现美术救国理想，他们漂泊四方，身影遍及中国大江南北，世界各地。本书试图从大美术角度归纳总结这群上海粤籍美术家的共性，解读他们在近现代中国新美术运动中所扮演的角色。

本书将 1912—1937 年间沪上主要粤籍西画家与日本、法国的关系作一脉络梳理。结合艺术社会学、艺术文化学等有关理论内容与当时中、日、法三国文艺界的背景，考察法国、日本艺术元素对这一群体的影响。同时，针对早期留洋美术家接受的培养模式进行分析论证，探讨他们对民国初期西洋美术在中国的发展具有的借鉴意义。

此外，本书还从同源文化认同角度对民国初期中国画家留学日本学习洋画的原因进行了探究，在此基础上梳理这一时期沪上粤籍美术家的活动网络。

本书从历史、宏观、微观层面，以 20 世纪前期上海粤籍美术家为研究对象，对他们的生存和学艺背景、创作、艺术主张及美术活动进行层层深入剖析，以解读 20 世纪前期中国新美术运动中这些粤籍美术家在沪从事美术活动的方式、相互关系以及多元文化在他们身上的作用方式等问题，从而探讨他们作为一个群体的产生、发展及其对中国近现代美术的积极作用。

本书涉足的领域涉及美术的各个方面。在以 20 世纪前期上海粤籍美术家研究为题的前提下，如何跳出传统思维框架，跳出单纯的粤籍美术家“户籍”整理，从宏观层面研究这群画家是本文的难点之一。难点之二在于文献资料的收集与整理，在于发掘、厘清其脉络。作为并非当事人的一代，对于发生在近百年前的那段历史熟悉而陌生，需要依据前辈的研究资料和指导。在确证文献可靠性的前提下，将之放入具体的跨地域、跨文化语境下进行分析、阐述，并从中得到启示，为寻找沪上粤籍美术家与上海城市文化的关系，为构建具有中国特色的当代美术发展道路提供史料上的佐证。

第二节　研究的目的和意义

一个时代的艺术，离不开当时经济与文化的发展。研究近百年前中华大地上发生的这场现代艺术运动，对于今天的我们而言具有理论与实践双重意义。

本书立足于 20 世纪前期——中国社会内忧外患，发生巨变的时代大背景，将粤籍美术家群体置于上海——这座西方思想影响下洋画蓬勃发展的国际大都市中。从西洋文化与东洋文化，上海城市文化与广东文化相结合的社会变革角度，分析西洋绘画通过粤籍画家从法国巴黎、从日本东京传至沪上的演变过程，以此探寻西洋绘画在巴黎——东京——上海这三座 20 世纪初世界繁华大都市中的发展路径，以及沪上粤籍美术家在近现代中国新美术运动中所扮演的角色。希望通过对上海粤籍美术家群体研究，给民国早期外来艺术在我国的发展给予更多的理论关怀。

20 世纪前期的中国处于翻天覆地的变革阶段，在那个动荡的时代，国家内忧外患，民族力图自强。自 1840 年鸦片战争起，中华大地开始了漫长的社会转型。1911 年，辛亥革命结束了中国两千余年的封建专制统治。1919 年的五四运动，国人逐渐接触到世界各地先进的人文科学、自然科学。1912—1937

年，中国近现代美术走过了从萌芽到兴起的关键时期，各种美术思潮、文化蜂拥而入。这一时期在上海兴起的新美术运动中，从传统国画的革新到洋画运动、新兴木刻运动，随处可见粤籍美术家的身影，涌现出一批中国近现代美术史上的重要人物，为中国近现代美术史留下了光辉灿烂的一页。足见他们在中国近现代美术史上承前启后的地位与作用。

从广东到上海，从日本到欧洲，从上海到全国，这些粤籍美术家以世居、留沪、驻沪或仅仅短暂旅沪的形式活跃于当时的上海画坛，在外来文化冲击下，融合东洋文化与西洋文化、上海与广东的地域文化于一体。

本书旨在研究20世纪前期上海粤籍美术家在社会现代转型期新美术运动中的活动，并将之置于跨文化交流与交融关系的框架中，既关注社会结构对其发展的制约，又兼顾其发展的自主逻辑。与此同时，力图使民国艺术研究不再局限于孤立的个体研究，而是将民国艺术变化发展与艺术文化学、艺术社会学、图像学、符号学等联系起来。将艺术置身其产生的社会体系之中，从大美术而非狭义美术研究角度，在探索宏观与微观，历史与现实统一中肯定他们在上海早期美术运动中的承前启后作用，总结多元文化在沪上粤籍美术家的理论思维与绘画作品中如何被创造性地展现，探讨他们作为一个群体而存在的同一性及价值取向。

由于客观原因，20世纪前期的艺术品散失现象严重，世人对这些作品的保存力度明显不足，不少原件至今下落不明，收集、藏购、展示等仍旧处于相对无序的状态。研究21世纪当代艺术与20世纪前期艺术之间的联系更能促进人们对现代艺术的关注与保护。通过打通中国现代艺术的今天与昨天，从宏观角度联系中国新美术运动的过去与将来，认清当代艺术真实的地位，以期当代艺术与文化、时代更紧密的结合。

随着全球化进程的进一步加速，21世纪注定将成为一个多元文化交织的时代。发达的科技以及迅捷的媒体使美术的边界变得模糊不清，美术的前途似乎变得渺茫。如何在这个时代赋予美术以新的生命力是各国美术家探讨的问题。通过研究20世纪前期上海粤籍美术家在异文化冲击下的应对，给民国早期外来艺术在我国的发展给予更多理论关注的同时，归纳东西文化交融在民国初期新美术运动中所产生的影响，从而探讨研究这段历史对繁荣复兴新世纪海派都市美术和现今美术界的启示。

第三节 国内外研究概况

中国近现代美术离不开美术教育，蔡元培倡导以美育代宗教的观点在当时很大程度上激励了社会各界学习艺术的热诚。潘耀昌教授主编的1998年中国美术教育国际学术研讨会论文集——《20世纪中国美术教育》对中国现代美术教育所涉及的问题作了总结。潘耀昌认为当时美术教育的指导思想可以分为改良派、激进派、学术派与革命派，分别以康有为、梁启超、陈独秀、蔡元培及鲁迅等为代表①，他们均有游学经历，接触过西方美术。目前，有关留学生、外籍教师等问题由于受到时间、地域、语言等的限制，成为该领域亟待解决的问题。

陈瑞林教授主编的《20世纪中国美术教育历史研究》对20世纪中国美术教育史料进行了细致的梳理，为研究中外文化艺术交流奠定了基础。李伟铭的《图像与历史——20世纪中国美术论稿》②一书汇集了其多年的研究文章，以20世纪粤籍艺术家个案研究为中心，将之看作中国文化的有机组成部分。特别是其中关于高剑父、陈树人的论述以及书中出现的第一手材料为本文的写作提供了线索。

20世纪前期的中国涌现了一批满怀实业救国、教育救国、艺术救国热忱留学国外的青年。其中，与中国一衣带水的日本在这一时期吸引了众多中国留学生。由于诸多历史原因，留日美术学生的研究曾一度处于边缘状态。刘晓路是新时期以来国内第一位研究日本美术、关注留日画派的美术史家，他将中国近代美术中出现留日现象的原因归结为文同、路近、费省③。他评价中国留日学生的最大功绩在于：创立北京美术学校；岭南派；开创台湾美

① 潘耀昌.中国近现代美术教育史[M].杭州：中国美术学院出版社，2002：75－88.
② 李伟铭.图像与历史——20世纪中国美术论稿[M].北京：中国人民大学出版社，2005.
③ 刘晓路.20世纪中国美术的留学生[J].美术，2000(7)：78－81.

术的新局面;在大陆形成短暂的现代派热。同时,就民国留洋美术家产生的影响而言,他认为留日者对于中国大陆主流美术的影响不如留法者大,并将之归结为时代选择的结果①。随着这位前辈的故世,国内对留日画派的研究一度处于真空状态。李超教授的《上海油画史》、《中国早期油画史》对中国西画的东渐过程作了历史梳理,对于中国早期美术留学生问题亦有一定历史性阐述。

进入21世纪,众多针对某个专题或是画家个案的研究正逐渐过渡至更宽阔的地域美术研究领域。2001年“海派绘画国际学术研讨会”、2003年“广东与二十世纪中国美术国际学术研讨会”等地域美术研究国际学术研讨会的成功召开便是这一领域研究的重要成果之一。关于京津画派、海派、浙派、扬州画派、岭南画派的地域性研究此起彼伏,举不胜举。然而,按照从单纯的经典作品、地域、分期、画种等方式入手的专题研究、个案研究对于那些超越地域限制、更宽广范围内的文化流动,并不完全适用,因为后者构成复杂、具有较大的影响,用传统方式进行研究难免受到地域性限制。2006年的民国油画收藏展上,首次在国内提出了民国油画的整体问题。该展览以画家经典作品为展示方式,但在范围划分上仍然显得模糊,入选画家没有一个明确的归类。2007年广东省美术馆主办的“浮游的现代性:20世纪前半叶的广州、上海、东京的美术运动和都市文化”研讨会,通过进入当时艺术家们的理想世界,去理解把握当时现代艺术发展的环境。

宋钻友②的《广东人在上海:1843—1949年》一书涉及广东人移居上海的历程、规模、分布、同乡组织等多方面。该书以上海广肇公所③为线索,展现了近代旅沪广东人在政治、经济、社会生活、商业金融等方面的活动,为研究当时广东人在上海的日常生活提供了丰富的背景资料。然而,针对广东美术家在上海的活动,书中并未涉及。本书在研究方法上吸取了宋钻友在该书中提出的同乡认同网络的概念,以全球经济一体化与多重网络为背景研究广东

① 刘晓路.各奔东西:纪念近代留学东洋和西洋的中国美术先驱们[J].新美术,1998(3):23-29.
② 宋钻友(1950—),上海社会科学院历史研究所研究员。主要研究方向:中国近代史。
③ 上海同乡组织,由广州府与肇庆府旅沪商人建立,始建时间不详。

旅居者①。

此外，20 世纪前期粤籍美术家的著作、文献以及近年来出版的各种纪念画册，为研究他们当时的创作状态、艺术思想提供了一定的理论依据。《上海美术志》则为研究上海 20 世纪前期的美术活动提供了基本资料。

国际上，美国费正清主编的《剑桥中华民国史》对 19 世纪末 20 世纪前期的中国经济、文化领域做了系统的论述，为研究民国事件提供了史学背景参考。俄亥俄州立大学教授安雅兰(Julia Andrews)与加州大学圣地亚哥分校沈揆一教授合编的《危机中的一个世纪：二十世纪中国艺术中的传统与现代性》②古根汉姆美术馆展览图录中，收录了包括 20 世纪早期的商业艺术、木刻、国画在内的近现代艺术品。此外，纽约大学美术学院的乔迅(Jonathan Hay)、马里兰大学艺术史教授郭继生(Jason C. Kuo)、密歇根大学汉学研究中心的梁庄爱伦(Ellen Johnston Laing)等专家学者都撰写过关于 19 世纪末 20 世纪初上海画坛的研究文章、著作。西方社会关于 20 世纪前期粤籍美术家的研究资料中，以岭南画派为主题的专著有拉尔夫·克罗泽尔(Ralph Croizier)作于 1988 年的《现代中国的艺术与革命：岭南画派，1906—1951》③一书。该书围绕“岭南三杰”的艺术活动，结合他们的艺术主张与政治革新分析论述国画改革与时代的关系，但对于同时期粤籍美术家的艺术活动未曾深入论及。由此可见，单就中国美术领域留学生的研究，西方资料相对匮乏。然而，随着近年来越来越多的西方研究者开始对中国近现代美术产生兴趣以及海外艺术家后代的回忆文字等，弥补了大陆研究者较少有机会亲历海外调查原始资料的遗憾。

关于中国 20 世纪早期留学生的研究，国际评价较高的有日本学者实藤惠秀的《中国人留学日本史》一书，被誉为“19 世纪末 20 世纪前叶中日文化关系的重要参考书之一”④。该书包括留学生留学日本的原因、历史、在日本的生活、翻译活动、政治活动等章节，运用了留日学生的书信、日记、口述史料等珍

---

① 宋钻友. 广东人在上海：1843—1949 年[M]. 上海：上海人民出版社，2007：8-9.

② *A Century in Crisis: Tradition and Modernity in the Art of Twentieth Century China* [M]. NY: Solomon R. Guggenheim Museum, 1998.

③ Ralph Croizier. *Art and Revolution in Modern China: The Lingnan (Cantonese) School of Painting, 1906-1951* [M]. Berkeley and Los Angeles: University of California Press, 1988.

④ 实藤惠秀. 中国人留学日本史[M]. 谭汝谦，林启彦，译. 北京：生活·读书·新知三联书店，1983：1-5.

贵资料，为后人了解当时留日学生的活动提供了丰富的背景资料。法国学者对于中国20世纪留学生的学术著作主要关注中国的勤工俭学运动，20世纪80年代法国汉学家收集整理的《1920—1940年中国留法勤工俭学生资料汇编》由法国高等社会科学研究院出版，为研究20世纪初以勤工俭学形式留学法国的知识青年提供了珍贵的资料。

日本国立公文书馆亚洲历史资料中心(JACAR)、国立国会图书馆近代数字图书馆的收藏，以及一批日本中国美术史研究者们的研究成果为后代研究者们提供了宝贵的文献资料。日本学者鹤田武良[①](Takeyoshi Tsuruta，1937—2009)自20世纪60年代末开始对中国近百年绘画进行研究直至去世，三十余年间在中国、日本、欧美各地进行资料收集、研究工作，以外国学者的视角对中国近百年来画家、绘画史研究做出了一定贡献。其中，《近百年来中国绘画史研究1—7》涉及20世纪初期部分甚多，有全国规模的美术展览会、清末民初的美术教育、留日美术学生、留欧美术学生、日中绘画联合展览会出品目录等，为研究中国近现代美术留学生提供了珍贵的素材。吉田千鹤子[②](Chizuko Yoshida，1944—)于1977年与矶崎康彦合作，经由日本文教出版社出版了《东京美术学校的历史》一书，成为一本了解东京美术学校——这座在20世纪初期培养了百余名中国美术留学生的日本名校的百科全书。

2009年出版的《近代东亚美术留学生研究——东京美术学校留学生资料》一书，是吉田千鹤子基于早期发表在《东京艺术大学美术学部纪要》上的《东京美术学校的外国学生》一文，结合其多年的资料收集、修订而出版的。该书以20世纪前期东京美术学校中以中国留学生为主的亚洲各国留学生为研究对象，基于东京艺术大学所藏史料，分中国人、朝鲜人、中国台湾人以及其他国家地区留学生并对他们的入学状况进行梳理、研究。其中，《东京美术学校外国人留学生名簿》[③]部分较之以往国内翻译的相关内容资料更为

① 鹤田武良(1937—2009)，东北大学文学部东洋艺术史学科毕业。大阪市教育委员会技术吏员、市立美术馆学艺员，1972年起任东京国立文化研究所研究员。

② 吉田千鹤子，1944年生于日本群马县。东京艺术大学东洋美术史专业修业，东京文化财研究所客座研究员。

③ [日]吉田千鶴子.近代東アジア美術留学生の研究——東京美術学校留学史料[M].東京：ゆまに書房，2009：145-178.

详细。该书对研究日本近代美术史、东京美术学校的近代美术留学生提供了珍贵的史料素材，书中显示 1901—1939 年东京美术学校招收中国大陆美术留学生为 103 名(不包括 30 名来自台湾地区的留学生)，其中顺利毕业者 45 名，占该阶段中国大陆 72 名留日艺术类毕业生的 62.5%。这个数字从某种角度显示了该校对中国美术留学生的吸引力。在这批美术留学生中，尤以粤籍学生人数居多，颇具代表性。然而，该书对于调查中国人留学生在留学前、回国后的具体活动、成果的研究存在一定空白，值得其他研究者进一步调查、补充、研究。

随着近年来关于这批美术留学生个案研究的逐渐增多，学界存在民国初期留日派没有留法派功绩大的观点。但笔者以为这个问题不能一概而论。由于艺术是超越国界、超越语言的一门人类文化产物，不能仅通过留学前的教育水平对美术留学生加以评判。由于各种历史原因，留日画家的作品国内保存数量较少，依靠现存的少量画作评判这批画家的绘画水平显然是不全面的。那么，20 世纪前期这批在中国洋画运动史上留下过灿烂光辉的留日美术家，他们的绘画功底究竟如何？是否如学界所言其产生的功绩及影响不如留法美术家大？带着以上疑惑，笔者根据吉田千鹤子的《东京美术学校外国人留学生名簿》，同时参考国内新时期以来第一位关注、研究留日画派的美术史家刘晓路整理订正的《东京美术学校中国留学生名簿》[①]，整理出东京美术学校 1901—1949 年间粤籍留学生的相关资料(见附录一，与刘晓路整理订正的略有出入)。本书以 20 世纪前期东京美术学校粤籍留学生为研究对象，在对他们的整体情况进行核实、修订、比较的基础上，针对他们入学前的美术教育、在校期间的培养模式以及归国之后的教学等方面展开研究，探寻他们投身艺术救国历程，探讨当时中国留日美术家的整体水平。

就方法论而言，本书在论述中将涉及西方美学史中探讨艺术发展规律的重要理论：法国艺术史学者泰纳(Hippolyte Adolphe Taine，1828—1893)的三因素说——种族、环境和时代，这是本书借鉴的研究方法之一。泰纳认为艺

① 刘晓路. 让先辈们名垂史册——《东京美术学校中国留学生名簿》的世纪沉思[J]. 美术家通讯，1996(3).

术作品是记录人类心理的文献，而种族、环境和时代通过影响人类心理而作用于文艺创作并影响其发展趋势。在《英国文学史引言》中，他提出了三个“原始力量”——内部主源、外部压力、后天动量，并在《艺术哲学》[①]中针对种族、环境、时代的不同作用进行具体分析论述。

法国社会学家皮埃尔·布迪厄（Pierre Bourdieu，1930—2002）在他的区隔（la distinction）理论中，将文化资本（culture capital）与习性（habitus）联系起来。康德曾将美学作为综合纯粹理性与实践理性的一种原则；黑格尔认为美学是一种客观精神向绝对精神的转换；保尔·德曼（Paul de Man，1919—1983）认为美学是一种关于意义与理解之间过程的现象主义，即把美学作为一种艺术哲学，将传统美学概念视为一种人类所无法超越的思想存在方式——意识形态概念加以研究[②]。美国社会学家迪马乔（Paul J. DiMaggio）在研究中注意到地位与掌握的文化种类数量成正比，并指出这是由社会和地位流动性不断增长的结果。从另一方面而言，画家的艺术造诣是其生活态度的表现，更是一种文化意识形态。

综观目前国内外学术界对于粤籍美术家的研究，如何超脱出以专题、个案研究为主的地域研究，仍然是摆在研究者面前的问题。由此，本书试图从艺术文化学角度探讨地域、文化、艺术之间的联系及其对20世纪前期上海粤籍美术家的影响，并以此为背景，从跨文化研究及东西文艺思潮的角度分析研究这群美术家在新美术运动中的艺术活动，探索他们的艺术意识形态的变化过程。

第四节 主要研究内容

本书在刘晓路、鹤田武良、吉田千鹤子等研究的基础上，继承康有为、梁启超、孙中山等美术革命的传统，将研究范围设定在20世纪前期上海粤籍美术

① ［法］泰纳.艺术哲学［M］.傅雷，译.北京：人民文学出版社，1963.

② 昂智慧.文本与世界——保尔·德曼文学批评理论研究［M］.上海：上海人民出版社，2009：145－149.

家及其美术活动、创作、美术理念等方面。故而，本书将跳出单纯的粤籍美术家“户籍”整理，超越普通意义上的地域、个案研究，探寻题目背后的文化意义。

本文以“多元文化”为背景，将“美术”置于跨地域、跨文化交流与交融关系的框架中，以这群粤籍美术家在上海的美术活动为切入点，探讨他们如何融合本身的地域特点与东西方文化，在四海漂泊中将当时的先进文艺由海外带回上海继而在全国传播，解读他们在近现代中国新美术运动中所扮演的角色及其历史地位。所涉及的画种则囊括了民国初期多元文艺风潮影响下产生的新国画、油画、新兴版画等现代美术诸多领域。在此基础上，从文化认同角度去囊括这批粤籍美术家，归纳总结他们的特征、价值取向以及作为群体存在的同一性。

研究方法分几步入手：首先，从纵向的历史角度以及从事西洋画创作的美术家相比较的角度出发，梳理包括广东与上海在文化上的联系，归纳总结其特征。同时，借鉴艺术社会学相关原理探讨中国 19 世纪末沪上粤籍美术留学生聚集的成因；其次，从其当时的政策、制度背景，横向的国内外政治、经济、文化等角度出发，借鉴艺术文化学、艺术社会学相关原理探讨多元文化、艺术对 20 世纪前期粤籍西洋绘画研习者产生的影响；再次，运用艺术风格学、美学及跨文化研究方法，对当时的作品、美术家的活动进行对比与评价，找出这些美术家之间的共同点与差异，评析民国沪上粤籍美术家群体研究问题的关键；最后，归纳总结出多元文化在这群上海粤籍美术家身上的体现，以及东西文化交融在中国新美术运动中所产生的影响。

针对美术家的艺术作品，以形式分析法（formal analysis）为主，结合图像的时空叙述法（pictorial space-time narrative），对比、解读不同作者的类似作品以及相同作者的不同作品，分析、归纳出作者的风格演变，从而揭示美术家的艺术意识形态。引用艺术符号学（semiotics of art）、结构主义分析方法，将作为文本文化的文献资料与作为图像文化的作品结合起来进行分析、探讨。

本书试图通过实证，建立起从社会背景——文化精神——中心画家——艺术群体的链式发展过程。结构如图 1－1。

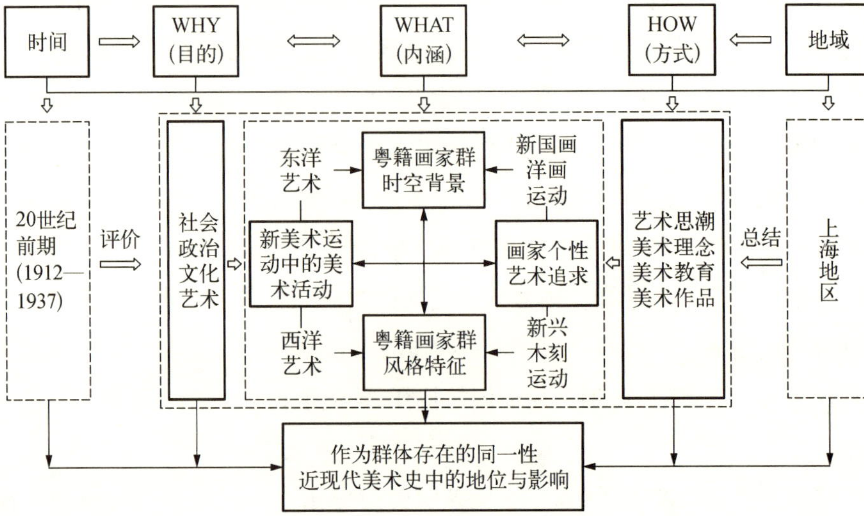

图 1-1　链式发展过程结构图

第一章绪论部分，概述了研究缘起、研究目的、意义、国内外研究情况以及本书的主要内容。

第二章从当时国内外政治、经济、文化等角度出发，分析总结近代留学风潮兴起的原因及概况，并在此基础上探讨包括来自西洋、东洋、广东与上海在内的多元文化的影响，从而展现 20 世纪前期上海粤籍美术家生活的地域、文化环境、时代背景。

第三章以多元文化影响下的“美术”概念引入为切入点，借鉴艺术文化学、艺术社会学相关原理探讨东西方艺术交融、艺术思潮对研究对象产生的影响。在此基础上，从画种、与上海的关系、留学地等方面对本书的研究范围即 20 世纪前期上海粤籍美术家的构成进行界定。

第四章探讨了上海粤籍美术家与新国画运动之间的关系，从《真相画报》与城市大众美术、高氏兄弟与中国画的革新以及陈树人与《新画法》三个方面进行论述，并肯定了他们对民国初期美术革新的推动作用。

第五章探讨了上海粤籍美术家与洋画运动的关系，在分析、点评陈抱一《洋画过程略记》的基础上概括洋画运动各个时期的美术活动。接着，按留日画派与留法派，讨论上海粤籍美术家在现代派绘画教育中的倡导作用。最后，以林风眠与关良的中西结合道路为例，就沪上留法、留日粤籍美术家的创作、美术教育及美术活动进行对比分析。通过解读与之相关的外籍教师的作品、艺术经历，探寻这些美术留学生早期艺术风格的形成路径，从而肯定上海粤籍美术家在中国洋画运动中的先驱作用。

第六章探讨了上海粤籍美术家与中国新兴木刻运动的关系，以中国新兴木刻的兴起为切入点，论述中国新兴木刻运动中上海粤籍版画家围绕在鲁迅周围所取得的成果与发挥的生力军作用。

第七章探讨了上海粤籍美术家在其他新美术领域的影响，包括雕塑、水彩画、漫画及美术期刊等。

第八章针对 20 世纪前期上海粤籍美术家作为“群体”的质疑，论证了其存在的可能性。从多元文化影响下形成的美术活动网络，到这群美术家身上体现的美术参与“革命”特征，以及他们对现代美术教育模式的探索，归纳、总结粤籍美术家作为群体而存在的同一性。同时，从宏观角度联系中国新美术运动的过去与将来，从美术的社会动员性角度探讨美术救世理想的当代意义，以总结这群粤籍美术家对开创中国世纪之交美术新纪元的历史影响力，并对今后的研究课题进行思考。

第二章

上海粤籍美术家的生存环境

艺术是使一个民族素质得以提高和民族得以振兴的关键。

——蔡元培

研究20世纪前期上海粤籍美术家，首先要从时代文化、地域等方面考虑他们产生、生存的大环境，这正如法国艺术史家泰纳在《艺术哲学》中阐述了一个社会的物质文明与精神文明的性质和面貌都取决于种族、环境、时代三大因素，法国的孟德斯鸠和德国的温克尔曼都承认地理环境对艺术的影响，蔡元培将艺术提高到一个关乎民族振兴的要素。不仅如此，中国近代文艺作品绝大多数贯穿了与时政紧密相连的反抗精神，足见艺术与时代文化之间重要的内在联系。

阿诺德（Matthew Arnold，1822—1888）在1969年的《文化与无政府状态》一书中认为，文化包含了一种使人美好、高尚的东西。每个社会中被认为是最优秀的因素，能减弱具有侵害性、商业性、野蛮的城市生存状态。于是，文化通常与地域、民族、国家联系起来，构成了一定意义上的身份认同。心理学家荣格也认为，文化具有很强的种族遗传性。由此可以判断，作为文化有机组成部分的艺术势必与地域、文化之间有着一定内在联系。

中西文化人对于地域与文化的观点不约而同，地理环境等要素必然会极大地影响一个民族的生活方式、精神气质。在这一问题上，梁启超曾提出“政治地理”概念[①]，认为其中包含自然地理环境和社会文化环境。这里所指的社

① 叶朗. 美学原理[M]. 北京：北京大学出版社，2009：154.

会文化环境，是一个复杂的综合概念，包括经济、政治、文化传统等许多方面的因素。其中起直接、根本作用的因素，是经济的影响。俄国的思想家普列汉诺夫认为："为什么一定社会的人正好有着这些而非其他的趣味，为什么他正好喜欢这些而非其他的对象，这就决定于周围的条件。"[①]同时，他认为这些社会条件的总和由人类文化的发展进程决定。

从该角度而言，20 世纪前期上海粤籍美术家们通过美术创作及美术活动为文化载体反映、影响当时的社会。由此，本书所论及的文化具有双重含义：广义而言，包含一切与这些美术家相关的政治、经济、艺术等；狭义而言，包括以美术作品为文本的文化以及这些粤籍美术家涉及的艺术活动。

第一节　留学风潮的兴起

20 世纪前期的上海粤籍美术家多出生于 19 世纪末 20 世纪初，当时的中国社会留学风潮此起彼伏。19 世纪下半叶，洋务运动催生了中国近代第一批留学生，1872—1875 年间，先后分四批向美国派出官费留学生，其中广东出身者约占 70%[②]。可见广东人的留学传统由来已久，广东香山人容闳被誉为"留学生之父"。直至 1881 年清政府下令撤回留美学生。同时，1877—1886 年，清政府分三批向欧洲派遣青年留学生。这一时期的留学生，主要为了学习西方语言以及先进的近代技术，留欧者多学习与海军建设相关专业。

一、近代留学潮

近代中国首次派遣学生留学日本出现在 1896 年，驻日公使裕庚为了公务需要招募了 13 名留日学生。甲午战争中国的战败从真正意义上催生了日本留学。1868 年的明治维新使日本在短时间内由一个闭关锁国的东方弱国变成

① ［俄］普列汉诺夫. 普列汉诺夫美学论文集：第 1 册[M]. 曹葆华，译. 北京：人民出版社，1983：332.

② 李喜所. 近代中国的留学生[M]. 北京：人民出版社，1987：39.

了亚洲强国之一，这与近代西方的启蒙影响密不可分。以“版籍奉还、废藩置县”为口号的政治体制改革，“富国强兵、殖产兴业”近代化政策的推行，“四民平等、文明开化”的倡导，使日本完成了由封建社会向近代天皇制资本主义国家的蜕变。1898年的维新运动便是以日本明治维新为参照，力图将中国现代化改革从技术层面发展到政治制度层面。同时制定了《约束游学生章程》、《奖励游学生毕业章程》、《自行酌办立案章程》一系列的规章制度以约束、管理、鼓励留学日本，培养人才。这一点，从清政府向日本派遣留学生所学的专业可见一斑，这一时期的赴日留学生主要以法政、师范、军事科为主。

留学日本第一波热潮起于1905—1907年间，1906年起《选派游学限制办法》规定了留学日本学生必须具备中学毕业以上学历。由此，留学日本的中国留学生从短期速成教育转向投入高等专门教育。虽然人数上较之以往有所减少，但质量却得到了提高。随着科举制度的废除，更多的进步青年为了获取新知识，自费前往海外留学。1914年前后与20世纪30年代中期，第二、三波留日热潮出现。

与此相比，直至1919年才达到高潮的留法勤工俭学则明显晚于留日高峰。20世纪初，蔡元培、吴稚晖①、李石曾②等倡导勤工俭学。1912年旨在“改良社会，首重教育。欲输世界文明于国内，必以留学泰西为要图。惟西国学费，宿称耗大，其事至难普及……以兴尚俭乐学之风，而助其事之实行也”③的留法俭学会成立。通过节俭求学方式，使一部分非富裕家庭出身者亦有机会留学。同时，留学的目的也不再仅限于获得文凭，更多的是因为“深受法国共和思想和进步观念的印象，为了培养良好的生活协管以及劳动节俭的生活方式而学习”④。1915年，以“勤于作工，俭以求学，以增进劳动者的智识”为宗旨

---

① 吴敬恒(1865—1953)，字稚晖，江苏武进人。1989年起在上海南洋公学任教，后东渡日本。1902年加入上海爱国学社，参与《苏报》工作。1905年在法国参加中国同盟会，主持《新世纪》(1907—1910)，鼓吹无政府主义。一生致力于国音统一，倡导勤工俭学。

② 李石曾(1881—1973)，原名煜瀛，高阳人。李鸿藻之子，1902年留法。早年发起组织赴法勤工俭学运动。

③ 留法俭学会简章[M]//清华大学中共党史教研组.赴法勤工俭学运动史料：第1册.北京：北京出版社，1979：168.

④ 里昂中法大学(1921—1946)回顾展[EB/OL]//赴法勤工俭学运动简史.[2010-08-10].http://www.bm-lyon.fr/lyonetlachine/vc/mouvtravailetudes.html

的勤工俭学会在李石曾家乡成立。次年4月22日，由蔡元培、李石曾、吴稚晖等以及法国巴黎大学历史系教授、法国众议员等发起，以“在发展中法两国之交通，尤重以法国科学与精神之教育，图中国道德智(知)识经济之发展”[①]为宗旨的“华法教育会”在巴黎自由教育会内成立，在中、法设立办事处，负责勤工俭学事宜以及中法两国文化教育方面的交往。1919年3月至1920年底共有20批1 900余名留法勤工俭学生陆续抵达法国。

较之留日、留法，留美的高潮从人数上而言要少许多。20世纪前期1909—1929年间的留美运动中，由庚款派遣或享受庚款津贴的各类学生人数为1 800余名。同时，自费生在留美学生中亦占有相当比例，人数远高于享受庚款及各省官方补贴的留美学生。在此大背景下，清华留美预备部1912—1929年的19年间持续向美国输送留学生。

20世纪前期随着大批留学生的归国，促进了思想解放[②]。中国的新文化运动便诞生在这留学潮之中，而这些留学归来的进步青年在中国的思想启蒙运动中占有一席之地[③]。通过这些中国留学生，国外的新文化、新思想得以在中国传播开来，构成了20世纪前期上海粤籍美术家生长的大环境。

二、留学原因

《中国留学生大辞典》[④]统计1914—1915年度留美官费生510人，留学欧洲官费生218名，留日官费学生达到1 107名。可见，辛亥革命之后中国的海外留学仍旧以日本为主。即便是在1936年，《申报》11月5日刊登了1934—1935年度教育部统计各省市派遣留学生人数，留学欧洲为286人，留美为297人，日本447人[⑤]。然而，长久以来学界一直存有留日画家不及留欧美的观点。

---

① 法华教育学会会章[EB/OL]//留法勤工俭学运动实录.[2010-08-22]. http://www.showchina.org/zwwhjlxl/lfqgjxydsl/200709/t125985.htm

② 《新青年》的撰稿人中具有留日背景者居多，包括陈独秀、高一涵、刘文典、谢无量、李大钊、马君武、苏曼殊、吴稚晖、鲁迅、钱玄同、周作人等，参见：安宇，周棉.留学生与中外文化交流[M].南京：南京大学出版社，2000：107.-117.

③ 章士钊则通过《甲寅》月刊团结进步留日学生，成为新文化运动成长的摇篮。陈独秀、李大钊、胡适等均通过该月刊发表文章拉开新文化运动的序幕。

④ 周棉.中国留学生大辞典[M].南京：南京大学出版社，1999：592-594.

⑤ 该数字为教育部根据发放留学证书的数字统计，大量无留学证书者未计在内。

这是一个不争的事实，早在20世纪20年代“留美一流，留日二流”的留学意识就已经形成。周一川认为美国留学教育总体水平比日本高，之所以留美学生优于留日学生，其中一个重要原因取决于留学生留学前的教育水平①。

诚然，早在鸦片战争起便有外国传教士在中国设立学堂②。到了20世纪初期，中国各地先后出现了为留学欧美学生而设立的先期培训机构③。于是，这些学校的毕业生自然而然地成为留美风潮中的中坚力量。与此相对，随着19世纪末20世纪初留日学生的增多，诸如《日本学校述略》④、《日本游学指南》⑤、《东瀛游学指南》⑥等留学日本指南类书籍应运而生，为赴日中国游学、留学生提供了生活、学习上的讯息。据1909年中岛丰次郎《日清间之教育关系》记载，1909年末，日本教师在华人数为311名，而实藤惠秀《中国人留学日本史》中统计的数字为461人⑦。

近代，日本在华办学历史可以追溯到19世纪末20世纪初。⑧ 1901年，为在华日本留学生而设立的东亚同文书院在沪成立，成为日本人在国外最早设立的学校之一。此外，日本还在其本土为中国留学生教育而设立了诸

---

① 留学日本无须像留学法国、美国般先期在中国接受一定时间的培训，在国内没有预备教育设施，也不必遵守教育部的留学资格限制。参见：周一川. 近代中国女性日本留学史：1872—1945[M]. 社会科学文献出版社，2007：234，250.

② 20世纪初，中国十几所教会大学中属于美国基督教教会系统创办的达7所，包括圣约翰大学（由美国圣公会传教士在沪创办，1879年正式开学）、燕京大学、岭南大学、金陵大学、沪江大学（1914年更名为沪江大学，前身为美国南、北浸礼会筹建于1901年，1917年起与美国教育行政机关志杰挂钩）、东吴大学（前身为美国纽约监理公会总布道会传教士1881年创立于上海的中西书院）、金陵女子大学等。除以上几所大学外，西方教会还在沪创办有格致书院（英）、震旦大学（法）、东吴大学法学院（美）、上海女子医学院（美）。同时，教会还在上海开设数十间中小学校，传教的同时，培养“传教人才、宗教领袖”。详细参见：李清悚，顾岳中. 帝国主义在上海的教育侵略活动资料简编[M]. 上海：上海教育出版社，1982：62-63.

③ 1909年美国率先利用庚子赔款培养中国留学生，在中国设立了清华学校作为留学生的预备教育机构。1909年设立之初名为肄业馆，参照美国学堂系统教育，沿用美国高等、初等各科教习。1911年4月更名清华学堂，以“培植全材，增进国力”为宗旨，辛亥革命后更名清华学校。1928年易名清华大学，之后不再作为专门的留美预备学校。此外，自1917年8月10日北京教育部批准保定城乡成立留法预备学校的呈请，保定育德中学面向全国招生开始，留法预备学校在上海、四川、湖南等地遍地开花，达到20余所之多。

④ 姚锡光著，浙江书局1898年出版。

⑤ 章宗祥著，1901年出版。

⑥ ［日］木川如一，田中龟治. 东瀛游学指南[M]. 东京：东京日华堂，1906.

⑦ ［日］实藤惠秀. 中国人留学日本史[M]谭汝谦，林启彦，译. 北京：生活·读书·新知三联书店，1983：64-74.

⑧ 1898年起日本人先后在杭州、泉州、厦门、南京、北京、上海等地创办学校，除了教授日语之外还开设普通学科，学习年限大致与日本专为留学生而设的学校相同。

多学校。[①] 同时，中国也在日本开设诸如留日基督教青年会（中国基督教青年会开办）等相关学习机构。当时，中国留日学生多数选择抵达日本后进入语言学校先期学习日语。然而，据资料记载，东京美术学校的粤籍留学生中除了早期的潘元牧曾在东京同文书院就读，20 世纪 30 年代林荣俊、林达川、许统璋三人在东亚学校[②]（语言学校）修业之外，该校其余粤籍留学生的资料中并未显示他们入校之前曾在何处修习日文。因而，对于他们在留学日本之前的日文水平便不得而知。

虽然较之相对宽松的日本留学考试，留学美国的考试要严格许多[③]。但随着留美学生归国后在社会上的作为日益显著，催生了一批自费生留学美国。至 20 世纪 20 年代，留美学生中自费生所占比例超过半数，他们多以半工半读的形式完成学业。留美学生涉足的专业主要包括化学、生物、天文、农学等近代科学，为我国近代科学的发展奠定了坚实的基础。与此相对，早期的留法勤工俭学运动则是以输入西方资产阶级文明为指导思想，以科学救国、实业救国、教育救国思想为主要倾向的教育文化运动[④]。

由于第一次世界大战后法国对于劳工的需求量猛增，促成了法国勤工俭学的涌起。然而，在这些留学欧洲的中国学生中坚持到最后并获得学位回国者人数相对较少。虽然自 19 世纪末起便有中国留学生赴英国、德国留学，但当时仅限于学习欧洲的先进军事，学习美术者寥寥无几。

而根据 1936 年《留东学报》统计，当年在籍的 3 781 名留日学生中，法、经、文专业者共计 1 317 名，医、农、工、理专业为 865 名，陆军、警务专业者为 129 名，可见当时的留日学生仍旧偏重文科。其中，留日学生中艺术专业仅 44 人，“艺术救国”的理想并未引起大批国人的关注。

---

① 成城学校（陆军士官学校的预备校）、日华学堂（以学习各科专业日语为主）、振武学校（陆军士官学校、陆军户山学校的预备校）、东亚商业学校、东京同文书院（东亚同文会在东京为中国留学生设立的高等教育机构）、弘文学院、东斌学堂、法政速成科、经纬学堂、早稻田大学留学生部等机构。

② 以 1910 年代的中国留日潮为契机，1914 年“日华同仁共立东亚高等预备学校”在东京成立，素有“中国留学生教育之父”之称的松本龟次郎就任校长。1915 年更名“东亚高等预备学校”，1925 年更名“东亚学校”。参见《东亚学校十周年纪念》第 3 页“东亚学校沿革概要”部分。详见日本国立公文书馆亚洲历史资料中心（JACAR）RefB05015386800。

③ 1909 年第一批庚款留美生的选派经过了 5 场 15 门功课的考试，在 600 多人中仅录取 47 人。1916 年北洋政府教育部的《选派留学外国学生规程》对留学生的资格考选、派遣等方面做出了更为严格的规定。

④ 郭笙．“五四”时期的工读运动和工读思潮[M]．北京：教育科学出版社，1986：63－64.

关于中国近代美术史上出现留日现象的原因，刘晓路在分析研究时将之归结为文同、路近、费省。从内容上，较我国半殖民地半封建教育制度重要奠基人张之洞的观点[①]少了两点内容。笔者以为刘氏的观点是在与留法现象相比较的基础上提出的，然而单从留日习画这一现象而言经济因素固然重要，但文化上的因素也不容忽视。日本学者实藤惠秀认为30年代第三次留日高峰源于中国"日本研究热"，为了"抗日救国"而了解日本[②]。的确，日本发起的侵华战争促使一部分国人为了更好地了解日本而赴日留学，笔者在后文中就战争对于美术留学生的影响亦有论述。从容闳[③]的"以西方之学术，灌输于中国，使中国日趋于文明富强之地"，到康有为提出"不妨以敌强为师资"[④]的口号推动维新运动，中国派遣多达数以万计的留日学生学习日本走富强之路。日本较之西欧各国距离中国相对较近，光从路费来看的确可以省去许多。值得一提的是，与法国勤工俭学的留学生不同，至今少有当年留日学生在日本打工的记载。留日学习西画的中国学子，家境大多较为殷实[⑤]。由此可见，许多青年学习西洋画选择日本而非法国，至少不是出于经济原因。

"文同"并不等同于文字完全相同[⑥]。虽然中日两国的交往可以追溯到公元3世纪，中国文明的影响对于日本的发展起了至关重要的作用，但是日本语言仍然保有其独特性。特别是到了近代，日本历史上甚至曾经出现过废除汉字运动[⑦]，而现今我们看到的日文是经过近现代多次文字改革过程之后最终形

---

① 张之洞在其著作《劝学篇·外篇·游学》中阐述了"游学之国，西洋不如东洋"的观点，总结了留学日本的五大优势——路近费省，可多遣；去华近，易考察；东文近于中文，易通晓；西书甚繁，凡西学不切要者，东人已删节而酌改之；中东情势风俗相近，易仿行，事半功倍。

② [日] 实藤惠秀. 中国人留学日本史[M]. 谭汝谦，林启彦，译. 北京：生活·读书·新知三联书店，1983：104-105.

③ 容闳. 西学东渐记[M]. 徐凤石，恽铁樵，译. 长沙：湖南人民出版社，1981：22，容闳（1828—1912），原名光照，广东香山（中山）人。

④ 梁启超. 变法通议[M]//中国近代史资料丛刊：戊戌变法（三）. 上海：上海人民出版社，1957.

⑤ 李叔同、陈抱一、王悦之、丁衍庸、关紫兰等均出身大户人家。陈抱一更是出身名门，父亲陈兆桐乃香港最早的官立学校香港皇仁书院（Queen's College，成立于1894年，前身为创立于1862年的中央书院 The Central School）的高材生，曾在李鸿章手下任翻译，后供职招商局，母亲亦出身香港大户人家。

⑥ 日本文字可以分为汉字、平假名、片假名三种，同时根据场合还会使用罗马字。古代，汉字经由朝鲜传入日本，发展至现代，全部有五万字左右。

⑦ 明治维新是日本近代文化转型的重要时期，伴随着文化模式的整合，日本出现了"废除汉字"的呼声。在这些呼声中，日本著名启蒙思想家福泽谕吉的"限制汉字论"，以及后来成为文部大臣的森有礼（Arinori Mori，1847—1889）所主张的"以简略英语取代国语"等代表了当时日本知识界文人的不同主张。这场运动在一定程度上限制了日本语中汉字的使用数量。

成的一种语言。表 2-1 显示了近现代日文《常用汉字表》的变迁①：

表 2-1　近现代日文《常用汉字表》的变迁

公　元	年　　代	字　　数	公　布　机　构
1923 年	大正十二年	1 962 字	文部省临时国语调查会
1931 年	昭和六年	1 858 字 （减 147 字，增 45 字）	文部省临时国语调查会
1945 年	昭和二十年	1 850 字	文部省国语审议会
1981 年	昭和六十六年	1 945 字	文部省国语审议会（今文部省文化审议会国语分科会）

可见，20 世纪中国留日画家在日本学习期间，日本社会、官方、报刊等使用的常用汉字并非多数。即便是使用了与中文相同的汉字，意思却不尽相同，使用场合也不同②。当然，比起法语的阴阳性以及繁复严谨的语法，对于中国人而言日语或许看似要简单些。然而，虽说日语词语没有性的区分，但却有生物名词和非生物名词之分。表示存在时，生物、非生物名词一般要求使用不同的存在动词③。因此，将“文同”作为中国近代美术中出现留日现象的主要原因之一，显然有值得商榷的地方。

周一川认为女子美术学校之所以成为日本学校中接受中国女留学生最多的学校原因有五点：入学资格低，没有入学考试，学习年限多样，多专业，学费便宜④。当时留学日本的女子主要分为两类：一类独自留日，一类跟随家人留日。女子留洋本就比男子不易，加之那些跟随家人赴日留学的女性学习时间势必受到父母、丈夫留学日程的影响，不少因故中途退学。20 世纪初的中国，女子教育程度远不及如今，当时日本女子美术学校设置了 6 个月至 4 年不等的课程，为随家人赴日留学者提供了便利。此外，根据明治四十年（1907）10 月

① Wikipedia 记事检索.[2008-03-09]. http://wpedia. search. goo. ne. jp/search/%BE%EF%CD%D1%B4%C1%BB%FA/detail. html.

② 如：日文中的“八方美人”可以翻成八面玲珑，可是却带有贬义色彩。日语属于黏着语，词与词之间需要助词相连。而且，日语的日常用语与书面用语相差甚多。

③ 余弦. 现代日语语法[M]. 大连：大连理工大学出版社，2002：32.

④ 周一川. 近代中国女性日本留学史：1872—1945[M]. 北京：社会科学文献出版社，2007：178-181.

28日《妇女新闻》记载，另一所女子美术学校——高等主文美术女学校当年招收中国留学生21人，其中是否有粤籍女子，不得而知。

陈抱一曾将中国学子东渡日本学习西画的原因归结为“日本洋画研究终究比我国西化的早一步而已”①。近代，作为亚洲最早选派美术留学生赴法国留学的日本，美术家们时常根据留学期间的见闻撰写文章②，通过留学西欧的美术留学生将西方的美术教学带回日本③。经过几代美术留学生的努力耕耘，20世纪前期的日本在西洋绘画研究领域已经达到一定境界，而中日间相似的文化使日本较之欧美各国更容易给人以亲切感；改良的文明聚集了大批中国留学生前去取经；带有东方特色的洋画吸引了热爱洋画的中国青年。可见，在当时中国美术留学生留学地的选择问题上，文化与艺术起到了至关重要的内因作用。

由此，与其说文同，不如说中日两国一衣带水、源远流长④，属于同源文化圈，相互容易理解沟通。研究日本文化，不难发现它是一种独特的文化，其形成融合了中国古代文明的影响和近代西方的启蒙。通过本节分析可知中国洋画家选择日本的更深层次原因除了经济之外，还有相融的同源文化背景。日本近现代艺术在吸收西方现代美术的同时，本身就融入了自身的东方气质，给了中国近代美术留日学生以亲切感。正是这主客观两种原因的存在，近一个世纪前的日本得以吸引众多中国学子前去留学研习西洋绘画。

---

① 陈抱一．洋画运动过程略记[J]．上海艺术月刊，1942(5)-(12)．

② 例如：岩村透(Toru Iwamura，1870—1917)的《巴黎的美术学生》，中村不折的《法国美术学生的状态》(绘画独习书，1909：229—237)中均描绘了日本美术学生在留学法国期间的生活状态以及学习状况。

③ 当时日本官办美术最高东京美术学校的西洋画课程设置师承欧洲教学体制，教师多具有留学欧洲高等学府的背景并深受法国学院派教育影响，为留日中国学生所青睐。粤籍留学生在该校选择的专业包括西洋画科(27人，其中2人为油画科，1933年2月26日文部省第三号令将东京美术学校的西洋画科改为油画科；恢复为期一年的预备科，将入学资格改为完成中学4年课程；本科学制由5年变为4年；研究科由3年改为2年。因而，所谓西洋画科、油画科只是同一专业不同时期的名称)、雕刻科(2人)、图案科(1人)、建筑科(1人)、日本画科(1人)，其中尤以学习西洋油画为主。这一事实证据印证了学界中国20世纪前期留日美术学生主要是为了学习日本的西洋绘画而去留学的观点。“西洋画”根据油画这一画种的起源而命名，“油画”则根据其制作材料而命名，“西洋”两字的去除表明这一画种从此不再仅仅是外来的事物。该科系的更名反映了日本艺术界对于西洋绘画的认识已经从纯粹的模仿到接受，并融入其意识形态之中。

④ 《三国志·倭人传》中记载了3世纪，邪马台国(Yamataikoku)的诞生。239年，女王卑弥呼(Himiko)派遣使者出使魏国，获得了“亲魏倭王”的称号以及各种赏赐。中日交往从此之后，涌现出了众多佳话。

第二节　多元文化的影响

19 世纪末，西方对中国的入侵造成了传统东方文化与西方文化的碰撞与冲突。20 世纪初的中国，随着国门的进一步打开，固有的传统文化在西方文化的激烈冲击之下被颠覆，取而代之的是多样而混合的文化交织在一起。在这群中国美术留学生身上，东西文化从冲突转而融合，从而展现给世人一个全新的面貌。鉴于他们当年多选择留学欧洲和日本，本节从外来文化的涌入以及近代广东与上海在文化上的共性入手，探讨上海粤籍美术家的多元文化背景。

一、外来文化的涌入

19 世纪末至 20 世纪初，被列强打开了国门的中国百废待兴。这一时期，国人逐渐认识到落后就要挨打，开始寻求奋发图强的道路，对于国外的先进科技、文化，也从早期的被迫接受转为自发地吸取。

1. 西洋文化的革新思想

19 世纪下半叶的西方，科学技术、社会科学、人文科学迅速发展，工业革命使欧洲加速现代化进程的同时，亦催生了其向外扩张的野心。西方越来越注意到同东方的联系，虽然这种联系多以侵略东方为手段，给东方带来了灾难的同时，在某种程度上传播了西洋文化与先进的科学技术。

欧洲的启蒙运动思想家们认为，中国和谐文明社会的建立基于中国人坚持了宋、明理学中表现出的理性精神。与此相对，中国在晚清政府腐朽的统治之下，停滞不前，日渐衰败，逐步沦为西方列强掠夺的对象。黑格尔在其历史构架中甚至将中国置于世界历史局外，认为在中国只有至高无上的皇帝享有自由意识，中国只在讨论世界史的开端时才有意义①。19 世纪中后期，中国在

① 黑格尔在《历史哲学》中，基于“欧洲中心论”以及当时西方社会对东方文化的偏见，将中国和印度排除在世界历史格局之外。虽然该观点存在明显的偏见，但却显示出当时西方社会对东方文化及社会的普遍不了解。《历史哲学》中译本最早出现于 20 世纪 30 年代，之后王造时译本经多次再版。

欧洲社会的形象逐渐由马可·波罗时代的好感朝向负面方向恶化。当时的汉学家们将中国描绘成一个沉睡的怪物，中国文化封闭而无自我革新能力，中国人唯利是图、不诚实、诡计多端，以顺应欧洲向远东扩张的兴趣。以20世纪前期的世界大战为契机，那些被西方殖民的国家纷纷获得了政治上的独立。萨义德在《文化与帝国主义》(*Culture and Imperialism*)中认为身份认同在19世纪已经成为帝国主义文化的特征，也成为那些试图抵御欧洲蚕食的文化的特征①。

五四运动时期所倡导的“德先生”与“赛先生”堪称中国吸收西方文明的典范。这一时期，西方的实证主义、经验主义、实用主义、科学主义等思潮大批涌入中国，对当时的社会造成了一定冲击。十月革命使各种社会主义思潮传入中国。第一次世界大战结束，五四运动带来的各种新思潮带动了国内青年的求知欲，留法俭学运动随之日益高涨。留学法国的蔡和森、周恩来等在法国接触到了马克思主义以及欧洲社会主义革命运动思想。这些留学生是社会主义思想得以在中国迅速传播开来的一个重要渠道。

2. 东洋文化的团体意识

近代，邻国的日本吸引了众多中国留学生。然而，当时日本的文化却是在融合中国古代和西方近代文明精华的基础上，根据本国特色进行改良而成的。美国文化人类学家露丝·本尼狄克特(Ruth Benedict, 1887—1948)在揭示日本文化的《菊与刀》一书中指出：“日本人既好斗又和善，既尚武又爱美，既蛮横又有礼，既顽固又能适应，既驯顺又恼怒于被人推来推去，既忠诚又背叛，既勇敢又胆怯，既保守又好新。”②这一日本民族特点的极端表现体现在近代日本文化上包括两方面内容：对文明开化的全盘吸收和高度的团体意识。

日本近代文明缔造者福泽谕吉(Yukichi Fukuzawa, 1835—1901)在19世纪末提出了“脱亚入欧”③的口号，倡导全面西化。正是出于对先进科技、文化全盘吸收的决心，使日本通过明治维新一夜间从落后的封建小国一举成为亚洲强国。明治时期，文明开化之新风加速了变革的步伐。结束了数百年闭关

---

① [美] 萨义德. 文化与帝国主义[M]. 李琨，译. 北京：生活·读书·新知三联书店，2003：21.

② [美] 露丝·本尼狄克特. 菊与刀——日本文化面面观[M]. 北塔，译. 上海：上海三联书店，2007：2.

③ 未署名. 脱亚论[N]. 时事新报，1885-03-16，学界普遍认为该文章为福泽所作。文中对于西方文明的不足之处，以务实的态度从人类文明进步的角度看待，主张走出亚洲融入当时世界主流文明。

锁国政策的日本，随着国外新文化的大批涌入，催生了多种文化思潮的碰撞。

日本近代市民社会从封建专制中获得解放，崇尚自由、民主的精神世界。一些启蒙思想家将西方写实主义、浪漫主义、自然主义的文学作品翻译、介绍给日本民众。美术、文艺等各种杂志创刊，显示了人们内心对于人类美的认识，触动了艺术家的心灵。此外，机械文明的急速导入亦对社会近现代产业化产生了重大影响。

明治后期至大正前期，探求现实世界的自然主义与批判自然主义的反自然主义思想相继而出。这一时期，各种文艺团体的出现显示了日本人高度的团队精神。其中，明治后期出现的“潘会”①是一个由一群年轻文艺家组成的团体，作为日本近代文艺史的组成部分之一引发了艺术至上主义运动。这场运动针对异国情调、外来事物，反对封建遗风，主张欧化，在日本近代文艺史上留下了光辉的篇章。与此同时，围绕《明星》杂志的创刊(1900)，一批热衷新时代诗歌的日本文化人致力于将自由主义欧洲文学移植到日本列岛。这场文艺运动的兴起，离不开明治时期日本大环境的推波助澜。以第一次世界大战为划分点，西方社会主义思想传入日本，与之背道而驰的个人主义亦开始显现出来，这两派思想影响了大正至昭和初期的文化特色。

这一时期，日本文化人对中国、对上海亦显示出极大的兴趣，几次三番来沪交流。这群醉心上海的日本文化人带来日本文化的同时，与上海文艺界形成了一张无形的东亚文化网络②。关于中日文艺界的交流及所产生的影响将

① “潘(PAN)”取自希腊神话中牧羊神的名字，他拥有山羊角与足的半兽身躯，引发了原因不明的突然恐怖(即所谓的 Panic Terror)，并在阿拉顿战役中帮助了雅典人。1909 年(明治四十二年)至 1912 年期间，由木下杢太郎(太田正雄，1885—1945，日本浪漫派诗人)发起，一群年轻的诗人、画家、雕塑家、评论家、剧作家等共同参与的潘会，提出“将由江户演变而来的东京变成新巴黎的运动”为口号，以沙龙形式举行活动。最初入会者有木下杢太郎、吉井勇、谷崎润一郎、北原白秋(隆吉)、平野万里(久保)、长田秀雄、高村光太郎、石井柏亭、织田一磨、仓田白羊、伊上凡骨、群虎彦(萱野二十一)、长田幹彦等一众日后在日本文艺界叱咤风云的文化人。参见：[日] 樋田直人. 蔵書票の魅力—本を愛する人のために[M]. 東京：丸善ライブラリー，1992：35-41.

② 谷崎润一郎(Jun'ichiro Tanizaki，1886—1965)分别于 1918 年、1926 年来到中国，并在回国后撰写了《上海见闻录》一书。另一位日本作家芥川龙之介(Akutagawa Ryunosuke，1892—1927)亦曾于 1921 年到过上海，认为“为艺术而艺术一步之差便堕入艺术游戏说；为人生而艺术一步之差便堕入艺术功利说”，详见：芥川龙之介. 芸術その他. 芥川龍之介全集第五巻[M]. 东京：岩波书店，1996：88. 1923 年村松梢风来沪体验生活期间开始与上海的文人交往，留下了《上海》等一系列以上海为背景的随笔以及小说《魔都》。20 世纪 20 年代末，金子光晴三度来沪，横光利一在日本人、广东人聚集区虹口居住长达一月之久，留下了一段中日文化交流佳话。

在本书第五章具体论述。与此同时，20 世纪 30 年代的日本研究热亦使中国出现了对于日语学习、东洋文化研究热情高涨的景象①，并在 1937 年达到繁荣鼎盛，从而带动了国人对日文文化、风土人情的兴趣。

二、本土文化的融合

前文回顾了 19 世纪末 20 世纪初，中国社会受到东西文化的冲击而出现的留学潮以及随之涌入的外来文化影响。20 世纪前期，伴随着西方文化影响下兴起的新文化运动，各种艺术潮流的涌入引发了我国的新美术运动。然而，从某种角度而言，作为根基的本土文化仍会主导、制约、影响着艺术信息的传播方向，所以我们在当时的作品中仍然可以见到传统艺术风格的踪影。如果说日本的团体意识与法国的革新思潮是上海粤籍美术家诞生的外部环境，那么还有一个非常重要的内在要素，即融入其自身基因的本土文化。

20 世纪前期上海粤籍美术家的成长过程中，除了西方外来文化之外，究竟接受了怎样的本土文化影响？生长在新文化运动前后，并目睹了社会变革的他们，多数有着复杂的经历。地处沿海地区的上海与广东，由于其特殊的地理位置，较之中国大陆其他地区更早地受到西方文化的冲击。同时，两地又分别属于吴越文化与岭南文化影响范围之内。在此，难以用三言两语来界定上海粤籍美术家受到的地域文化影响。然而，他们在传播现代艺术的过程中，一直保存着某种特殊的习性，某种内部产生的必然联系。于是，解读他们的作品，研究他们的艺术时，首先必须了解那些在他们的成长过程中哺育了他们，并潜移默化地影响了他们的本土文化。在此，笔者分别从广东与上海的角度出发，通过比对近现代两地文化的共性找寻答案。

1. 新文化的土壤：近代对外贸易中心

文化在不断发展中前行，不以一种实体存在，不会固定不变。程美宝在

① 根据实藤惠秀统计，民国时期留日学生所使用的日语教科书中最为著名的为松本龟次郎的著作，包括：《汉译日本文典》、《日本语教科书》、《日本语会话教科书》、《日本口语文法教科书》、《译解日语肯綮大全》。仅 1934—1937 年出版的日语书籍单行本就有 31 本，同时供中国人日语学习的期刊亦有 7 份。其中，中国人编写的占多数，上海世界书局、中华日语学会、生活书店均有出版日文学习参考书籍，内山书店亦经售相关书籍。上海生活书店、东方日文学校等分别出版日语研究杂志，以供日语学习者阅读。详见：[日] 实藤惠秀. 中国人留学日本史[M]. 谭汝谦，林启彦，译. 北京：生活 · 读书 · 新知三联书店，1983：109 - 112.

《地域文化与国家认同：晚清以来“广东文化”观的形成》一书中认为“地域文化”是国家与地方之间辩证互动的产物，是不同时空建构的结果①。在此，笔者无意探讨广东的文化起源与定义，但程美宝教授的研究给了本书以启示：本书所研究的广东的文化不同于传统意义上的岭南文化。相比之下，本书中出现的另一个文化概念更易于理解，脱胎于吴越文化的海派文化在上海成为近代对外贸易中心的过程中形成，并随着上海的发展而演变为现今的上海城市文化。

早在汉初，广东便成为南越国政权中心，至明代洪武年间，广东作为行省而出现。近现代，广东是中国最富饶、最进步的地区之一，更是中国维新思想的启蒙地与革命运动的摇篮。孙中山先生率领进步人士以广州为基地，领导辛亥革命，推翻中国两千余年的封建统治，1911 年 11 月 9 日，广东省宣布独立并成立军政府。1949 年之前的广东省，包括钦州、防城港、北海、海南等地。清末欧榘甲在《新广东》一书中认为广东特质包括：人才之出众，财力之雄厚，地方之握要，户口之繁殖。因而，我们可以发现众多活跃于政治、经济、文艺各界的粤籍人士。

上海城市文化中的探索精神亦由来已久。上海从一个小渔村发展成近代大都市，离不开文化的滋养。清朝王韬在《瀛壖杂志》卷一中指出：“上海居南吴尽境，古为《禹贡》扬州之域，春秋属吴、后属越。”可见，上海地处江浙一带，自古以来受江浙文化影响颇深。素以不因循守旧著称的江浙文化，充满了探索精神，不乏创新之勇，例如徐光启、杨廷筠等均为江浙士大夫。

广东与上海均较早接触到西方思想、文化。1842 年中英《南京条约》规定清朝政府开放广州、厦门、福州、宁波、上海等五处为通商口岸。广东与西方的接触最早可以追溯至 16 世纪中叶，当时葡萄牙人占领澳门，外国传教士与商人便出入广东。而作为广东文化中心的广州，曾经是中国对外贸易的中心，随着 1895 年《马关条约》的签订，广州这一中心地位逐渐由上海取代。

随着上海经济的发展，大批江浙、广东移民涌入，其中不乏文化水平较高

① 程美宝.地域文化与国家认同：晚清以来“广东文化”观的形成[M].北京：生活·读书·新知三联书店，2006：313-314.

者。20世纪初，上海以其环境的优越、人才的集中，一举成为全国最有影响的报刊中心地[①]。图书、报刊是当时重要的传播知识、资讯的手段之一，阅读则改变了一批文人雅士的知识结构。由此，上海逐步成为中国近代文化启蒙中心。

华东师范大学中国现代城市研究中心的王列辉认为，近代上海港的崛起得益于诸多因素，既有对外开埠的时代背景、良好的区域条件，还有蓬勃发展的城市经济等均推动了近代上海的发展[②]。19世纪末20世纪初，上海的地位发生了翻天覆地的变化。日本早稻田大学文学系千野拓政(Takumasa Senno)教授在"上海的文化身份"研讨会上，从日本视野看待符号化的上海，认为上海首先是日本了解中国的最好窗口，作为文化符号的上海是东西方交际的地方，是日本了解西方的窗口；第二个符号是"魔都"[③]的上海，也就是棚户区、工业区的上海[④]。由此可见，20世纪二三十年代的上海在日本眼中是一个由洋场、工房、棚户区组成的城市，能够从这座城市了解西方先进的现代经济、政治、文化。

一位德国教授在1904年考察东亚时，比较广州与上海："在广州，我看的是几乎未被触动过的中世纪的中国……在这儿，我们拥有的是一个在中国人自己的土地上的欧洲的贸易和工业城市，它是通过欧洲各国的共同努力，才发育成长为一个具有特色的、自由的共同体。"[⑤]的确，当时上海的发展离不开外国资本的渗透，相对开放的文化环境使上海吸引了大部分外国在中国的投资。[⑥] 正是在如此条件之下，上海得以蓬勃发展并一跃成为20世纪前期东方最具魅力的城市之一，吸引了大批来自全世界各地的商人、文人、难民。另一方面，正是由于移民的集中，使上海吸引了众多西方人士来沪投资。而广东、

---

① 杨光辉，熊尚厚，吕良海，等. 中国近代报刊发展概况[C]. 北京：新华出版社，1986：279.

② 王列辉. 近代上海港崛起的"天时地利人和"[N]. 中国社会科学报，2009-12-17(5).

③ 1923年日本作家村松梢风来沪，次年小西书店出版了记录他在沪逗留期间经历、体验的作品《魔都》。

④ 石剑锋. 上海文化身份的建立[J]. 上海风采，2010(7)：28-31.

⑤ 另眼相看：晚清德语文献中的上海[M]. 王维江，吕澍，辑译. 上海：上海辞书出版社，2009：230.

⑥ 1931年以前，外国在中国的投资大多集中在条约中开放的几个港口城市，其中尤以上海为甚。根据C. F. 雷默《中国的外资投资》，1902—1931年外国在上海的投资占外国在华总投资百分比从14%上升至34%，位居全国第一。转引自：[美] 费正清. 剑桥中华民国史：上卷[M]. 杨品泉，张信，孙开远，等译. 北京：中国社会科学出版社，1994：138，148-150.

宁波等地商人的不断涌入使上海对外贸易蓬勃增长，并逐步发展成为中国商业、工业、金融中心，并在1934年跻身继纽约、伦敦、神户、鹿特丹之后全球第五大港。

2. 文明开化的窗口：租界文化

自1843年11月17日开埠起，上海便进入近现代都市的进程。梁启超在《五十年中国进化概论》中将中国接受西学分为器物、制度、文化三个阶段。在接受西学过程中，上海由于特殊的地理位置走在了全国的前列。

中国历史上的第一块租界出现在上海的黄浦滩头，之后那里成为英国商人居留地①，租界内实行的“治外法权”，使清政府丧失了对这块区域的市政治理权。对当时的中国而言，“租界”堪称一种耻辱，然而对于居住在租界的中国人而言，却为他们提供了相对自由的发展环境，同时使上海接触到新兴城市建设、管理、法律、金融、航运等现代西方制度模式。从上海方言中的外来语，亦可一窥这座大都市对外来物品的接受程度②。事物均有其两面性，正如姚公鹤《上海闲话》中所言：“从政治上观之，则上海为外力侵占入手地；从物质上观之，上海又为全国文明发轫地。”③上海租界是当时中国受到最少国家政治干预的地区之一，来自西方的政治架构保护了租借地内的运作，保证了新闻出版的基本自由，具有相当的自由度，从而方便了进步的文艺人士著书立说，各种新思想、新文艺思潮、流派得到最大发展。与此同时，上海的租界文化亦随之应运而生。

上海租界的“华洋杂居”时代始于1853年闽、粤籍商人以“小刀会”名义起义，之后大批华人涌进租界。虽然上海租界在其鼎盛之时面积也仅占上海地区总面积的6%不到，却吸引众多华人与洋人生活、工作④。来自全国各地寻找救国的青年来到上海求学，归国留学生喜欢上海的气氛而来此工作，因为上

① 《南京条约》准许英国派驻领事，准许英商及其家属自由居住。当时有16个条约港口设有外国的租界，即专门为外国居民设立的特区，其中地方的行政都由外国人管理，财政收入是外国当局所征收的地方税。参见：[美] 费正清. 剑桥中华民国史：上卷[M]. 杨品泉，张信，孙开远，等译. 北京：中国社会科学出版社，1994：138，148－150.

② 上海方言中，习惯将外来的物品冠以接头词“洋”，洋钉、洋山芋、洋火……同时，还存在诸如沙发、咖啡等一系列外来语。

③ 姚公鹤. 上海闲话[M]. 上海：上海古籍出版社，1989：1.

④ 根据邹依仁的《旧上海人口变迁的研究》记载，1910年上海地区128万余人，居住在公共租界的达到50余万，法租界11万余人，而租界居住的外国人不过1.5万余人，相比之下，华界的人口较之开埠增长很少。可见20世纪初的上海“华洋杂居”现象已独具规模。

海的租界是文明开化的窗口，有着独特的租界文化。这种对外来移民的容纳意识，不仅体现在对本国外省移民的问题上，更体现在对外籍移民的问题上。正是由于这种容纳意识，当第二次世界大战期间，欧洲犹太人遭迫害流离失所，无处收留他们时，上海接纳数以万计犹太难民的举动便显得不足为奇。虽然 20 世纪前期的广州也有租界，但显然无法与上海的租界相提并论，两者之间有着明显不同之处[①]。

此外，广东与上海由于历史地理等原因均存在大量移民。移民城市具有受传统束缚较少、易接受外来事物的特点。即便如此，广东与上海对待移民的不同态度仍是显而易见的。广东排外意识强烈，“客家人”便是广东人对移居广东数百年之久外省移民的称谓。客家人主要由江西、福建籍移民组成，较广府人、潮汕人较迟南迁至广东。岭南文化经过广府文化、潮汕文化、客家文化等三个时期的文化融入，与广东土著百粤文化碰撞、交融，形成了广东独特的地域文化特色。而作为广府文化中心城市的广州自古以来便是广东的政治、经济、文化中心。上海相对广东而言，排外意识相对较弱，较容易接受外来文化与事物。作为一座移民城市[②]，上海以其博大的胸怀接纳外省移民，为他们提供生存、就业机会，依托江浙文化为后盾，集天时地利人和于一身的上海短短数十年间形成了新的文化环境[③]。

20 世纪初的中国，知识青年出国留学一时成为风尚。对于那些由于种种原因无法出国留学的青年而言，各国精英云集荟萃的上海成为学习知识、艺术的不二之选。陈伯海主编的《上海文化通史》，认为上海开埠成为全国的经济中心、国际贸易中心之后，其文化学术随之跃居中心地位，“国内著名学者几乎

---

① 在广州的租界，中国政府征用或买下整个区永久性租给英国和法国。作为租界主要官员的租借国领事常常得到工部局的支持，通过他们外国人个人可以转租到特定的产业。上海的租界由根据条约专门划给外国人居住和经商、但不租给有关列强的若干区域组成。中国当局把地契发给向原来的中国拥有人购地的外国人。然而，事实上上海的租界内大量土地由中国人直接拥有。

② 上海人口从开埠后 1852 年的 54 万余人增长到 1910 年的 128 万余人。其中，尤以江苏、浙江、广东的移民居多。参见：邹依仁. 旧上海人口变迁的研究[M]. 上海：上海人民出版社，1980：7.

③ 上海的文化特点与其地域背景有着必然的联系。虽然，近代上海城市文化被认为具有不彻底的反封建性，缺乏应有的深刻性。但是，近代开埠后随着经济的发展、商业的刺激，使上海人较之其他城市的民众更加务实。繁荣的“租界”，使上海近距离接触西方人文、制度，从而造就了上海不同于中国其他城市的近代文化发展模式。

都在上海从事过学术研究并取得可贵的研究成果”[①]。强烈的求知欲，促使那些生活在农村、广大中小城市的青年来到上海这座被誉为“东方巴黎”的国际化大都市求学；海外留学归来的学子选择这座城市开创自己的事业；各国学者、艺术家选择来沪结交志同道合之人，继续做学问研究。他们的到来使这座城市成为当时文人云集之地。

上海与广东在地域上有诸多相似之处与联系，得天独厚的地理优势造就了两地较为发达的沿海贸易。自唐宋之后开辟的通往各地的海上航线带动了广东与长江三角洲地区的人员往来，明代上海的徐光启便是在广东接触到西方先进的科学知识成为上海与广东交往人员交往中的成功案例。到了清代，两地商业往来日益频繁。随着上海粤籍商人的增长，在上海形成了一道独特的风景线。他们的足迹遍布上海各个行业，特别是在工商业界。广东人以其较强的组织能力，在上海广建会馆、同乡会联络乡谊、创办公益性事业[②]。而20世纪前期的上海百货业，由粤籍商人创办的四大公司占有绝对地位[③]。不仅如此，大新公司新厦四楼的画厅展览室为沪上画家举办展览提供了便利，一举成为30年代沪上著名的展示空间。这一时期，粤籍商社团体不断宣扬“实业救国”的爱国理念，推动了中国近代化的进程[④]，从而体现了广东人强大的团结凝聚力与实干精神。以上这些，为广大粤籍美术家选择在上海发展提供了一定的经济基础及人脉资源。

在文化上，上海与广东亦有着相近之处，务实而进取，充满革新精神，从而吸引了大批粤籍人士定居、游学沪上。19世纪末20世纪初的重要粤籍政治文

---

① 陈伯海. 上海文化通史[M]. 上海：上海文艺出版社，2001：1014.

② 据统计，在上海119所同乡会中，广东人组织的有17所，占14.28%，仅次于江浙籍而居第三位。宁波帮把持上海银行界，广东帮在上海工商界力量雄厚。1932年“一·二八”事变，上海广东旅沪同乡会在民族危亡之时应运而生，成为上海广东移民的核心和代表。该团体会员不分性别从而彰显了上海城市的时代性。1933年10月《广东旅沪同乡会月刊》创刊。抗战期间，旅沪粤商社团组织活动能量之大，产生了广泛而深远的影响。在近代资产阶级民族主义与民主运动中扮演极为重要的角色，丰富了上海的文化内涵，推动了中国近代化的进程。参见：郭绪印. 老上海的同乡团体[M]. 上海：文汇出版社，2003：51，435.

③ 20世纪20—30年代，粤籍商人在沪先后创办了先施、永安、新新、大新等百货公司。《申报》1926年元旦在介绍新新公司概况时，提及先施、永安、新新公司认为：规模之伟，资本之雄，视外人所经营者，曾未稍逊……实亦国家之光也。详见：《新新公司概况》，载《申报》1926年1月1日元旦增刊第37版。

④ 张晓辉，孙利平. 民国前期粤商文化在上海的辐射效应[J]. 学术月刊，2004(12)：57－62，69.

化人更是与上海紧密相连[①]。粤籍美术家们历史性地选择了上海，上海的人文艺术环境亦为他们提供了生存、发展的良好机会。上海的地域位置决定了她在中国近现代美术历史上的特殊地位以及外向型的城市性格。上海的命运与对外贸易紧密相连，与世界经济的密切联系造就了近代上海，一座中国南北贸易中转站。贸易的发展，形成上海城市的商业特质，同时造就了上海务实的文化倾向，传统文化的根基相对薄弱。西学东渐盛行后，成为新文化运动的发源地。

地域文化是以行政界线划分的一个范畴，过分强调地域性往往会忽略文化内在的同一性。于是，本书出现的文化涵盖了 20 世纪前期上海粤籍美术家成长过程中接触到的文化，即 19 世纪末 20 世纪初的一代广东文化人在从晚清到民国的民族觉醒与历史蜕变中建立起的文化。当然，我们不可忽视由于地域文化根深蒂固的影响而产生的一种群体记忆的存在。而上海本身自由、开放、务实的文化特色和出众的人文条件亦是吸引粤籍美术家来沪的重要原因之一。综上，包括东洋文化、西洋文化以及近代广东、上海的地域文化在内的多元文化，构成了 20 世纪前期上海粤籍美术家生存的基本社会文化环境。

---

① 这一时期在上海活动的重要粤籍政治文化人包括：主张改良的康有为，领导辛亥革命的孙中山以及与多位上海粤籍画家保持联系的粤籍将领徐绍桢（1936 年病逝上海）等，此外，还包括早年参与革命、1912 年来沪发展的高氏兄弟。他们辗转于广东与上海两地，高奇峰更是于 1933 年 11 月 2 日病逝上海。

第三章

20世纪前期上海粤籍美术家范围界定

本章将围绕20世纪前期上海粤籍美术家的范围进行论述。回顾中国美术史，吕澎认为：唐代接受印度佛教影响是中国绘画接受外来因素的一个典型例子，除此之外，传统路线长期以来仍然是两宋时期形成的格局，艺术家事实上并没有脱离这个传统。直到19世纪末，传统艺术家断断续续地看到了西方绘画后内心出现犹豫，开始“逼真”、“实写”地描绘人物形象。“艺术不过是经世之余或者不能从事社会活动的情况下顺心之描写”成为当时中国文人知识分子中间普遍存在的观念。而对传统艺术采取颠覆性的措施直至晚清时期仍是不受鼓励的①。因此，19世纪末20世纪以前的中国，从某种意义而言不存在以美术家名义或者美术创作这个概念，因而在界定论述对象的范围之前我们有必要对美术一词的概念先行分析。

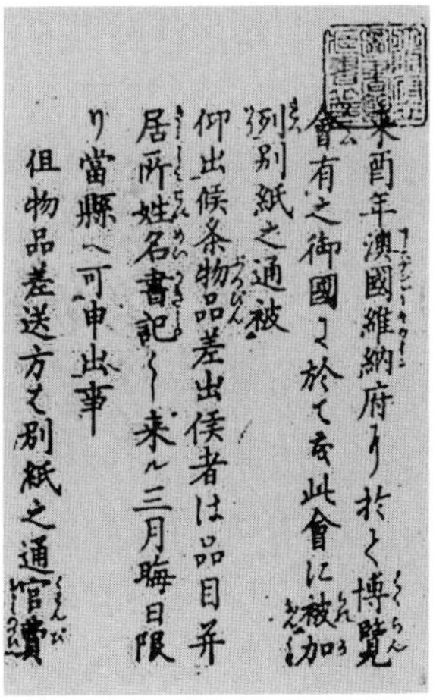
来酉年澳國維納府ニ於テ博覧
會有之御國ニ於テモ此會ニ被加
列別紙之通被
仰出候条物品差出候者ハ品目并
居所姓名書記シ来ル三月晦日限
リ當縣ヘ可申出事
但物品差送方ハ別紙之通官費

图3-1　日本太政布告明治五年(1872)第七号，澳国維納府博覧会ヘ物品差出方ヲ定ム

“美术”一词最初由日本人翻译而来，最早出现在1872年发布的维也纳世博会筹设公告(图3-1)②所附的说明。日本通过参加世博会，将日本艺术推向世界，让西方人了解到东洋美术。然而，

① 导言：叙述20世纪[M]//吕澎. 20世纪中国艺术史. 北京：北京大学出版社，2006.

② 『太政官沿革志三十五』单行本[DB/OL]. [2010-10-30]. http://www.jacar.go.jp/DAS/meta/MetaOutServlet

“美术”一词最早作为译文实例出现在中国，则是在 1897 年 11 月 5 日《实学报》第 8 册中《美术育英会之计划》一文①。与此同时，“美术”一词亦出现在康有为于 1898 年初正式出版，传播日本新名词的著作《日本书目志》②之中。此外，梁启超在 1897 年 11 月 15 日《时务报》上撰文《读〈日本书目志〉书后》③介绍康有为该书，亦曾使用“美术”字眼。以上文献记载了“美术”在近代中国的首次登陆。

第一节 美术概念的引入

国人真正开始明白“美术”的含义，则是在进入 20 世纪后。当然，这其中离不开大批美术爱好者、美术家前仆后继的钻研探索与努力传播。鲁迅在 1913 年就任教育部社会教育司第二科科长时发表了《拟播布美术意见书》，阐述了自己对美术教育的观点。文中对美术一词做了详解：

> 美术为词，中国古所不道，此之所用，译自英之爱忒(art of fine art)。爱忒云者，原出希腊，其谊为艺，是有九神，先民所祈，以冀工巧之具足，亦犹华土工师，无不有崇祀拜祷矣。顾在今兹，则词中函有美丽之意，凡是者不当以美术称。
>
> 希腊之民，以美术著于世，然其造作，初无研肄，仅凭直觉之力，以判别天物美恶，惟其为觉敏，故所成就者神。盖凡有人类，能具二性：一曰受，二曰作。受者譬如曙日出海，瑶草作华，若非白痴，莫不领会感动；既有领会感动，则一二才士，能使再现，以成新品，是谓之作。故作者出于

① 郑工. 演进与运动——中国美术的现代化：1875—1976[D]. 南宁：广西美术出版社，2002：76－77.

② 康有为在甲午战争后认识到中国的知识落后，西方的富强在于知识，翻译此书的目的在于吸取新知识。参见《日本书目录》自序：“……故今日欲自强，惟有译书而已。”该书第十三卷美术门收录美术、绘画、音乐、戏剧、体操、游戏、插花、茶道、占巫、棋类等 18 类 720 种图书。可见，这里的美术门泛指广义上的美术。

③ 梁启超. 饮冰室合集・文集之二[C]. 上海：中华书局，1989：52－54.

思，倘其无思，即无美术。然所见天物，非必圆满，华或槁谢，林或荒秽，再现之际，当加改造，俾其得宜，是曰美化，倘其无是，亦非美术。故美术者，有三要素：一曰天物，二曰思理，三曰美化。缘美术必有此三要素，故与他物之界域极严。刻玉之状为叶，髹漆之色乱金，似矣，而不得谓之美术。象齿方寸，文字千万，核桃一丸，台榭数重，精矣，而不得谓之美术。几案可以弛张，什器轻于携取，便于用矣，而不得谓之美术。太古之遗物，绝域之奇器，罕矣，而非必为美术。重碧大赤，陆离斑驳，以其戟刺，夺人目睛，艳矣，而非必为美术，此尤不可不辨者也。[①]

在这份施政纲领中，鲁迅将美术三要素归结为：天物、思想与美化，只有融入作者思想，将所见天物加以美化之后的产物才能冠以“美术”之名。

同时，鲁迅在分析美术之类别时，介绍了柏拉图的两种区分方法，将绘画、雕塑、建筑、音乐、文章等按照动与静，目、耳朵及心（文章）艺术加以区别。此外，还介绍了英国人珂尔文的三种分法：形与声、模拟与独造、致用与非致用。鲁迅认为“中国的文章之美，乃为形声二者”，对于美术目的与致用，他略述了几点：可以表见文化；可以辅翼道德美术之目的；可以救援经济[②]。同时，还阐述了播布美术之方，亦是为了让大众了解、喜爱美术，使之服务于民。

可见，20世纪前期中国官方对于美术的限定之严谨。鲁迅在《拟播布美术意见书》中所言及的“美术”是广义上的大美术，包括绘画、雕塑、建筑、音乐、文章等。限于篇幅，本书将20世纪前期上海粤籍美术家根据画种划分，选取他们在新国画、西洋绘画、新兴木刻以及其他新美术领域的美术活动为范围进行研究，探讨他们借助报纸杂志、出版印刷、展览等手段，在漂泊中传播作为视觉艺术的美术以及美术品本身承载的时代信息。

---

① 鲁迅. 拟播布美术意见书[M]. //鲁迅全集：第8卷. 北京：人民文学出版社，1989：46－47.

② 同上。

第二节 东西方艺术思潮的介入

前面对这一时期影响中国的东洋、西洋文化做了梳理。本节就沐浴在东西文化碰撞交融的19世纪末20世纪前期,多元文化所带来的多元艺术思潮进行讨论。

1912—1937年间,众多中国学子从上海出发留学海外,开始他们的艺术之路。与此同时,亦有一大批学成归来的海外学子与国外美术家来沪发展、交流,构成了20世纪前期汇集各地思想、文化融合上海国际大都市形象。在他们求学的道路上,除了他们就读的学校、接触的教师、美术家之外,国外文化艺术、风俗习惯或多或少也对他们艺术风格的形成产生过影响。因此,研究这一时期中国美术留学生聚集的日本与法国的艺术动态,对理解这批美术留学生回国初期的艺术风格有一定借鉴作用。同时在一定程度上弥补由于早期艺术作品的散失,无缘解读他们整个艺术生涯作品的遗憾。

一、日本近代艺术运动

明治(1868—1912)末期,陆续出现中国美术留学生抵达日本。这一时期,西方文明的导入致使日本迅速向近代产业社会发展,伴随社会西化、现代化的改革,兴起了一系列新美术运动。虽然日本早在16世纪中叶基督教传入之时,便开始接触、研究西洋绘画,然而日本西洋绘画真正意义上的起始点仍要从明治算起。明治九年(1876),意大利人安东尼奥·冯塔内西(Antonio Fontanesi, 1818—1882)作为工部美术学校画学科教师到日本教授绘画。这件事成了日本洋画发展史上具有划时代意义的事件,从而拉开了日本洋画的新篇章。新艺术运动兴起,揭示了当时互相切磋、寻求近代化的人们由于日本急速欧化而产生的心灵震撼。由此,明治时期被称为日本洋画的胎动期。

到了大正时期(1912—1925),日本画坛近代化达到繁盛期。自明治末期至大正初期的各种艺术此起彼伏,闪耀登上日本画坛。可以说大正时期的日本画、洋画以及版画在整个20世纪前期起到了承前启后的特殊作用，打开了日本通向现代美术的大门。

1. 从日本画改革运动到西洋美术的介入

19世纪末20世纪初的日本画坛，对于日本画的发展分化为两种不同的派别。他们是以诞生于1887年的日本美术协会（前身为创立于1879年的龙池会）为代表的复兴传统派与以冈仓天心为代表的激进派。前者掀起了日本画革新运动，而后者则在1891年创立日本绘画协会，提倡新日本画。

西洋绘画方面，受19世纪欧洲学院派自然主义和写实主义的影响，写实主义一直影响着明治前期的洋画画风。明治末期，印象主义之风悄然抵达日本列岛。明治四十三年（1910），有岛生马（Ikuma Arisima，1882—1974）①在上野竹之台举办画展，展出70幅旅欧作品，首次向国人介绍被誉为现代绘画之父的后印象派代表画家塞尚。同年，藤岛武二（Takeji Fujisima，1867—1943）②在白马会③（图3-2）展上展出了30幅留学欧洲期间的新作，明显带有印象主义风格。

明治四十四年（1911）10月，由白桦派主办的版画展览在东京·赤坂的灵南坂下三日堂开幕，展品多为根据泰西名画的照片制作的复制作品。可见，当时在日本，照相技术业已成为机械文明的代表，照相带来的复制技术，在美术界引起了不小的骚动。

---

① 有岛生马，原名壬生马，日本画家。东京外国语学校意大利语系毕业后师从藤岛武二学习洋画。后留学意大利，进入罗马国立美术学校。1907年受巴黎塞尚回顾展启发，开始在工作室进行创作。1910年回国，1913年创设第二科美术展览会。1935年成为帝国美术院会员。

② 藤岛武二，是日本油画样式的确立者之一，为西洋画的普及做出过巨大的贡献。作为跨出了日本洋画近代化第一步的画家黑田清辉的嫡传弟子，他并没有满足于沿着导师开创的外光派道路进行创作，而是在不断钻研中渐渐转向了浪漫主义，并融入日本装饰表现手法，从而成为明治时期浪漫主义绘画巨匠。1896年，藤岛进入东京美术学校任教并加入白马会，从而确立了新画风在日本洋画坛的支配地位。日本政府鉴于他的突出成就，曾授予他文化勋章。在日本，许多画家、评论家谈及藤岛武二，总是称赞其为日本西洋画坛的"元老"——一个只用来称赞对某个领域的发展做出过壮举的人时才用的字眼。

③ 成立于1896年（明治二十九年）的洋画团体，由从日本最早的洋画团体——与官方展览相对立的明治美术会（后逐渐发展成为明治美术学校）分离出的新派画家们以宣传巴黎印象派新艺术为目的组建而成，在日本画坛具有不可动摇的地位。作为当时日本洋画学院派代表，该会确立了新画风在洋画坛的支配地位，所倡导的美术理论对当时的美术、文学、诗歌产生重要影响。例如该会美术评论家岩村透（Toru Iwamura，1870—1917）以留学经历为蓝本撰写的《巴黎的美术学生》，1901年经报纸连载后引起日本社会各界强烈凡响。1902年（明治三十五年），明治美术会的代表人物浅井忠（Chu Asai，1856—1907）留法归来，毅然将明治美术会改组为太平洋画会。由此引发了当时日本画坛的两派之争。这场纷争最终以白马会胜出并成为日本洋画学院派代表而告终。由此，白马会确立了新画风在洋画坛的支配地位。

图 3-2　白马会第一次展览集体照

版画领域，由于明治时代机械化印刷的普及，珂罗版、锌版、彩色印刷得到发展。伴随尊重个人的社会思潮，以山本鼎（Kanae Yamamoto，1882—1946）、石井柏亭（Hakutei Ishi，1882—1958）等为首的一批年轻画家开始制作自画、自刻、自印反映个人主义的版画作品，成为日本创作版画运动的发端。大正初期，新版画运动登上了日本画坛，以桥口五叶（Goyo Hashiguchi，1880—1921）、伊东深水（Ito Shinsui，1898—1972）为代表的版画家致力于通过木版复制技术将浮世绘的历史呈现给世人①。（图 3-3、图 3-4）

左图 3-3　山本鼎《渔夫》1904 年　木版画 16.3 cm×11.1 cm
右图 3-4　桥口五叶《化粧の女》1918 年　木版画 51 cm×36.3 cm

① ［日］樋田直人. 蔵書票の魅力—本を愛する人のために[M]. 東京：丸善ライブラリー，1992：42-47.

2. 西方教育模式的引入

20 世纪前期，东京美术学校[①]作为当时日本最高的美术学府，汇集了日本画坛的顶尖人物，拥有一流的教学师资以及完备的教学制度，人才济济，吸引了众多外国留学生[②]。直至第二次世界大战，该校一直扮演着官展派东京画家根据地的角色。当年东渡留学的中国学子，多数选择在该校学习西洋绘画。

1896 年(明治二十九年)东京美术学校(图 3－5)设立了西洋画科，吸引了从巴黎归来的黑田清辉(Seiki Kuroda，1866—1924)[③]、久米桂一郎(Keiichiro Kume，1866—1934)等加入教学队伍。黑田的继任者藤岛武二受浪漫主义影响，认为绘画艺术中最重要的就是画面简单化，要把复杂的图像加以简单化，就像在一大堆乱糟糟的线团中，把线头找出来，然后才能将杂乱的线理清，能否找到线头，就可看出画家是否具实力[④]。

19 世纪末 20 世纪初，日本向欧洲派出了数批美术留学生，他们分别选择

---

① 东京美术学校前身工部美术学校，是日本最早设立的美术学校。江户时代的日本(1603—1867)，人们在"画塾"中学习美术，当时分为狩野派(Kano-ha)和住吉派(Sumiyoshi-ha)两大流派。教师被称为"师匠"，而学生则称为"弟子"。明治时代，画塾引入"美术学校"这一西洋美术教育方式。事实上，最初进入美术学校学习的是那些毕业于江户著名画塾的学生。当时工部美术学校招募了数名意大利教师，冯塔内西则担任画学科教师，浅井忠、山本芳翠等日本近现代美术史上著名的画家都曾是他的学生。从教师的国籍可知，工部美术学校建校的出发点是教授西洋美术技法。然而，随着国粹主义的抬头，这也成了它最终被废除的原因。1884 年，图画教育调查委员在文部省内设立之后，做出官办美术学校的决定。翌年，冈仓天心和芬诺洛萨开始为创办做准备。1887 年，工部美术学校更名为东京美术学校，迁移至上野校址。东京美术学校以培养艺术家为办学目的，然而在成立初期仍偏重国粹主义教学，进行传统的美术教育。

② 东京美术学校明治年间的外国留学生入学率达到 99％。进入大正年间，由于留学生人数的增加，制定了相应的入学规则。1914 年，学校一改以往仅在报名人数超过录取名额时进行考试选拔的入学方式，要求所有学生都必须通过入学考试。对接纳外国留学生的名额从大正初年的每年 7 名发展到后期的每年 15 名(合格率约 57％)左右(吉田千鹤子，2009：15)。

③ 黑田清辉，白马会领军人物，东京美术学校教授。1886 年，他拜入法国画家科兰(Raphael Collin，1850—1917)门下学习绘画，当时的法国主流美术界正处于渐渐由古典主义向印象派转变时期。被誉为近代日本西洋画发源地的格雷·修尔·卢昂村(Grez-sur-Loing)，位于巴黎市区东南约 60 公里，距离枫丹白露约 12 公里的地方。这是一个聚集过许多近代画家的村子，黑田在那里受到来自北欧、美国的画家们奔放的性格以及印象主义画风的影响。继黑田之后，浅井忠、和田英作、冈田三郎助、安井曾太郎等许多日本画家都到过此地。因此，黑田带回日本的不仅有古典派美术的教育，还有自由的创作态度。一种理想，"在超阶级的自由与豁达中追求团体和睦的精神"。"无可否认，正是在这种精神的孕育下，东京美术学校西洋画学生间形成了与众不同的风气。这一风气在修学旅行和运动会期间得到了充分体现，发挥到了极致……"美术史学者、美术评论家森口多里(Tari Moriguchi，1892—1984)在《美术五十年史》中描绘了波希米亚风渗透西洋画科的景象。由此，黑田及其弟子们成为一名自律的、创造者的艺术家的愿望可见一斑。确立了日本外光派的黑田使日本洋画进入了一个崭新的时期，对日本洋画界的影响不言而喻。

④ 庄伯和. 为乡土奉献心血的艺术家颜龙水[J]. 雄狮美术，1985(168)：100－101.

图 3-5　东京美术学校旧址(今东京艺术大学美术学部)　转载：東京下町の昭和史-明治、大正、昭和 100 年の記録[M].東京：每日新聞社,1983：65

了意大利、英国、德国、法国等不同的留学地点接受西方美术教育。这些美术留学生学成归来后活跃于日本洋画坛,在各个美术研究所、美术学校中肩负起培育现代美术继承人的重任。西方美术教学中的课程设置与教授画室制[①]等教育模式通过他们引入日本,又通过中国留日美术学生被带回国内,从而颠覆了我国传统美术教育模式,为整个亚洲的西洋美术发展奠定了坚实的基础。

东京美术学校粤籍留学生的履历显示,他们在进入该校学习前几乎均在中日各个美术机构学习过,具备一定的美术基础。其中,多数选择了白马会洋画研究所[②]以

① 黑田清辉与岩村透(Toru Iwamura, 1870—1917)留学回国后不遗余力地探索新型教学改革。1918 年 9 月(大正七年)东京美术学校新学期推出了以指导者为本位的教学方式,即将西洋画科的学年制改为教室制(画室制),分别由冈田三郎助、和田英作(Eisaku Wada, 1874—1959)、藤岛武二等三位教授主持,黑田清辉负责研究科同时担任全系的统筹指导。合并三、四学年,三、四年级学生依据兴趣选择进入指导教师的教室。一、二年级则由长原孝太郎(Koutaro Nagahara, 1864—1930)和小林万吾负责。该制度自 1918 年起沿用至 20 世纪 40 年代末(东京美术学校与东京音乐学院合并成立东京艺术大学),训练学生实质能力的同时为其个人风格形成奠定了基础。

② 1898 年(明治三十一年),白马会洋画研究所,即"葵桥洋画研究所"(Aoibasi Yoga Kenkyujyo)的前身,作为白马会的附属机构而设立,为美术学校毕业生与普通学习洋画者继续进行研究提供便利。最初的地点位于白马会成员菊池铸太郎的寓所内,1899 年迁入赤坂、溜池的合田清工房。之后,又分别在菊坂、驹込设置了第二与第三研究所。以上的几个地点,人们通称为"白马会溜池(Tameike)研究所"。后来,研究所迁到葵桥。后虽然白马会解散,而葵桥洋画研究所则继续运作,直至 1923 年(大正十二年)。因而,在东京美术学校粤籍留学生履历中出现的白马会赤坂、溜池研究所、葵桥洋画研究所等学校只是一所学校不同时期的校名,实指同一所学校。

及川端画学校①。这两所培训机构在一定程度上充当了东京美术学校预科的作用，此外还包括1912年由冈田三郎助（Saburosuke Okada，1869—1939）②、藤岛武二设立的本乡洋画研究所（Hongo Yoga Kenkyujyo，后改成本乡绘画研究所）及由小林万吾（Mango Kobayasi，1870—1947）主持的同舟舍（Dosyusya）等。由此可见，即便在中国国内没有接受过专业美术教学，在日本东京也有专业的西洋美术培训机构对美术留学生进行入学前的指导。同时，从附录一《东京美术学校粤籍美术留学生名录》可知，从白马会洋画研究所、川端绘画研究所到东京美术学校是一条当时多数粤籍留日学生选择的必经道路③。

此外，大正至昭和年间的日本经济、工业、文化高速发展，城市化进程的推进形成了日本当今大众社会与消费文明的雏形。20世纪20年代，日本美术领域的前卫艺术运动日渐高涨，相继成立了未来派美术协会、アクション（ACTION）、マヴォ（MAVO）④、三科造型美术协会等前卫美术团体。当时的日本社会正处于艺术发展期，时常可以领略到来自欧美各个流派的美术作品展。在此期间，受到西方第一次世界大战之后艺术展现社会不安因素的影响，日本也兴起了一场以表现未来派、表现主义、构成主义、达达主义等前卫艺术为主的新

① 川端画学校（Kawabata Kaiga Kenkyujyo）是一所旨在培养艺术家的私立美术学校。该校由明治时代著名日本画家川端玉章（Gyokusyo Kawabata，1842—1913）在1909年（明治四十二年）创立，校址位于东京都小石川区下富坂町19番地春日通（今东京文京区春日大道）。1913年（大正二年）玉章去世，继任者川端虎三郎随之将校名改为私立川端绘画研究所，并新设了洋画部，由藤岛武二主持。由于原校名更为出名，在学校介绍、美术年鉴中仍然继续使用原名。根据德岛县立美术馆江川佳秀的川端画学校《记名簿・洋画部》（[日] 吉田千鶴子. 近代東アジア美術留学生の研究——東京美術学校留学史料[M]. 東京：ゆまに書房，2009：134），该校1915—1920、1924—1931年的14年间，共招收中国学生146名（包括26名台湾学生），其中考入东京美术学校者为32人，可见该校当时在中国留学生之中的巨大影响力。作为20世纪前期东京最具实力的美术学校预备校，为东京美术学校输送了大批青年后备力量。就读的32名粤籍留学生中，曾在川端画学校学习者达17人之多，超过半数。

② 冈田三郎助，在曾山幸彦的画塾接受了西洋画启蒙教育，经久米桂一郎介绍与留法归来的黑田清辉相遇，1896年加入白马会。1902年留学回国后即成为东京美术学校西洋画科教授，1916年后又执教女子美术学校（今女子美术大学），致力于培养女画家。1937年，他与横山大观（Taikan Yokoyama，1868—1958）、藤岛武二等一同获得了文化勋章。

③ 当时的日本美术界，维系着文展、东京美术学校、各研究所三者之间的关系，统率它们的往往是一个人或同属于一个组织的人们，白马会所起的作用便是如此。前文提及的藤岛、冈田、小林，三人均为白马会画家，又同时任教东京美术学校，文展出展的作品，也多出自白马会系作者。《东京艺术大学百年史》东京美术学校篇第二卷（1992）中记载，出席川端画学校成立仪式的来宾，以东京美术学校第五任校长（1901—1932）正木直彦（Naohiko Masaki，1862—1940）为首人数达到三百余名，连川端画学校的设立趣意书都是由正木执笔。可见，川端画学校与东京美术学校的渊源颇深，关系密切。

④ 日本美术团体，成立于1923年7月，由村山知义、尾形龙之助、大浦周藏、门胁晋郎等5人组成，是日本达达主义运动先驱。

兴美术运动。其中，达达主义社团的活跃度在日本关东大地震后达到了顶峰。虽然这些当时尚处于日本艺术边缘，未能进入正规美术学校的教学内容，但仍然在一定层面上影响了这批中国美术留学生①。十月革命引起的社会主义风潮在日本也有所发展，东京美术学校学生中出现无产阶级美术运动者②。

可见，20 世纪前期的粤籍美术留学生在留学地开展了丰富多彩的艺术活动的同时不忘关心国际时事，在学校之外接受前卫美术运动思想，同时也产生了投身抨击社会现实的左翼美术运动拥护者。

二、法国现代艺术运动

1919 年，中国留法勤工俭学达到高潮，林风眠、李金发等中国美术留学生亦是在这一年漂洋过海奔赴法国。第一次世界大战结束后的法国面临经济困难、时局不稳的局面，内阁更迭频繁。

19 世纪末至 20 世纪前期，欧洲经历了新艺术运动、表现主义、超现实主义、装饰艺术运动、现代设计运动等一连串艺术运动，使西方美术重心从原来单纯以绘画、雕塑为主逐渐转向概念化、设计领域。印象派、象征派、野兽派、立体派、疯狂的达达派与超现实主义等美术派别陆续登上欧洲画坛。

法国在启蒙运动中提出的天赋人权思想代表了法国的文化精神，法国人历来具有的革命精神表现在美术领域便是对绘画的不断革新。大革命之后的法国，面对僵化的新古典主义以及追求理想化的浪漫主义，涌现出一批追求表现现实生活，反映社会百态以揭示资本主义社会不合理性、具有现实主义精神的写实主义风潮。始于 1880 年的新艺术运动，以其充满活力的现代风格表现在欧洲大陆迅速得到普及。法国画家柯罗、莫奈，后印象派代表画家凡·高、塞尚等的作品在吸收东方艺术元素的同时亦影响了一代东方美术家(图 3－6、图 3－7、图 3－8)。然而，由于东方人多选择西方美术学院学习西洋绘画，而学院派的美术教育有一定滞

---

① 根据《关良回忆录》(关良，1984：17－23)，在东京可以观摩到马奈、莫奈、雷诺阿、德加、塞尚、马蒂斯、凡高等西方现代主义画家的作品，以及日本前卫艺术运动时期的作品。1932 年 12 月，“巴黎东京新兴美术同盟展”在上野东京府美术馆展示了毕加索、米罗等巴黎艺术家的作品。

② 1928 年，东京美术学校部分四年级学生受左翼思想影响组成社会科学研究会。1929 年叶仲豪由于参加该会而被强制遣返回国。同年，司徒慧敏参与组建青年艺术家联盟，亦因故被捕，于次年因拖欠学费而被除名。

后性，于是这批在法国美术学校留学的东方人接受的多为严谨而正规的美术教育。

左图3-6　莫奈《穿和服的莫奈夫人》1876年　布面油画　231.8 cm×142.3 cm　美国波士顿美术馆藏

中图3-7　塞尚《静物》1895—1998年　布面油画　68.6 cm×92.7 cm　Lillie P. Bliss Collection

右图3-8　杜尚《下楼的裸女第2号》1912年　布面油画　147 cm×89.2 cm　美国费城美术馆藏

继达达主义之后致力于发现人类潜意识心理的超现实主义自法国盛行欧洲文艺界，引发了一场超现实主义运动。这是一场主张放弃逻辑与现实形象，将人内心深处的形象世界呈现出来的艺术运动，艺术家尝试融合现实观念与本能、潜意识与梦的经验。在中国美术留学生集中的20世纪20至30年代，欧洲现代艺术运动或多或少对这些在象牙塔里学习的美术留学生产生了一定影响。

第三节　上海粤籍美术家的构成

20世纪前期的上海是一座海纳百川的城市。沐浴“西学东渐”之风的上海，东西文化在这座城市不断碰撞、融合，涌现出各种新思潮。“五方杂处”的文化大熔炉使上海更容易接受外来事物，较之当时中国其他城市，上海的地域、文化环境对于全国各地的知识分子、进步青年更具吸引力。他们将这座城市作为看世界的窗口，而外国人则将上海看作了解中国的窗口。

在中西文艺思潮影响下，20 世纪前期的上海画坛中涌现出一大批粤籍美术家。粤籍美术家选择上海与当时上海的经济、文化、教育条件息息相关。本书在研究对象——20 世纪前期(1912—1937)上海粤籍美术家的范围选定问题上，主要从以下几个方面考虑：

首先，根据这批沪上粤籍美术家所涉及新美术运动不同领域，本书将之分为纳入新国画运动、洋画运动、新兴木刻运动以及雕塑、水彩画、漫画、美术刊物等其他新美术领域的范畴展开研究。此举囊括了 20 世纪活跃于上海的大部分国画家、油画家、版画家、雕塑家、水彩画家、漫画家以及美术报人。他们的艺术活动奠定了上海在中国新美术运动中无可替代的地位。

其次，根据他们在沪时间的长短，本书将之分为世居上海、留沪、旅沪等。作为一个移民城市，早在 17 世纪便出现广东人移民上海。近代上海开埠之后涌入的广东、福建、江浙籍商人，他们的后代逐渐融入上海，接触新鲜事物的同时，走上艺术之路。邓实、潘思同、陈抱一、伍蠡甫、关紫兰、梁白波等均出生于上海，严格意义上广东与他们的联系较为疏远，维系这一联系的是他们的祖辈、父辈以及他们的成长中所接触到的岭南文化。

20 世纪前期的广东人大规模来沪现象出现在 20—30 年代。良好的区域条件以及蓬勃发展的城市经济等均推动了近代上海的发展，带来了上海近代开放、变革之风，全国各地精英云集沪上，从而加速了上海金融的崛起。相当一部分来自广东的商人、文人逐渐崭露头角，在上海的工商业界占据了相当地位。粤人团结的传统文化，吸引了更多的粤籍美术家来到上海寻求发展，同时将广东文化艺术中所吸收的西洋绘画样式、精神带到了上海。曾易孺、叶恭绰、简经纶、高剑父、高奇峰、陈树人、郑慕康、冯文凤、关良、李金发、陈宏、丁衍庸、梁锡鸿、梁鼎铭、谢海燕、郑苌等均选择上海开创自己的艺术事业。同时，还有一批就读于上海各大美术院校的粤籍学生[①]、年轻艺术家，他们在沪接受

① 旅沪粤籍美术学生人数众多，尤以就读上海美专居多。《上海美术专科学校——二十五周年纪念一览》记载的粤籍毕业者近百人，包括林受益、李开麟、邱及、郑辅宣、黄家泽、王兰若、罗铭、蔡光远、刘昌潮、陈大羽等。毕业于上海新华艺专的曾幻一、刘先德，上海艺术大学毕业的张伯河、许良琨、郑奕辉、杨思园、蔡光切、方若琪、罗善政、郑松涛等在沪研习美术。由于篇幅所限本书未能一一列出。通过这些粤籍美术青年，现代艺术的火种从上海撒向中华大地，走向世界。

现代艺术熏陶之后又离开上海奔向四方。(图 3－9、图 3－10)

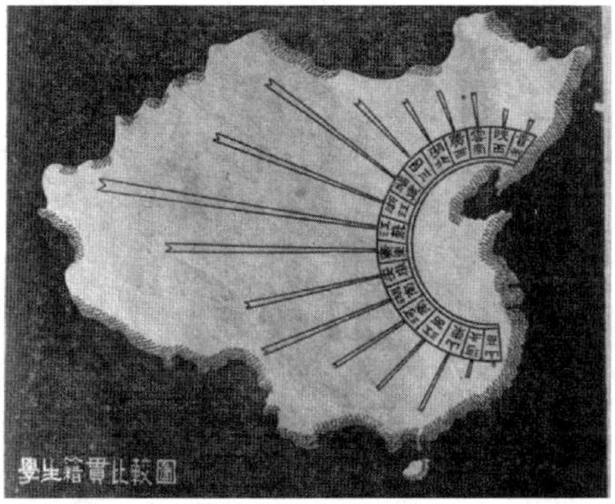

图 3－9　上海美专学生籍贯比较图　收录于《上海美术专科学校二十五周年纪念》图中，美专学生籍贯排名依次为江苏、广东、浙江、福建、安徽、湖南……其中，广东籍学生人数位居第二

图 3－10　20 世纪 20 年代上海美术专门学校校门，资料图片

此外，与生长在上海、在上海开创艺术事业的粤籍美术家不同，20 世纪前期还有一批在上海短暂停留过的粤籍画家：林风眠、黄君璧、司徒乔、赵兽、司徒奇、符罗飞、胡善余、庄子曼、胡根天、黎冰鸿等。他们因举办画展、出版书籍、留学等理由短期停留上海，为上海的新美术运动作出了杰出贡献。

同时，本书还重点关注 20 世纪前期上海粤籍美术家中具有留学背景者。由于上海当时在东方的中心地位，众多留洋归国者将上海作为回国后发展事业的首选地。在此大背景下，留学国外的粤籍美术进步青年回国后亦大多选择上海作为美术活动的主要场所、展现自我艺术发展的舞台。例如何香凝[①]、

---

① 何香凝，1909 年 4 月 10 日至 1911 年 4 月就读私立女子美术学校日本画科选科高等科，并顺利毕业。在该校的《学籍簿》中，登记了何香凝生于光绪八年 4 月 27 日，来自日本女子大学校教育部。日本私立女子美术学校是现今女子美术大学前身，成立于 1900 年 10 月，1919 年 9 月改称女子美术学校，1929 年 6 月更名女子美术专门学校。1903—1946 年间共有 267 名中国留学生就读该校，其中广东籍为 65 名，占该校中国留学生总人数的 1/4 左右。她们多选择编物科、刺绣科，进入西洋画科的 6 人中完成学业者仅李殿春、徐芷龄 2 人。5 名选择日本画科者毕业的仅何香凝一人，即便如此在所有 12 名日本画科中国留学生(3 名毕业)中，这一比率还是相当高的。在何香凝之前、之后，亦有粤籍女子入学该校学习日本画，最终均因故放弃了。详细参见：周一川. 近代中国女性日本留学史：1872—1945[M]. 北京：社会科学文献出版社，2007：134－178.

高剑父、高奇峰、陈树人[①]、陈抱一、丁衍庸、关良、关紫兰、谢海燕、梁锡鸿、赵兽、司徒乔、胡善余、庄子曼、林风眠、李金发等活跃于20世纪前期上海画坛的粤籍美术家，年轻时均走出过国门学习美术，其中尤以留日者居多。

前文所述，20世纪中国第一波留学日本热潮发生在1905—1907年间，这也是第一批留日美术学生出现的时间。之后活跃于上海的粤籍画家何香凝、高剑父、高奇峰、陈树人等均是在20世纪头十年抵达日本学习绘画。从东京美术学校中国留学生的入学时间来看，自20世纪初起，该校中国留学生人数增长较为平稳。20世纪初在勤工俭学运动的感召下，共计有两千余名中国学生赴法国留学。值得一提的是，这些学生中的绝大部分从上海启程。这一时期留法学习艺术专业的学生中，粤籍美术留学生相对较少，包括林风眠、李金发、王远勃、庄子曼等。虽然留法美术学生从人数上而言不及留日者，但从他们的美术创作、教育、历史功绩而言各有千秋，难以用三言两语进行概括、评判。

因此，在具体考察这批粤籍美术留学生时，根据留学地点的不同将之分为留法美术家与留日美术家，针对他们的美术活动及绘画风格进行比较分析，并从女性角度注重上海粤籍女性美术家的活动，考察她们在民国初期上海画坛作出的贡献。

综上，从新美术运动的不同领域、在沪停留时间的长短以及留学地点的不同等三方面分析了20世纪前期上海粤籍美术家的基本构成。这一范围界定构成了本书的基本研究内容，直接影响之后各章节的划分，并在行文中得到体现。

英国人类学家泰勒(Edward Tylor，1832—1917)在其1871年出版的《原始文化》(Primitive Culture)一书中，认为文化或文明就其广泛的民族学意义来说，包括全部的知识、信仰、艺术、道德、法律、风俗以及作为社会成员的人所掌握和接受的任何其他的才能和习惯的复合体[②]。文化包含艺术，通过研究艺

---

① 陈树人，1906年(明治四十五年)毕业于京都市立美术工艺学校(创立于明治十三年的京都府画学校，几经改名后于明治二十七年改称京都市立美术工艺学校，明治四十二年在该校基础上创立京都市立绘画专门学校)绘画科。北平美术学校首任校长郑锦于1905年、1914年分别从该校绘画科、绘专毕业。

② [英]爱德华·泰勒. 原始文化[M]. 连树声，译. 上海：上海文艺出版社，1992：1.

术可以获悉与之相对应的文化。正如蔡元培倡导美育的初衷，作为提高一个民族素质、振兴民族的关键，艺术肩负着重要的责任，主张从艺术与精神层面研究文化。

艺术作为文化的一个特殊载体，包含了艺术家的思想观念。艺术在其发展过程中，与当时的社会背景、地域文化密切相关。自然的地域造就了不同的文化，而不同的文化诞生了各地不同的艺术。在艺术界，担负起交织世界艺术、文化，并将之传播开来这一艰巨任务的，是一群特殊的传播者——美术留学生。本书的研究对象——20 世纪前期上海粤籍美术家，就是这样一群传播者，他们在游走各地传播先进文化的同时，将各地的文化融合于自身创作。严格意义上，这群美术家并没有真正的"根"，广东、上海、日本、法国，他们的脚印遍布世界，他们的艺术主张、美术作品流传至今。在新美术的传播中，他们成长为名副其实的岭南文化、广东文化、上海城市文化的代言人。

这些具有国外留学、游学背景的粤籍美术家，回到中国后较多地选择了上海为聚集地，使上海一度成为 20 世纪前期美术重镇。他们带回的西方美术思想与观点植根中国后形成了不同的美术教育思想。接下去的几个章节，将围绕 20 世纪前期上海粤籍美术家在社会转型期新兴艺术运动中的美术创作、举办的美术展览、组织参与的美术活动等方面，探讨并定位他们的艺术实践在中国近现代美术史上的地位与作用。

第四章

上海粤籍美术家与新国画运动

辛亥革命推翻了中国两千余年的封建统治，催生了一个崭新的世界，全国百废待兴。沐浴在“西学东渐”之风下的上海，为东西文化、各种新思潮的碰撞、融合提供了相对自由的平台。这一时期，各国精英云集这座近代中国最发达的城市，使上海成为当时文人造访之地。加之上海的地域位置，务实、开放的文化倾向，成就了它在中国现代美术史上的特殊地位。

在此背景之下，粤籍美术家千里迢迢从广州到上海，于 1912 年 6 月 5 日在沪创刊《真相画报》(图 4－1)。艺术是文化的重要组成部分，而美术期刊则是一个时期艺术动向的真实记录。鉴于《真相画报》是中国最早的美术类综合性旬刊，亦是上海 20 世纪初创刊的唯一一份综合性美术旬刊[①]，本章将围绕该画报与城市大众美术的关系，其创办者高剑父、高奇峰兄弟、陈树人等在上海倡导的折衷中外、创造新国画等问题进行探讨。

图 4－1 《真相画报》第一期封面

《真相画报》真实再现了 20 世纪早期粤籍国画家在上海的活动，影响到 30 年代的上海乃至全国的美术刊物，可谓开创了上海画报的新纪元。一份画报能如此紧扣时代脉搏，再现社会现实，反映国际前沿，在 20 世纪

① 徐昌酩. 上海美术志[M]. 上海：上海书画出版社，2004：197.

初的上海实属难能可贵。从这扇城市大众美术的宣传窗口入手，研究粤籍美术家在新国画运动中扮演的角色，对于繁荣复兴新世纪城市大众美术，亦有着一定的借鉴意义。

第一节　吹响城市大众美术的号角：《真相画报》

根据许志浩《中国美术期刊过眼录：1911—1949》，《真相画报》是1912年辛亥革命之后中国第一份综合类美术期刊。许志浩在书中认为，该画报是中国早期最具影响的美术期刊之一。1911—1937年间，国内各地发行的美术刊物约有201种，其中以美术团体为发行者的多集中于上海、北京、广州等地，上海占二分之一强[①]。这与上海当时在全国的特殊地位不无关系。作为近代中国最发达的城市之一，20世纪初的上海云集各地精英，在众人的共同努力下，形成了上海务实、开放的氛围，终于在30年代一举成为世界第五大港口城市。

《真相画报》第一期创刊号的版权页上详细标明了编辑兼发行人高嵡（奇峰）、印刷人应枬的名字，同时注明了该报发行单位为位于上海四马路惠福里的真相画报社与广东省长堤二马路的中华写真队事务所，以及由商文印刷所印刷，各省大书坊分售等字样。可见，《真相画报》的诞生背后有一支庞大的编辑队伍。

以高剑父、高奇峰、陈树人为首的一批粤籍进步艺术家凭借他们对社会敏锐的洞察力、过人的艺术功力及独特的政治艺术见解，通过画报这一快速、强烈、生动、图文并茂、方便阅读而喜闻乐见的艺术形式，开辟了城市大众文化艺术的宣传窗口，极大地影响了当时的上海文艺界。它刚健而质朴，具有强烈的战斗性，反映了时代的气息。

一、《真相画报》的创刊：城市大众美术的新锐

《真相画报》从诞生之初起便与中华民族的革命结缘，可谓继辛亥革命之

① 许志浩. 中国美术期刊过眼录：1911—1949[M]. 上海：上海书画出版社，1992：1.

后、五四新文化运动之前的一曲前奏。具有革新思想的艺术家们选择了上海——这座传播资讯极为发达的城市作为《真相画报》活动的主要阵地(1913—1918年的审美书馆则成为留(驻)沪粤籍国画家早期活动的重要场所)。此时的上海,商业经济已经初具规模,市民文化及"租界"环境给予《真相画报》的出版发行以"自由"的空间。与其说是粤籍艺术家们选择了上海,不如说是时代选择了上海,选择了《真相画报》。

粤籍画家们以颠覆传统画报的制作方式,强调艺术的现实性、开放性、广阔视野,依托上海城市为轴心辐射中国现代之真相,成为民国初期一份旗帜鲜明的城市大众美术画报。留沪粤籍画家以艺术家与艺术斗士的双重身份出现在上海美术历史的舞台,将《真相画报》作为战斗武器,去揭露、抨击社会黑暗弊端的同时,力图通过艺术形式来提高民众素质,在辛亥革命后兴起的城市大众美术中发挥了重要的作用,成为民国初期提倡新美术运动的生力军。

1.《真相画报》刊名由来

《真相画报》为何取名"真相"两字?该画报1912年6月5日第一期《发刊辞》道出了其中的典故。发刊辞作者引用英国格林威尔将军要求画师如实绘出其相貌,而无须掩盖其脸部黑痣(Point me as I am)的"绘吾真相"典故,引发了"惟英雄能自知其真相,亦惟英雄能自保其真相也"的感叹。随即联系当时中国国内局势,尖锐指出政府无序、滥杀无辜等恶行。"故近日而我国民不欲得良政府也,则亦已矣,否则舍实行监督之外,决难为功然,非洞明政府之真相,则监督亦无从措手,此本报之设所以真相名也。"由此可见,《真相画报》取名"真相"有其一定深层含义。文章结尾部分,"特未知我近日之共和政府诸公,其为格林威尔之磊落耶?抑如丑妇之畏镜,见影而骂耶?亦听之而已,夫复何言",直接将当时政府与格林威尔作比较。《真相画报》的创办者们将之作为艺术宣传的工具,救民族于忧患的意图明显。他们希望通过《真相画报》这一大众传媒洞察政府之"真相",从而起到对政府的舆论监督之作用,以表达他们阐明艺术参政的理想及企图影响执政者的愿望。

与此同时,创刊号《真相画报序》一文则说明了《真相画报》希望通过高奇峰等人的妙笔丹青将时事呈现国人,以及通过美术救世的美好愿望:

主任番禺高君奇峰久留海外学识渊懿，与其诸同志凭藉丹青神技，开悟国人，咸能自信。旧岁以来，亦既周行域内，蹤迹名胜，吐纳烟云，厚其胎息，又出没枪林弹雨中，举鼎革战场，一荡一决收之眼底。今悉寄之手腕，以惠吾曹。亿兆同胞，免冠距跃，曷俟着蔡。然而瑰奇之士，不得志于时，辄遁身于美术以救世，可晞也已。

上文道明了《真相画报》的创办缘由及目的，创办者希望通过该画报提高民众对时事的认知度。换而言之，《真相画报》在传播文化艺术的同时宣扬了办报人的民主思想。辛亥革命初期，办报人的政治倾向与对民主、政治的渴望促使他们将《真相画报》办成一份具有强烈参政意识的都市传媒画报。画报的出版本身表达了一群有政治理想的艺术家对现实的追问。因而，《真相画报》自出世起便自觉地成为宣传民主政治的舆论工具，以宣传新生事物的面貌出现在上海都市文艺传媒之中，以期真正实现办报人政治理想、主张的喉舌作用。由此，《真相画报》的出版客观上满足了都市革命文艺现实的需要。可见，该画报的出版成了都市文艺一道亮丽的风景线，革命文艺的先声。（图 4－2、图 4－3）

图 4－2　《真相画报》第二期封面（1912－06－21）

图 4－3　《真相画报》第五期封面（1912－07－21）

《真相画报》的销售范围不仅限于中国大陆，更涉足海外市场。为了配合海外销售，《真相画报》封面出现了英文名字"THE TRUE RECORD"①，并在下方配上一行"ILLUSTRATED MAGAZINE"字样的小字加以说明。同时，对画报中出现的图片均出现了中、英文对照说明，从而拓展了该画报的读者群体。自1912年7月11日第四期起，画报版权页中华写真队事务所的字样消失，取而代之为真相画报粤局，增加新加坡大马路曹万丰书庄为南洋分售处，第六期起"南洋分售处"变更为外国分售处，由原先单一的草万丰书庄扩大至"南洋各埠大书坊"，并在第七期增加了"檀香山正埠各书坊"。近代中国，南洋群岛居住着百万粤籍华侨②，是粤商重要的海外市场，而美国的檀香山亦是粤商涉足之地，《真相画报》在当地的发行，丰富了当地华人精神生活的同时，无疑满足了海外华人了解国内局势的愿望。

虽然《真相画报》未能如20世纪20年代的《良友》画报那般读者遍及全球华人聚居地，但是作为一份民国元年创立的画报，其设立南洋、檀香山等国外分售处、添加英文报名以及文字说明等举措，足以显示这份画报创办者高瞻远瞩的战略眼光。

2.《真相画报》执笔人

创刊号中，《真相画报出世之缘起》一文揭示了该画报执笔人均曾经参与、组织民国成立，可谓民国之开国元勋。创刊号由怀霜③(《天铎报》主编李怀霜，1874—1957)作序，英伯④(谢英伯，1882—1939)作《发刊辞》，胡汉民⑤(1879—

① 《真相画报》第三期封面出现的英文刊名为"The True Record"，封面最下方为英文通讯地址。自1912年7月11日第4期起变更为大写的"THE TRUE RECORD"并沿用至第17期终刊，字体亦相似，直至末期有所变化，出现了哥特式变体。

② 宋钻友.广东人在上海：1843—1949年[M].上海：上海人民出版社，2007：246.

③ 李怀霜，原名李葭荣，字蒹浦，又字怀江。清光绪二十七年(1901)举人，1910年改名怀霜。中国同盟会会员。《天铎报》、《珠江日报》主编，宣扬民主革命。

④ 郑钺(1876—1941)，字英伯，浙江兰溪人，日本政法大学毕业，追随孙中山在日本加入同盟会。陈果夫侄子，中统上海地区负责人陈宝骅的重要助手。回国后担任上海复旦大学教授。抗战初期任上海公共租界的江苏高等法院第二分院的首席检察官。参见：陈立红.郑氏一家，满门忠烈——郑苹如烈士小传[EB/OL].(2007-11-27)[2010-07-23].http://blog.sina.com.cn/s/blog_4868bcc801000cxz.html。谢英伯(1882—1939)，学名华国，号抱香居士。广东梅县人，报业名人。与潘达微、高剑父等创办《时事画报》，鼓吹民主革命，并先后出任主编一职。香港同盟会主盟人，与高剑父、陈炯明均为"支那暗杀团"成员。郑英伯、谢英伯二人均曾追随孙中山加入同盟会，但从两者与高剑父的关系推算，谢英伯更有可能是《真相画报》发刊辞的作者。

⑤ 胡汉民(1879—1936)，广东番禺人。原名衍鸿，字展堂。在日本加入同盟会，书记部书记。《民报》编辑。南京临时政府总统府秘书长。中华革命党政治部长，护法军政府交通部长。1918年随孙中山来沪创办《建设》杂志。参见：简明社会科学词典[M].上海：上海辞书出版社，1984：736.

1936)为画报撰写《发刊祝词》,此三人均为中国同盟会成员,早年参与革命运动,致力宣扬民主思想。此外,该报众多漫画的作者何剑士[①](1877—1915)亦是早年受孙中山革命思想影响加入同盟会,并在孙中山受益下,与潘达微、高剑父等人在广州创办《时事画报》,致力于漫画事业。另一位漫画作者马星驰[②](1873—1934)早年投身广州国民革命,追随孙中山流亡国外十余年。从《真相画报》的执笔人名望之高,可见该画报发起人高剑父、高奇峰以及陈树人不仅仅是画家,更是成功的报人,通过起用名人使画报一经创刊便获得振聋发聩之效应。

除了以上几位早年投身中国民主革命的元老之外,该报的摄影图片大批出自孙中山关怀下组建起的中华写真队[③],画刊的创办还得到了当时广东省军政府的资助,其革命性可见一斑。

以上这一画报运营方式体现了现代杂志编辑思维方式的同时,亦适应了上海当时华洋混杂、五方杂聚的都市文化需求。以高剑父、高奇峰、陈树人等为首的一批粤籍进步艺术家兼报人凭借他们对社会敏锐的洞察力、深厚的艺术功力及独特的政治艺术见解,通过美术画报这一喜闻乐见的艺术形式,以国际化为目的而配上的中英对照图片文字解说,吸引了众多读者竞相购买,成为近现代上海宣传新美术的重要阵地之一。

二、艺术救世的办报理念

刘瑞宽认为高氏尝试发行画报的目的在于通俗化考虑,当时中国识字人

① 何剑士(1877—1915),广东南海人,原名仲华,其父何昆山早年游学德国。香港皇仁书院毕业后赴英国学习医学,归国后在香港创办雅丽医院,后受孙中山革命思想影响,加入同盟会。参与《时事画报》、《真相画报》等的创办,致力于漫画事业。创作的讽刺漫画在广州、香港、上海等地刊物发表。笔名有南侠、剑三郎、嘎嘎生、南侠亚剑、磨剑少侠、玉芙蓉旧侣等。参见:甘险峰.民国人物“洒墨一斗血三斗”的何剑士[N].太原日报,2009-06-22(11).

② 马星驰(1873—1934),济宁直隶州人。名驱,字星驰,亦署醒迟。1893 年来上海以卖画为生。1894 年 11 月,赴广州投身国民革命。追随孙中山流亡国外期间,代表中国作画入展巴黎万国艺术展览。1910 年回国,先后任职上海《神州画报》、《真相画报》、《新闻报》,致力于漫画创作。

③ “中华写真队”是民国成立后由高剑父在孙中山委派下组建起的摄影报道队伍,队员曾随孙中山先生活动,随时拍摄照片进行报道。并经常深入军队摄取战争进展情况,故又称“中华战地写真队”。所摄照片主要提供《真相画报》刊用,扮演着《真相画报》摄影采访机构的角色。中华写真队后由于革命局势变化而流产。详细参见中国摄影博物馆网页 http://www.cpanet.cn/gcms/end.php?news_id=4466[2010-07-20]。自《真相画报》第四期起,《真相画报》总发行所中,中华写真队事务所字样消失,改为真相画报粤局,同时增设南洋分售处。

口有待提高，为传播知识和宣传民主思想，通过图画的方式可以达到更大效果①。笔者认为通俗化只是办画报的原因之一。《真相画报》创刊号序言②部分，说明了该刊物的宗旨：监督共和政治，调查民生状态，奖进社会主义，输入世界知识。可见，创办者忧国忧民，力争以美术唤醒民众，使国家富强的决心以及通过创办画报传播新艺术、传达艺术救世的抱负。

辛亥革命后，军阀专制横行，阶级矛盾被激化，革命成果被袁世凯窃取，刺杀事件屡有发生。当时中国的文化艺术界，处于帝国主义、封建余孽与军阀专制的高压之下，扼杀正义之声。共和政治需要民众的监督，媒体舆论无疑是一种快捷有效的手段，而且《真相画报》在上海、广东两地发行，"各省大书坊分售"，辐射面非普通地方画报可比拟。况且，《真相画报》的撰稿人多为早年参加过革命的元老级人物，通过这个大窗口可以"调查民生状态"。虽然当时上海的识字率在全国名列前茅，但考虑到该画报的受众面，丰富的图片内容的确可以带给人更直观的视觉冲击。

辛亥革命之后，蔡元培倡导将美育作为整个国民教育的重要内容之一，与实利主义教育、公民道德教育、世界观教育等并列③，之后，这一思想很快成为教育界的共识，《真相画报》便是在此氛围中出版发行。高剑父等粤籍进步艺术家为了实现"美术救世"的抱负，采用了大众通俗易懂、喜闻乐见的画报形式为手段，这是城市大众美术领域里的一种探索和实践。

在创办《真相画报》之前，高剑父等艺术家在广东创办过《时事画报》④已有成功经验，在上海创办《真相画报》时，他们以更强烈的社会责任感，延续着"有造幸福于社会者，则绘以为纪念；有败坏公益与夫国家耻辱，则图之以为水鉴"的办报态度。从每一期新颖的彩色封面设计，到精心筹划编排丰富多彩的画报内容，粤籍艺术家将具有现代城市特色的艺术思想、样式带到上海这座中国最繁华的商业大都市，在陈腐的封建文化夹缝中成长，"开通群智，振奋精神"，

① 刘瑞宽. 中国美术的现代化：美术期刊与美展活动的分析：1911—1937[M]. 北京：生活·读书·新知三联书店，2008：113.

② 怀霜. 真相画报序[J]. 真相画报，1912(1)：3.

③ 蔡元培. 对于教育方针之意见[J]. 东方杂志，1912(10).

④ 《时事画报》(1905—1913)，由高剑父、潘达微、何剑士等在孙中山受益下发起，是广东最早的石印旬刊画报。以"仿东西洋各画报规则办法，考物及记事，俱用图画，以开通群智，振发精神"为宗旨。

去获取更强大的城市大众艺术的冲击力和生命力，显示了以“二高一陈”为代表的一批旅沪粤籍画家敏锐的新兴艺术思想与先锋意识。

《真相画报》赋予上海这座新生大都市以全新的艺术视野，在中国本土文化式微的情况下，坚持将目光转向国际艺术界以寻找新的生机。与此同时，将上海这座都市的文化艺术推向一个崭新的高度。

三、紧扣时代的文化图像

最值得称道的是《真相画报》顺应社会进步、时代发展潮流，紧扣城市时代脉搏。该画报“每十日出一册，每册万余言、图画丰富、材料优美、为美术界不可多得之作”。《本报图画之特色》一文则说明了该画报图画的七大类型：历史画、美术画、地势写真画、滑稽画、时事写真画、名胜写真画和时事画。该画报以大量的图片与文字报道城市大众美术，涉及诗歌、小说、美术评论、美术历史、中国画、油画、雕塑、建筑、绘画技法、时事漫画、陶瓷、服装等艺术范畴，既立足国内又把目光射向欧美。

《真相画报》中的美术作品以创作手法区分，其七大类型图片又可分为摄影图片（地势写真画、时事写真画、名胜写真画等）及手绘作品（历史画、美术画、滑稽画、时事画等）；从图片内容而分，可分为紧扣社会生活主题的图片（地势写真画、时事写真画、名胜写真画、历史画、画家画、时事画）与纯艺术图片（美术画）等。该画报正是通过结合新闻摄影图片、漫画与短评，抨击当时社会百相，形象地反映出辛亥革命后中国社会的时代面貌。

1. 时事写真画：距焦国内外热点新闻

时事写真画在《真相画报》中占据大量篇幅，通过摄影技术这一源自西洋的科技发明，真实地再现国内外要闻时事，为后世留下大量珍贵摄影资料，被《良友》画报第 13—79 期总编梁得所誉为“中国摄刊照片的图画杂志之开元”①。

1912 年 6 月至 1913 年 3 月间出版的 17 期画报中，共刊登摄影作品近两百幅。在创刊号中，刊登图片三十余幅，其中包括《武汉三镇全势一览》6 帧

① 谢其章. 都门读书记往[M]. 台北：秀威咨询，2010：107.

(图 4－4)俯瞰武昌、汉口、汉阳、扬子江组合而成的全景长卷,由真相画报摄影家民恭题词,黑白照相版印刷,颇具震撼力。同时,该刊刊登了社会各界追悼、祭奠广州黄花岗七十二烈士之墓等时事照片,同时配以革命党人的英勇事迹。画报在 1912 年 9 月 11 日第十期中,以整整 18 个版面报道了中华大地共庆国庆日,盛况空前。

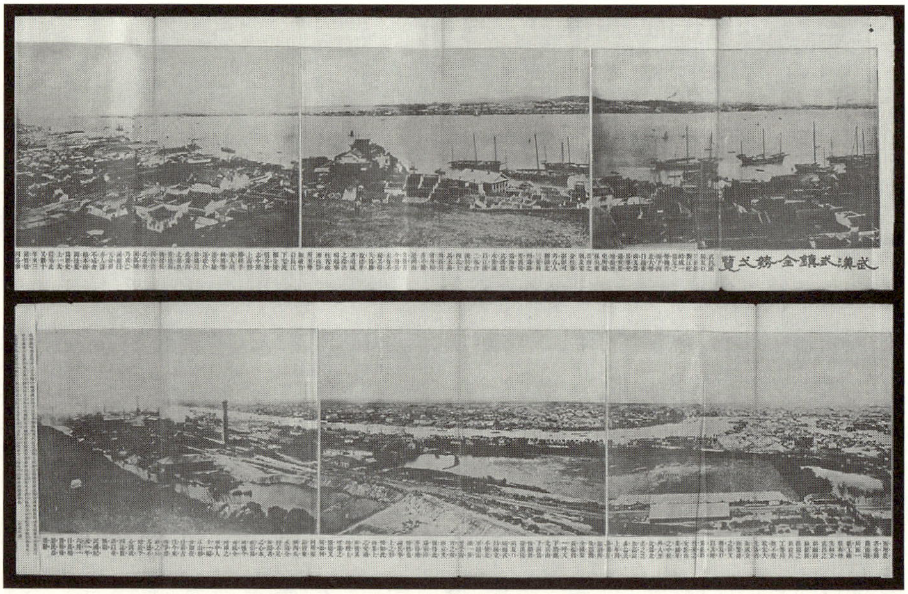

图 4－4 《真相画报》第一期《武汉三镇全势一览》(1912－06－05)

《真相画报》通过中国第一支新闻摄影报道专业队伍用相机记录的历史,向民众传播最新时事新闻照片。前文提及该画报前期摄影作品多出自中华写真队,队员曾随孙中山活动,随时拍摄照片进行报道。经常深入军队摄取战争进展情况,扮演着《真相画报》摄影采访机构的角色。画报刊登的《孙总统解任出府之景况》、《南京临时总统府人员之一斑》(第一期,1912－6－5)、《南京陆军野外演习》(第二期,1912－6－21)、《南京战后之街市》(第四期,1912－7－11)、《中华民国海军舰队》(第八期,1912－8－21)等一批时事摄影作品均出自该队队员之手。

第十三、十四期连续用四版篇幅以《西藏风俗》为题刊登了中国神圣领土西藏的新闻照片。上海的画报何以报道远在西藏的风土人情？这与当时的时代背景不无关系。辛亥革命后，西藏曾有试图脱离中国而独立的倾向①。其实，中国政府早在1912年底便就西藏问题向国际社会表达了自己的立场②。由此可见，1931年1月、2月第十三、十四期《真相画报》中的《西藏风俗》写真报道极具针对性。该报以迅捷的速度对国内时事进行报道，从而让大众及时了解真相。

《真相画报》对于具有时效性的国际新闻同样投以满腔的热诚。1912—1913年，在巴尔干半岛为争夺土耳其发生了两次战争，《真相画报》又以快捷的速度，采用新闻纪实的摄影图片，在第十二、十三、十四期上连续报道了发生在巴尔干半岛的这场战争。1913年2月21日第十六期报道《美国新任总统威尔逊莅任记1—3》配发大量纪实性图片及文字，生动的描述，让城市大众即刻体验到城市新闻的快捷传送。

在此时代背景下产生的《真相画报》，不同于辛亥革命之前的画报。较之中国近代最早的石印时事新闻画报《点石斋画报》，《真相画报》在编辑思路上有了划时代的飞跃。《点石斋画报》的读者群注定了它的内容必须吸引眼球。1884年5月8日作为《申报》副刊发行时，《画报出售》一文揭示了该报“选择新闻中可惊可喜之事，绘成图并附事略”的编辑意图。虽然这份辛亥革命前的中国时事画报亦涉及国内新闻、反映军事等画面，但主要是以世俗社会的市民生活为主打新闻。相比之下，《真相画报》肩负着创办者洞察政府“真相”，艺术参政的理想，更多的是以犀利的文（画）笔揭露时弊，客观真实、形象生动的形式报道国内外要闻，观点鲜明。《真相画报》运用当时先进的摄影技术——这一新艺术形式生动地传达了时事动态，报道国内外热点新闻，较之以往根据画家

---

① 1913年1月，十三世达赖喇嘛的特使前往外蒙古首府库伦（今乌兰巴托），与外蒙签订了互相承认各自为“独立国家”的所谓《蒙藏协定》，声称“蒙古、西藏均已脱离满清之羁绊，与中国分离，自成两国，因两国信仰同一宗教，而欲增进古来互相亲爱之关系”，今后凡遇“内忧外患，皆当永远互相赞助”。详见：[英] 柏尔．西藏之过去与现在[M]．宫廷璋，译．上海：商务印书馆，1930，转引自：石硕．西藏文明东向发展史[M]．成都：四川人民出版社，1994：429.

② 具体参见中国政府1912年12月23日答英国8月17日照会中所提五点《节略》。（1）中国对西藏拥有全权，惟现时无意改西藏为行省，但亦不许其他一切外国干涉西藏之领土权及内政。（2）中国于西藏为履行条约，维持治安，必须驻有军队，但非无限制。（3）中英已两次订阅关于西藏之条约，今无改订新约之必要。（4）中国政府并无有意阻断印藏交通之事，以后更当加意保护。（5）承认中华民国不能与西藏问题并为一谈，深望英国先各国而承认。

想象绘制的时事画报表达更为快捷、更贴近现实，在上海的众多传媒中独领风骚，为都市文艺开拓了崭新的视野。

2. 时事漫画：城市大众美术的生动表现

滑稽画，当时又称讽刺画、寓言画、谐画等，顾名思义从表现手法而言即今日之漫画。时事漫画是画家借助夸张、质朴、夺人眼球的艺术手段，图、文结合的形式，以带有讽刺性的手法，描绘社会现象、人间冷暖，成为艺术家向世人成功展现自己对现世看法的一种方式。作为《真相画报》一大特色的时事画，"以文字感人其势逆，以图画感人其势顺。近日报纸誊载，关于民国前途，社会前途，几更仆难数。本报惧文字之力，有时而穷，特罗致名手，以最奇妙之思想，绘最重要之现状，一触眼帘，荡入脑海，社会心理，悠然而生"①。可见，图文并茂的表现方式，通过图画跃然纸上、栩栩如生的感人特点弥补了文字在表现力、传达思想上的不足之处，可谓优势互补，所收获的艺术作用尤为显著。时事漫画这一兼具讽刺意味与漫画性质的艺术样式，满足了社会大众内心深处对真相的渴望，生动地反映了革命斗争与民族命运相连的景象。

《真相画报》发表时事漫画时在每个主题中加上了寥寥数语的点评，主题鲜明，一语双关。如马星驰的漫画《上海真相》、《民国借债之痛史》、《国民之真相》(第一期，1912－6－5)、《人心与世界之关系》(第二期，1912－6－21)、《中国不振之由来》(第三期，1912－7－1)、《社会寄生虫之种种》(第十六期，1913－2－21)等作品生动、活泼、幽默地刻画了时事。而留沪粤籍漫画家郑苌②以笔名"磊公"发表的漫画《守财奴之真相》(第五期，1912－7－21)、《恶果寓言》(第十七期，1913－3－1)，以"戆公"为笔名发表的《社会状态之种种》(第十二期，1913－3－8)、《不倒翁》以及署名"风雷"的《打软不打硬》(第十四期，1913－2－1)、诛心③的漫画《今之政党》(第五期，1912－7－21)等作品更是形象生动，

---

① 真相画报[J]. 1912(1)：1.

② 郑苌(1845—1918)，广东顺德人，字侣泉，号林溪逸叟。国画家，漫画家，是广东《时事画报》、上海《真相画报》的重要作者。1912—1913 年间，应邀来上海协助办理《真相画报》，以磊公、侣公、戆公、风雷、飞雷、天声、阿痴、不平等笔名发表漫画，直至该画报停刊。晚年隐居香港，创作个人漫画集《人鉴》。参见：郑苌：人间山河日落时，戆公血泪绘流离[N/OL]. 南方都市报，2008－07－28[2010－07－17]. http://epaper.oeeee.com/E/html/2008－07/28/content_527357.htm.

③ 该笔名无法考证，但见张君劢、李璜 1928 年 2 月 1 日在上海创刊的半月刊《新路》中，亦出现以"诛心"为名撰写的《党国内容分析》(第 1 卷第 3 号)等。该刊物为一批坚持民主宪政理念的人士创办。

一针见血，淋漓尽致。时事漫画的作者们以犀利画笔，生动且幽默地刻画了民国初期都市社会百态，使人阅后捧腹大笑，同时思考诸现象的发生原因。

其中，有些漫画有署名并配以简短的文字说明，有些则没有作者署名亦无短评。即便有署名，亦多为笔名。如该画报漫画创作的主笔何剑士、郑戆公、马星驰三人，笔名多达十数种[①]。分析其中原因，笔者以为可以从几方面考虑：其一，当时的报纸杂志种类繁多，编者往往仅数名。资料显示，《真相画报》时事漫画撰稿人何、郑、马三位，其中马星驰在画报中途即退出，使用各种笔名可以显示该报队伍阵容强大；其二是出于安全考虑，《真相画报》的内容因触及黑暗政治与社会而锋芒毕露，在当时恶劣的大环境中，作为画报编辑者时刻有被捕的危险，性命攸关[②]。然而，这些阻挡不了粤籍画家对真善美的追求，对提高大众审美情趣，美术救国的决心。

《真相画报》以时事漫画揭露帝国主义和封建军阀的罪行，清末民初内政的黑暗腐朽，对外屈辱妥协的丑态，以唤醒民众，同时反映市民大众苦难生活。时事漫画兴起的文化特质与鲁迅的审美观点相一致，体现了高剑父等粤籍画人以艺术改造社会、宣扬民主的理想。

此外，《真相画报》刊登的历史画从历史角度，以传统书法配精美图片再现带有社会教育意义的历史典故，宣扬爱国精神。诸如《留守府捐薪助国》（第一期，1912－6－5，何元麦作）、《楚子文毁家纾国难》（第二期，1912－6－21）[③]中提及“国即是家，国之不存，家于何有”，将古人的爱国壮举用通俗的文字、绘画形式教育民众。美术画则以“二高一陈”的新国画作品为主，展示他们新派绘画。由于“写真”一词源自中国画技法，近代的使用则源自日文，在日语中意为摄影照片。《真相画报》所刊载的地势写生画与名胜写真画，选取的地点多与当时的社会热点新闻有关。第十一期刊登的该报美术室藏《各国比较画（附美术史）》，第

① 何剑士的笔名有南侠、剑三郎、嘎嘎生、南侠亚剑、磨剑少侠、玉芙蓉旧侣等。郑苌以磊公、侣公、戆公、风雷、飞雷、天声、阿痴、不平等笔名发表时事漫画。马星驰时事漫画用笔名不多，以星驰、醒迟、醒迟生等署名。

② 梁得所：《艺术的过程——高奇峰先生与画报》，原载1933年12月《大众画报》：“……这位文质彬彬的画家廿年前常有被捕危险，在那地点不便告人的编辑室中，身上怀着手枪，执笔编他的画报……”

③ 该典故出自《左传·庄公三十年》“斗谷于菟为令尹，自毁其家，以纾楚国之难”。后人用“毁家纾难”来形容不惜捐弃家产、解救国难的行为。

十二、十三期连载的《美感史略论》，第十四期刊载的《世界美术》、《世界大观》等图片，使国人了解艺术大世界，提高艺术修养。这使上海的都市文化艺术不仅具有地方特色，更着眼于世界的领域，从而把大众美术推向一个新的高度。

同时，《真相画报》发表的美术画《上海女界装饰新派》（第一期，1912－6－5）据说在当时引领了上海女界服装新潮流。可见《真相画报》在表现城市大众美术的形式上具有前卫性，其内容以及传播方式也相当先进。

《真相画报》的历史意义，不仅在于它的艺术形式和传播方式，而且在于其与城市大众美术发展相得益彰。在辛亥革命后不久，现代新闻出版刚刚起步的情况下，《真相画报》对于新兴城市的大众美术事业有着多重意义。

作为一份民国元年创立的画报，《真相画报》在当时聚集众多华人的南洋、檀香山地区设立外国分售处、添加英文报名以及文字说明等举措显示了这份画报创办者高瞻远瞩的国际化战略眼光。这一办报理念为之后的报纸杂志所效仿，在20世纪20年代读者遍及全球华人聚居地的上海《良友》画报创办过程中，画报的国际化理念得以发展与充实。

《真相画报》所发表的图片、文字，无论从数量还是质量而言均较全面地反映了艺术与都市精神、文化的融合，真实记录了那个时代，折射出当时中国社会的整体情态。在揭露、抨击社会黑暗弊端的同时，将民国创立之初推出的新政、新事物传达于民众，将中国的共和理念推向世界。

由于当时社会环境的恶劣及多种其他原因，导致《真相画报》的艺术生命仅持续了短短17期即告终刊。然而，这份画报从文章的内容到图片的编排，均蕴含着特定的时代性、都市性及民族性，体现了中国辛亥革命后第一份综合类美术期刊的道德准则与社会责任感。

第二节　高氏兄弟与中国画的革新

20世纪初期，西学东渐风气日渐高涨，来自西方现代派艺术思潮的美术理论引起国人高度注意。特殊的地理环境、人文历史的独特性使上海继近代革命发源地广东之后，成为 20 世纪前期中国美术活动异常活跃的大都市。《真相画报》的创办者们不仅是报人，更是艺术家，他们的艺术生涯在动荡、变革的时代中展开。

特殊的地理环境与海外的联系、人文历史的独特性使广东成为近代革命最早发源地，在省政府的支持下，广东的美术活动由此异常活跃。有着留学背景的高剑父、高奇峰、陈树人等粤籍国画家，接受日本绘画艺术的同时，思考中国画的革新问题，他们试图通过引进外国艺术理论，使东西方艺术观念产生文化上的碰撞，从而引发国人对新艺术的思考，催生新的艺术，拓展城市大众美术新领域。

一、“折衷”艺术主张

“岭南画派”对于现今的人们并不陌生，但这仅仅是后人对于这一派画家的称呼。李伟铭认为“岭南画派”的名称至迟在 1948 年已经开始流行①。现存 20 世纪早期的文献记录中，并没有出现这个专有名词。当时的画坛，更多地将这批画家归为“折衷派”、“新派”、“新画派”……简又文在香港与林语堂等共同创办的《大风》旬刊上，发表了对于新国画的看法：

> 这派画实从旧国画变化而出，旧国画是长于精神的感觉，西洋画长于形理之表现，新国画则兼而有之，既有哲学的精神，又有物质的形理，真美合一。印度诗哲泰戈尔称之为进化的中国画，又为进化的西洋画。②

新国画兼具中西绘画的特性，写实地表现中国画中蕴含的精神气韵。究其实质，这派艺术是将外来技法融入传统中国画创作之中，融合中西。李公明认为中西折衷和改造传统是高剑父、高奇峰和陈树人主导的新画派的主要任务③。而正是通过《真相画报》，高剑父等第一次提出了这一“折衷”的艺术主张，以折

---

① 李伟铭. 从折衷派到岭南画派[C]//岭南画派研究：第 2 辑. 广州：岭南美术出版社，1990：97.

② 简又文. 濠江读画记[J]. 大风，1939(41)-(43). 转引：黄小庚，吴瑾. 广东现代画坛实录[C]. 广州：岭南美术出版社，1990：194. 简又文(1896—1978)，广东新会人，中国历史学家，美国芝加哥大学文学硕士。早年与冯玉祥相识。1936 年创办半月刊《逸经》，1938 年与林语堂创办旬刊《大风》。

③ 李公明. 广东美术史[M]. 广州：广东人民出版社，1993：640 - 642.

衷中外、创造新国画。这一博采众长之意的艺术主张具有一定的前瞻性。

在第十一期《真相画报》中，高奇峰的《麻雀图》标明为“折衷派”，稍后又称之为“新派”或“新国画派”。这种一改传统中国画重笔墨骨法的技法，用日本画法来画中国画的作画方式，目的在于使国画的画面色彩丰富、构图饱满、明暗关系及空间效果更好，写实的形象融合中西，雅俗共赏。这在当时的上海画坛可谓新颖之举。

二、践行新国画

高奇峰作为《真相画报》的发行人，在推广新派艺术中不息余力地介绍古今中外的绘画方法。在该画报发行的十个月共计 17 期内（较之当时其他美术期刊，出版期数相对较多），高氏兄弟收录了极为丰富的艺术、文化资讯。

高氏兄弟通过《真相画报》推广新派艺术，向读者介绍新的绘画方法。在第十一、十三、十四期的《铅笔画范本》中，高剑父阐述了在观摩日本艺术后对西方艺术的感想。第十六、十七期上他连续发表了《论瓷》、《论古瓷原始于陶器》。这与他对瓷器的爱好不无关系。1912 年冬，高剑父曾赴江西景德镇开办中华瓷业公司，后因故未能继续，这两篇文章从一定程度上反映了高剑父对于中国瓷器艺术的热衷。1913 年，高剑父还第一次把当时最新武器飞机、坦克作为中国画的描绘对象，这种与现实生活直接相连的艺术创作，堪称与时俱进的大胆创新，使高剑父所倡导的新国画耳目一新。

除了大量的摄影、绘画图片外，还有论说、时评、中国古今名画选等部分，以及《新画法》、《中国美术志》的连载。其中包括颀厂（国画家黄宾虹笔名）自第二期起撰写的大量艺术评论文章①，陈树人撰写的《英国动物画家兰德斯傅》、兼葭撰写的《美感史略论》（第十二、十三期）、《论继荆关之董源巨然》（第十三期）、《论北宋画学之盛》（第十四期）、《论东坡开文人墨戏画》、《论宣和图画谱之美备》以及从第十二期起，分六期连载蕙荪撰写的《中国美术志》直至终刊，可谓洋洋大观。通过对古今中外美术的评论、对比，让民众了解新派艺术、提高审美

① 包括《论上古三代图画之本原》《论两汉之石刻图画》（第四期）、《论画法之宗唐上》（第七期）、《论五代画院界作之创体》（第十期）、《论五代荆浩关仝之画》（第十一期）、《论徐熙黄荃花鸟画之派别》（第十七期）等 11 篇论文。

情趣，为使之接受新国画奠定基础。表达对中国传统艺术进行革新的理念，同时也让寻常百姓在感受外国美术之时，了解折衷中外的新美术思想。

针对缺少绘画基础但爱好艺术创作的青年，高剑父在《国画教授法》、《工艺指南》(第十一—十四期)亲自撰文作画，通过这些浅显易懂的图画及文字说明，满足了部分民众对基础美术知识的需求，为推广、普及新派美术做了铺垫，成为上海城市文化的新色调，其感染力不同凡响。

高剑父、高奇峰兄弟为第一批同盟会会员，认同革命的思潮，响应时代的召唤，辛亥革命后淡出政治舞台，选择上海开辟新的宣传阵地。在上海的几年间，高剑父作品风格变化较大。这一时期，他试图摆脱日本绘画对其艺术的影响，在日本游学期间他受到日本折衷派画家横山大观(TaikanYokoyama, 1868—1958)①、竹内栖凤(Seiho Takeuchi, 1864—1942)②作品的影响，从而想创造一种新国画。在传统国画在士大夫文人间流行，高雅艺术逐步走下圣坛的时期，他们试图通过《真相画报》传播、实现革新中国画之理想。他们尝试将西方画法中的光影、质感、构图、透视等艺术效果融入中国画创作实践中，力图摆脱传统国画的写意特点，通过引进外国艺术理论，使东西方艺术观念产生文化上的碰撞，从而引发国人对新艺术的思考，催生新的艺术，创造一种全新的中国画，拓展都市艺术新领域。他们为新派画摇旗呐喊、大造声势，为中国画领域进行的一场革命作了前期的舆论准备，为“岭南画派”的诞生作了宣传。

第三节　陈树人与《新画法》

除了高氏兄弟外，粤籍国画家在上海从事艺术运动时间较长、较为活跃的还有“岭南三杰”之一的陈树人。他和高氏兄弟有着共同的理想和追求，志同

① 横山大观，近代日本画巨匠。东京美术学校第一届学生，师从冈仓天心。在学习大和绘、琳派、水墨画等传统日本画之后，尝试将西洋画手法大胆地融入日本画，与菱田春草共同创“朦胧体”日本画。

② 竹内栖凤，近代日本画先驱。战前京都画坛代笔画家人物之一，擅描绘动物。第一届文化勋章获得者。在传统狩野派绘画中加入西洋写实画技法，日本画革新运动推动者之一。

道合，一起到上海创办《真相画报》及审美书馆，从事艺术活动与传播，并以其人品、画品、诗品著称于世。在他不算长的一生中，在沪发表了诸多作品。其中，1912—1913 年在《真相画报》上以连载形式发表的《新画法》，首次引用“形式美”，开我国现代美术理论史研究形式美之先河。

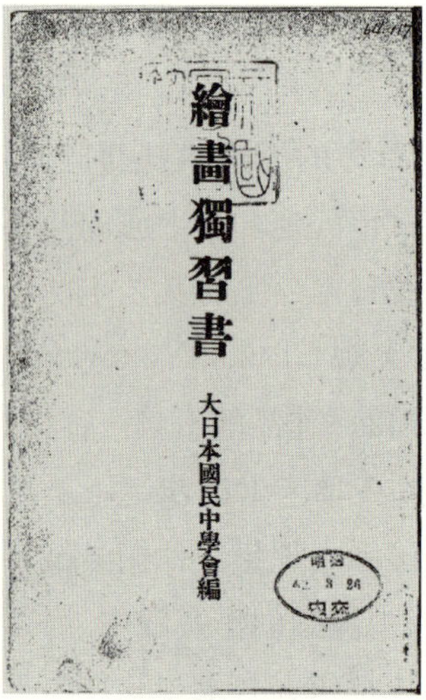

图 4-5　日本国立国会图书馆藏《绘画独习书》封面

1914 年，《新画法》由审美书馆在沪发行单行本。该单行本根据陈树人在《真相画报》上以连载 15 期的形式发表的《新画法》译述基础上编辑而成。内容除了 1912—1913 年《真相画报》上的同名连载文章外，还收录了黄宾虹、高奇峰的序文及陈树人的八件作品。这本著作堪称陈树人一生中最为突出的艺术贡献之一。根据李伟铭《笔墨因缘：陈树人与日本美术的关系补正》[①]，《新画法》所根据的外文原著为日文版《绘画独习书》(图 4－5)[②]。

根据日本国立国会图书馆保存的该书原稿可知，该书是一本为普及西洋绘画而出版的图书。日本编者在该书序言中提及西洋画正逐渐日本化，日本画已经被视为古董，日本今后的绘画只有在洋画的研究中确定其位置。由于该书的编者期望此书成为有志于绘画人士的忠实指导者，故而在内容编排上首先使读者了解绘画的大意，进而从水彩画、木炭画到油画，以循序渐进的方式使读者由浅入深地了解绘画的方法。讲授方法则结合了编者多年的绘画训练经验以及欧洲最新教授方法进行讲解。可见《绘画独习书》是一本日本官方编写的西洋绘画入门图书。

陈树人的《新画法》与原著有何关联？既然是介绍西洋绘画，为何选择一本日文书籍来翻译？其中，必定包含了陈树人的一番道理。本节便是针对以上问题展开进行探讨，从而找寻《新画法》的出版目的。

① 李伟铭. 笔墨因缘：陈树人与日本美术的关系补正[M]//图像与历史——20 世纪中国美术论稿. 北京：中国人民大学出版社，2005：214－235.

② [日] 大日本国民中学会. 绘画独習書[M]. 東京：東京国民書院，1909.

一、推广新派艺术，提升国之文化

陈真魂认为，陈树人在《新画法》中所指的"译述"，可以理解为"亦译亦述"①。而李伟铭认为，陈氏有限地选择原著中第一编和第二编整部书最重要的组成部分，保留着相对合适的分寸②。

在此，笔者认为陈树人的《新画法》编译成分大于译述。日文版的《绘画独习书》分绘画大意、水彩画描法、木炭画描法、油画描法、名家讲话五大篇章进行论述。而陈树人的《新画法》仅选取了原著中的两部分。虽然对于原著第一、二编的内容、章节题名基本上采用了直译的方式，但在某些章节存在一定的略译及增译。

同时，由于《新画法》当时在中国第一份综合性美术画报《真相画报》上刊载，势必要考虑到该画报受众面的接受程度，采用连载的形式亦是迎合当时大部分民众的阅读方式，从而使之易于接受。考虑广大读者的理解能力以及希望达到的效果，陈树人对原著做出了不同程度删减与增加。于是乎，现存的陈氏《新画法》中没有了日文原著中"旁业者（即其他专业者）与绘画"、"水彩画的流行"等章节，多出了诸如"吴道子"、"王维"等中国人熟知的传统绘画大师的名字。这些改变，都是经过陈树人编辑、翻译而成，他在这篇作品中追求"信、达、雅"翻译准则的同时，亦融入了自身的思考。

陈树人一贯强调"艺术关系国魂"的艺术观点。艺术家应以高尚人格去创作艺术形象从而感染观众，所以，作为一名艺术家，必须具备时代的紧迫感与社会责任感。他曾表示："中国画至今日，真不可不革命。改进之任，子为其奇，我为其正。艺术关系国魂，推陈出新，视政治革命尤急，予将以此为终生责任矣！"③从而体现了陈树人革命的艺术观点。

在第六期连载中，陈树人摆出"绘画史上崭然露头角者，奴隶的写实家无一人也"的事实，大加赞扬了富有"独立不羁精神"、"蔑视古法"的艺术家，充分

① 陈真魂. 陈树人先生年谱[M]. 广州：岭南美术出版社，1994：16.

② 李伟铭. 笔墨因缘：陈树人与日本美术的关系补正[M]//图像与历史——20世纪中国美术论稿[M]. 北京：中国人民大学出版社，2005：214－235.

③ 黄鸿仪. 诗画双绝的陈树人[C]//岭南画派研究：朵云第59集. 上海：上海书画出版社，2003：166－183.

肯定了勇于改革传统观念的外国画家，并认为唯有这样才能引领艺术之新流派。在1913年3月1日《真相画报》第十七期最后一篇《新画法》连载中，陈氏点明了竭力宣传新美术的用意所在：

> 记者述是书毕，回顾神州美术界现状，不禁掷笔太息曰：谁意我有四千年美术史媲美希腊之中国，至今日而凋落至于斯极，此浅稚绘画法，求之出版界而不可得。即有矣，过问者寥寥。岂黄裔审美思想独缺乎？西哲曰：欲觇一国文化，先觇其美术。今也我国徒具共和美名，文物典章，扫地以尽。有为之士，非殉利名，则死权势，稍尚者，亦唯倾注于物质的事业，几曾见于形而上之文艺美术一顾及哉。是则可唏也已。[①]

这段话清晰地表明了陈树人对《新画法》所寄予的感想与希冀。当时中国画由于西洋绘画的冲击，受到与日本传统绘画类似的冷遇。陈氏抓住两者的共同点，选取了日文版的《绘画独习书》进行有选择性的编译。陈树人引用西方哲学家的观点，认为一个国家的美术显示了该国的文化。《新画法》的出版使中国民众了解西方绘画，宣传新美术以提高中国人的"审美思想"，通过推广普及绘画之法，提升民众的审美，从而达到提高一个国家文化的目标。而20世纪初中日两国如此巧合地通过《绘画独习书》宣扬新美术，表现了当时中日学者对于振兴东方艺术的共同心愿。

1914年单行本《新画法(一名《绘画独习书》)》出版时，集编辑与发行人于一身的高奇峰在为该书撰写的序言中称"研攻新派画"。黄宾虹的序言中期望倡导"融合中西"的艺友能从"融合中西"进而"沟通欧亚，参澈唐宋"，振兴中国画学[②]。从中，我们可以看到《新画法》的发表对推广普及城市大众美术所作的理论上的贡献。

---

① 原文为繁体字，未加标点。

② 徐昌酩. 上海美术志[M]. 上海：上海书画出版社，2004：410.

二、形式美的提出

《新画法》,第一次引用和应用新词“形式美”的概念并论述“形式美”法则的原理和其重要性[①],是中国早期介绍西洋美术史及绘画(水彩画)技法的简易教材(配有插图),对从事现代美术创作与艺术教育以及当时的美术界有着重要的作用。

1. 内容构成

为了介绍西洋美术,陈树人在《新画法》正式出版之前,选择在《真相画报》——全国发行(后扩大到新加坡发行)的画报上连载。《新画法》的连载形式符合大部分读者的阅读习惯,而其内容则浅显易懂,易于普通民众接受。陈树人在编译时选取了原著中的一部分内容。第一编“绘画之大意”,从美术之起因、绘画之定义、描写自然法、绘画之变迁(上、下)、绘画之要素、绘画之将来、黑人与素人(日语,即局中人与门外汉)、分解与综合、习作的顺序、绘画的技法、画具的运用等方面进行叙述,使民众对世界绘画史有了大致的了解,叙述宛如一部世界绘画简史。第二编“水彩画技法”则是西洋绘画入门基础之一。水彩画是西洋画中与中国传统水墨画最为相似的一种,通过绘画三大要素、铅笔画法、静物写生(室内写生)、郊外写生、水彩画法、写生实验、用品(铅笔画、水彩画用具)等章节的讲解,使读者对水彩画技法有一初步认识,循序渐进地教授读者如何作画,从而培养习画者的兴趣。

《新画法》的每一章开头都会提纲挈领地列出关键词,让读者一目了然地明白该章节的中心思想[②]。从中,亦可窥探陈树人急于译述《新画法》之用意。辛亥革命后,百废待兴,美术教育仅在少数学校中开设,真正意义上的现代美术教育尚处起始阶段。进行美术教育对提高民众的文化素质意义重大。

---

① 黄渭渔. 陈树人对形式美法则的运用[C]//岭南画派研究：第 1 辑. 广州：岭南美术出版社，1987：94.

② 如在第一章《美术之起应(因)》,文章一开始他就写道:“美术之起应(因)——花纹、文字——绘画——游戏心——自负心。”接下来他继续写道:“执途人而问之曰,何以谓之画也,其人当能简单曰,此乃吾其人类,以某种材料模仿自然之形于一平面上耳,始也,我人类不知美术为何物,吾人之最大义务而已,求饵食于山海。”参见：陈树人. 新画法[J]. 真相画报,1912(1).

2. 绘画之定义：人格、感兴、技术、诚实，缺一不可

陈树人的创新观念与开创城市大众美术新风气一脉相承。在《新画法》中他将绘画定义为：目所感觉之自然，是山之形，水之色，何莫非自然也。模仿者，人类之大天性，故于己眼所感觉之自然，摹之拟之，而写于适宜平面上，此即绘画矣[①]。同时，该文阐述了绘画有别于摄影技术之处在于“绘画要素……第一‘人格’，其次因所起‘感兴’而习练之，其次的‘技术’表现其‘诚实’，斯绘画之要备矣”[②]。

“人格、感兴、技术、诚实”四者缺一不可，这个艺术观点的提出不仅是区别绘画与摄影，也是对从事城市美术绘画者的要求。倘若画者没有崇高的人格，对艺术没有感觉、热情，亦无绘画技巧，加之缺乏诚实的创作态度，那么就不可能成为真正的美术家。陈树人在第七章《绘画之将来》中论述了未来中国绘画的发展方向，分析“画之优劣”以及绘画与社会的关系，认为“将来之绘画以西式研究法为基础”。不管其准确与否，他能够在 1912 年就提出此观点，其前瞻意义可见一斑。

陈树人在《新画法》第二编里用八个章节的篇幅由浅入深地介绍水彩画技法，并配有插图，满足了艺术青年对色彩基础美术知识的需求，为推广、普及新派美术作铺垫。在第一章对“绘画三大要素”的分析中，他抓住画水彩画之前的色彩基本知识和基础理论概念问题，作了重点介绍，就形状、气势、色彩这三个基本元素，为读者理出一个清晰的教学要求：“绘画基础——形状——气势——色彩——浓谈明暗——气势与空气之关系——色彩与气势关系——三原色与四间色——色之调和。”即初学画者对美术概念要理解并融会贯通，不能孤立地死扣概念，而是要把三大要素完整、统一、综合在画面中予以考虑。相互照应、服从画面整体效果。

在其余各章节中，陈树人分别就“铅笔画法”、“静物写生”、“郊外写生”等各种技法作了详细分述，针对比较难以掌握的绘画透视技法还画了示意图。另外，在“写生实验”章节里，为了方便习画者，他更是不厌其烦地罗列了怎样

---

① 陈树人. 新画法[J]. 真相画报，1912(3)：14.
② 陈树人. 新画法[J]. 真相画报，1912(6)：17.

用水彩画技法去画天空、云、远景、近景、中景、山、树、草、木、花、地面、水、池、海、河岸、海岸、房、船、雨、雾、雪、庭景。这种一草一木、一山一水的描写使人想起康熙年间出版的《芥子园画谱》，使国人读起来亲切易懂。虽然这些文字上的表述无法像今日的色彩示范画那样用形象化的步骤图去图解画法，但在当时能运用如此专业性的文字介绍西洋绘画，实为难能可贵之举。

3. 眼之教育

陈树人在《新画法》第二章“绘画之定义”中介绍了作为“眼之教育”的绘画。学习美术的目的在于训练民众的审美眼光，也就是所谓的“眼之教育”：

> 所谓眼之教育，非限于形体已也，曰浓谈，曰色彩，亦不可不经相当之教育焉。常人见雪以为白，在有教育者之眼，苟其雪受日光处，则见其为黄，阳处则见其为苍。人之发亦然，在普通人必谓发黑于皮肤矣，眼有教育者，观逆光线之容，去皮肤比之头部(发)尤为暗黑也。质言之，眼之教育，与画之器具，两之相待，用之既熟，则画学三昧，可迎刃而解矣。①

文中，他对初学画者提出的首要任务是培养训练眼睛观察事物的能力，要学会用眼睛去观察，然后经由大脑思考，科学地分析物体、对象在不同的光线作用下变化。比如，冬天的雪在受到太阳光线的照射后受光面偏暖，而背光部分就会偏冷呈紫色。从而，使学生认识到绘画就是光的艺术，必须用自己的眼睛去观察世界，用自己的手熟练地操作画具，表达心中之美。

在《新画法》的第四章“绘画之变迁(上)”、第五章“绘画之变迁(下)”中，陈树人开始讲述西洋美术历史。在文章开始部分，他言简意赅地阐述了西方艺术发展史脉络及思路：“东洋画与西洋画——意大利与荷兰人——十九世纪绘画——古刺悉派与罗马派——写实派——君士梯布——巴比冲派(巴比松派)——理想派——马尼与菲士拉——唯美派——外光派——印象派——近世绘画倾向——自性之表现。”之后，他对上述提出的主要美术思潮、流派、术语、代表人物等进行了较为详细的分析与论述。

---

① 陈树人. 新画法[J]. 真相画报，1912(3)：15－16.

在《真相画报》第六期的《新画法》连载中，陈树人大加赞扬富有创新精神的艺术家①，充分肯定了勇于改革传统观念的外国画家，并对当时的丹青作者提出了自己的看法：

> 时至今日，从事丹青者，无专倾于写实派，亦无专倾于理想派，其作品写实中有理想，理想中有写实，自由描写，无事拘泥……其形式亦现于画上，表现自性（或曰个性）之画，渐为世所重，能表现画之里面，画者之品格，斯可谓之佳作矣。从来绘画史上，崭然露头角者，奴隶的写实家，无一人也。也从有细如摄照者，仅足为第二三流之凡手耳。

通过这段文字，陈树人表达了对于写实的观点。他认为在当时的国画界，能不拘泥于写实，表现画者品格的作品为佳作。唯有在作品中表现形式之美，表现个性的作品，才能引领艺术之新流派。

陈树人在绘画创作过程中体会到：绘画作品中要体现艺术家的感情，就必须考虑画面中的构图、色彩、笔墨线条等绘画各种要素如何整合，善于灵活运用形式美的原理。如“用色用笔与形式美之关系……色与笔把自然描出，同时自身亦有形式美，写平滑面，鲜用正笔，盖写地面之笔，皆横线平行，而调和与亦有节律……”②同时，他强调习画者如果不能掌握绘画的这一基本功，则无法达直抒胸臆，画出动人之作品。在作品的构图方面，他认为构图是绘画最重要的部分，形式美包括线条的组织、形式上的配合以及色彩的浓淡，而构图的要点在于均衡、调和、反衬。显然，这些观点来自西方现代派艺术家们发表的关于形式可以独立传达作者思想感情的理论影响。

《新画法》的历史意义不仅仅在于它的艺术理论介绍，而是作为第一个提出关于形式美的概念以及如何去运用形式美的法则。在辛亥革命后不久，现代美术理论和实践都还鲜为人知，在新闻出版刚刚起步的情况下，《新画法》对

---

① 当时马尼菲士刺，不容于众，且备受诽毁焉，述者曰，二子为画，虽少有所偏，论者以不崇于正义之，然其一扫死守古规之弊，与夫振起近世画界之独立不羁精神，其效亦足多矣！摩涅……画之章法，极大胆，极奇癖，蔑视古法……详细参见：陈树人. 新画法[J]. 真相画报，1912(6)：13 - 14.

② 陈树人. 新画法[J]. 真相画报，1912(10)：12.

于新兴艺术在中国的传播，无疑是有着多重意义的。其撰稿人陈树人可谓构建现代美术理论的开拓者，通过对古今中外美术的评论、对比，表达了对中国传统艺术进行革新的理念。让寻常百姓在感受外国美术之时，了解新派艺术；在提高审美情趣的同时，本身文化修养得以升华，从而达到提升国之文化内涵的目的。与此同时，也为新派文艺在中国的传播奠定了坚实的基础。

高剑父、高奇峰、陈树人等上海粤籍美术家将《真相画报》打造成 20 世纪初上海城市文化舆论、美术界的一面旗帜，可谓构建现代城市大众美术勇敢的先行者、无畏的开拓者。这些粤籍美术家在《真相画报》上发表的图像与文字较全面地反映了美术与大众与城市精神的融合，其内容作为文化文本业已成为那个时代人们艺术生活的生动且真实记录，折射出当时中国社会的整体情态。《真相画报》以其独特的艺术形式、传播方式、诞生轨迹与当时堪称远东第一大都市上海的文化、艺术发展相得益彰。在这里，他们能够更自由、充分地展示其过人的艺术才华。《真相画报》在中国现代新闻出版起步之际登上历史舞台，是美术家自觉地与共和理念相结合，参与新政的结果。

20 世纪 20 年代，高剑父在广东倡导第一届美术展览会，并成立画学研究会以推动新国画运动。虽然高剑父晚年抛开中西融合的追求，转而回归中国传统，对于这一结果其学生方人定认为其原因有二："终因对于西画未充分了解，生了怀疑，再因受了保守派之攻击，对于自己的主张，也生了怀疑……索性开倒车。"[①]但高剑父早年"大声疾呼要艺术革命，欲创一种中华民国之现代绘画"[②]的雄心壮志引领了中国近现代国画的革新。

20 世纪初的上海国画界，粤籍美术家的身影随处可见：1928 年，由陈树人、经亨颐发起的寒之友社组织黄宾虹、于右任、何香凝等书画家共同探究、创作中国画，并发起举办数届国画展览[③]；在女子美术教育领域，随高剑父一同来到上海的宋铭黄[④]，创办了上海女子刺绣院；二十余年后的 1934 年，同

① 方人定. 绘画的折衷派[N]. 广州大光报，1948－03－11.

② 原为 1941 年演讲稿。后收录：高剑父. 我的现代绘画观[C]. //岭南画派研究：第 1 辑. 广州：岭南美术出版社，1987.

③ 1929 年 1 月 9 日，寒之友社在宁波同乡会四楼举办第一届美术展览会。1931 年 6 月 23 日，古寒花精品展在法租界康悌路光裕坊 8 号举行。参见：徐昌酩. 上海美术志[M]. 上海：上海书画出版社，2004：287.

④ 宋铭黄(1877—1940)，1913 年嫁于高剑父为妻，二人志同道合，曾一同从事革命活动。

为广东籍的冯文凤担任中国第一个女子美术团体——中国女子书画会的常务主持工作，提倡妇女的美术教育。该协会吸纳了包括陆小曼、陈小翠、周练霞等在内的当时国画界众多才女，为女子书画的普及开创了一个崭新的天地。

此外，出生书香门第的王显诏也是一位早期在沪接受西洋绘画教育的粤籍中国画家。1923 年上海大学美术科毕业后返回广东开始教书生涯，作品入选 1929 年第一届全国美术展览会，当年 4 月曾来沪参观。鹤田武良认为王显诏的《湘水江城》与高奇峰的《花鸟》、赵少昂[①]的《画鼠》、高剑父的《画柳》在画风上同属折衷中西画法的作品[②]。此外，还有 1920 年代在沪逗留过的孙星阁。在此期间，他曾先后担任国民大学艺术系主任、上海停云书画社副社长，上海心声杂志董事、南社诗坛顾问等职务。

20 世纪初，粤籍美术家在上海提出的革新国画为新国画运动的繁盛起到了铺垫作用[③]。他们通过普及美术知识提升国民的审美情趣、提高全民素质，通过创办画报监督民主，这些举措表现了他们关心国家、参政议政的社会责任感与爱国心。在辛亥革命后兴起的城市大众美术中，他们力图以大众传媒的艺术形式来提高民众素质，开创民国初期新美术运动的先河。他们所设想的通过探索都市新美术、倡导中西融合以提升中华民族文化内涵的举措，从某种角度而言，为五四运动时期倡导“美育”思想做了铺垫，在辛亥革命与五四运动之间的城市文艺领域，架起了一道绚丽的彩虹。

---

① 赵少昂(1905—1998)，字叔仪，广东番禺人。擅花鸟、走兽，主张革新中国画。1921 年进入“美学馆”学画，1929 年参加上海第一次全国美展。

② [日]鶴田武良. 民国期における全国規模の美術展覧会：近百年来中国絵画史研究 1[J]. 美術研究，1991(349)：18-48.

③ 高氏兄弟之后，上海出现了一批新国画的实践者，包括王显诏、郑慕康等。其中，郑慕康早年在上海图画美术学院主攻西洋肖像画的，通过结合西洋画的明暗法、透视法与中国传统工笔人物画技法，用晕染的方法为人物着色作国画人物画。

第五章

上海粤籍美术家与洋画运动

早在明清时期，西洋绘画便传入了中国。然而，我国真正意义上的“洋画运动”则始于20世纪初。上海作为当时中国洋画运动的发端之地，集合天时、地利、人和：晚清时期上海移民化和租界化的社会环境，构成了近代“华洋杂居”独特的东方生活模式，形成了上海“西化”的社会文化氛围；民国时期的上海崇尚新学蔚然成风，对西方文化的追求、引进和传播已成为自觉行动，在美术上也从以往对油画的技术形态学习逐渐转化为文化形态的思考。因而，随着新美术教育、洋画运动的兴起、壮大，使上海逐渐成长为中国洋画运动的中心。

本章以这场运动的亲历者陈抱一晚年撰写的《洋画运动过程略记》为线索，通过梳理不同时期洋画运动中上海粤籍美术家的活动、留日派与留法派在倡导西画方面的举措、沪上洋画领域的国际交流以及留法、留日画家代表林风眠与关良在中西结合道路上的探索，探讨20世纪前期上海粤籍美术家在中国洋画运动中的地位与作用，从而更清醒地认识这场运动对于中国现代美术的意义。

第一节　洋画运动概况

1942年，《上海艺术月刊》第五—十二期上发表了洋画运动的亲历者、参与了洋画在中国的推广与传播、见证了洋画运动兴衰的粤籍画家陈抱一撰写的《洋画运动过程略记》一文，首次将民初上海的现代美术运动做详细陈述，并将之命名为“洋画运动”。作为第一篇详细记录洋画运动历史的长篇文章[①]，陈抱一以清晰的思路与画家敏锐的眼光、见识和感受，用2万余字描述了20世纪前期掀起于上海的这场洋画运动的发展过程，为研究中国现代油画的发生与发展提供了可贵的历史资料。

一、洋画运动之冠名

陈抱一堪称“洋画运动”的早期冠名人之一。在《洋画运动过程略记》中，他记录了中国洋画运动的发端：“西洋画流入我国，年代已经甚古远。唯我国画界之开始洋画运动，还不过是近三十余年间的事情吧。而上海方面洋画运动的发端，也可以说是中国洋画运动的开始。”[②]

“洋画”一词来自日文，在日本美术界“洋画”一般用于特指明治以后日本人以西洋素材、样式而作的绘画。这里，重点在于确定明治时代以后的年代。为了将日本文化介绍到国际社会，打开国门后人们开始用“洋画”一词，以与“日本画”并立。“洋画”这一翻译便是从日本而来，在中国最早使用这一词汇的是那些留学日本的美术家，而“洋画运动”的冠名及活动过程自然离不开这些留日美术家。20世纪20年代，陈抱一在报刊上发表了一系列有关艺术的评论文章，包括《女性肉体美的观察》[③]、《油画鉴赏说》[④]、《油画艺术是什么》[⑤]、《写实与美》[⑥]等。20年代末，他又出版了《洋画ABC》[⑦]一书，顾名思义，该书是一本浅显易懂的洋画入门书籍。提及此书，他的学生版画家黎鲁至今仍然记忆犹新。在对黎老的采访中，他回忆当年这本书很畅销，作为一名美术爱好者，为了寻觅此书花了不少心思。可见这本比较系统、全面地介绍西画技法的书籍在当时产生了较大影响，特别是对青年美术爱好者。此后，“洋画”一词时常出现在陈抱一发表的文章、出版的书籍中。

20世纪30年代，陈抱一对日本洋画有了新的认识，研究也到了一定境界。

---

① 另一位粤籍美术家梁锡鸿于1948年6月26日在《大光报》上发表过《中国的洋画运动》。
② 陈抱一.洋画运动过程略记[J].上海艺术月刊，1942(5).
③ 陈抱一.女性肉体美的观察[N].申报·艺术界，1925-10-07.
④ 陈抱一.油画鉴赏说[N].申报·艺术界，1925-10-08.
⑤ 陈抱一.油画艺术是什么[N].申报·艺术界，1925-10-14.
⑥ 陈抱一.写实与美[N].申报·艺术界，1926-08-15.
⑦ 1929年1月上海世界书局出版。

他在1930年11月第二期的《前锋月刊》上发表了名为《日本洋画的发展概况》的文章，意在向国人介绍日本洋画。1935年发表的《对于艺术运动的感想》[①]一文，陈抱一谈及自身对于艺术运动的感想。然而，此时的陈抱一并没有将"洋画"上升至"运动"的高度，至少尚未使用"洋画运动"来冠名发生在中国的这场艺术运动。

直至20世纪40年代初，陈抱一在《洋画运动过程略记》中首次提出"洋画运动"的概念，意义非凡。《洋画运动过程略记》中记载了陈氏对于当时一些想法的回忆："无疑的，在那时[②]的洋画倡导的复杂情况态中，我已经发现早已有了一点革新的运动"，"对于基础不健全的洋画运动，力求以更明确的意识来开拓一条健全而有效的洋画倡导之径路"。

洋画运动得以成为一场影响至今的运动，并非一蹴而就，而在其形成阶段就认清的人，必定具备一定的洋画素养以及敏锐的洞察力，陈抱一正是这样一位艺术家。

> 原来，洋画运动既经有若干年的历史；我们的洋画研究，究竟不仅仅属于一种趣味的传入而已；主要点却是在于推行学术的研究与发展，这方使洋画运动有其意义……洋画运动的产生，是自然的，这是时代的演进使然；同时也是由于个别的美术家的志趣、兴趣之关系使然。[③]

上文清晰明了地表现出陈抱一对"洋画运动"的见解。为了彰显洋画运动的现实意义，他除了在各大美术学校教授洋画之外，还专心致力于洋画的学术研究，将多年的洋画研究成果通过报纸杂志、书籍等形式公布于众。《洋画运动过程略记》便是其中最为著名的一篇，为后人研究那段历史提供了宝贵的素材。这篇文章中，陈抱一根据自身经历详细回顾、总结了洋画运动的经过，并根据运动的深入划分了不同阶段，为后辈研究者的理论研究提供了依据。由此，陈抱一对洋画的热诚可见一斑。

---

① 陈抱一. 对于艺术运动的感想[J]. 新世纪·美术特辑，1935.
② 约民国十四五年至十八九年(1915—1920)。
③ 陈抱一. 洋画运动过程略记[J]. 上海艺术月刊，1942(5)-(12).

20 世纪前期，西洋画家不计其数。然而，如陈抱一一般数十年潜心研究洋画，为中国早期新美术运动醉心的美术家却屈指可数。通过研究陈抱一在洋画运动中的所作所为，可以更好地认识这场运动对于中国现代美术史的意义。

二、洋画运动前夜

陈抱一在《洋画运动略记》开篇提出了洋画运动发端于上海，且以上海为中心的观点，认为民国诞生前的几年为“洋画运动前夜”：

> 民国前的好几年间，我所知道的研习洋画的人没有几个。那时，洋画研究的情趣那是非常寂寞的。虽然寂寞，但干的人，也还是很天真烂漫地干着。以民国初年以后的洋画情况比较，则当时的情形，却有“洋画运动前夜”之观。①

在此，陈抱一描述了民国之前沪上洋画的景象：知识匮乏，虽然印象派的名称已经传入，仅仅是概念上的输入，研习洋画者亦寥寥无几，多数人“还不明了印象派究竟是何种画法”。洋画运动的产生及发展，堪称时代演进使然。

为了证明“洋画运动发端于上海，而无形中上海一向成为洋画运动的中心”这一论点，陈抱一“回溯”了我国洋画运动过程中有过的潮流、变迁、研究及阶段。他认为，当洋画研究萌发时“图画美术院”的成立，可以视为推动洋画运动气运渐将萌发的起点、初幕。

陈抱一对洋画运动前夜的定义及描述、回顾正是为洋画运动开拓作理论和史料的铺垫。他从民国初年上海洋画风气开始谈起，涉及美专任教洋画的江小鹣、陈晓江以及由江小鹣等发起的“天马会”展览，进而谈到随后陆续归来的李毅士、王远勃、潘玉良等留法美术家，洋画运动“似乎已经通过了相当长的‘摸索时期’，而开始呈现‘开拓时期’的征候来了”。

如果说 1912 年上海图画美术院的成立使洋画的传授方式走向学校化、专门化，那么随着留洋画家的陆续归国、各大美术教育机构的创办以及洋画团体

---

① 陈抱一. 洋画运动过程略记[J]. 上海艺术月刊，1942(5)-(12).

的组成，上海洋画氛围的渐形成。

三、洋画运动开拓期

民国初期，西画在中国仍属新鲜之物。由于国情的不同，在西方艺术中司空见惯的人体，在 20 世纪初的中国却是如此艰难。五四前后的中国，新旧思想交锋激烈。人体写生作为新思潮中涌现出的新事物，是对腐朽封建顽固势力的一大挑战，于是几乎不可避免地受到当时旧势力的顽强抵抗，在民国初年引发了一系列社会反响。

表 5－1 为笔者根据《中国人体画・人体模特年表》①整理的洋画运动开拓期至繁盛期上海人体绘画走过的道路。

表 5－1　洋画运动开拓期至繁盛期上海人体绘画大事年表

年　份	事　　　件
1914 年	李叔同(1880—1942)在浙江高等师范学堂图画手工专修科开始男性裸体模特
1915 年	上海图画美术院西洋画科三年级雇男童任着衣模特
1915 年末至 1916 年	上海图画美术院聘青壮年劳工为上半身裸体模特
1917 年	上海图画美术院高薪聘请男子裸体模特习作引起某些参观者反感，并投稿报社，表示对展示的厌恶
1919 年	8 月，上海图画美术院教师画展上展出数幅裸体画作品，引起当局高官不满
1920 年	7 月，上海美术学校初次雇用中国女性模特 晨光美术会研究所雇用一俄罗斯女子作为人体素描模特
1922 年	2 月，上海美术专门学校雇用两名 20 岁左右女性模特 其他美术学校也开始雇用男女模特
1924 年	10 月，刘海粟的学生在南昌举办个展，展出人体习作，遭江西省警察封锁

① 该表格是日本美術モデル研究室根据 1994 年由平凡社出版、东京国立文化财研究所编写的《人の〈かたち〉人の〈からだ〉》一书编辑整理而成。笔者在考证其真实性的基础上，结合中文资料列出 1910—1920 年代上海人体绘画大事件。日文详见：http://www.artmodel.jp/rekisi_china.htm(2004－06－27)[2008－03－10]

续 表

年 代	事 件
1926 年	上海政府禁止上海美术专门学校人体画 鲁迅在《华盖集续编·马上支日记》中，就裸体画事件，发表了主持正义的短文；刘海粟就人体模特必要性问题反驳当局 从此，虽然不再有关于裸体画的大规模争论，但中国对于人体绘画本身无法理解的现象仍然存在

通过上表可知，人体写生在中国的推广并非一帆风顺。1915 年，上海美专开办人体写生课，从最初的男孩发展到成年男子直至女性人体模特的出现，经历多年。1917 年，该校举行的成绩展览会上陈列有人体习作素描，震动一时，参观者初见裸体画，莫不瞠目结舌，议论纷纷。1920 年 7 月 20 日，上海美专出现了中国第一个人体女模特，亦引发了轩然大波。虽然经过上海美专校长刘海粟的"顽强地争辩"以及众多西画教师的宣传、普及，"人体写生"问题在洋画教学中逐步得以解决，但此时距离人体写生登陆近代中国画坛已经时隔十余年。

20 世纪 20 年代的上海，洋画研究机构相继成立，不仅有上海美专，还有艺术专科师范学校、神州女学美术科、上海大学美术科、东方绘画研究所、晨光画会等相继成立，洋画教育、研究活动呈现"开拓时期"的迹象。

留学是中国人接触外来文化最直接的一种方式，它成为近代中国走向国际、了解外部世界、反思自我文化最有效的方式。当这些具有"西化"特点的青年留学归来之后，他们的思想必然会产生变化。他们通过与自己原有的中国文化相比较，进而产生思考，并最终演变为社会改良的积极行动者。随着他们的陆续归国以及全国各地的西洋画家来到上海执教洋画、举办展览，20 世纪 20 年代的"上海洋画界已不是数年前的沉寂，民国十年后的风气，却使洋画界潮流涌起更大的波涛"①。

四、洋画运动盛期

1922—1932 年，是陈抱一一生中生活最为顺利、收获最为丰硕的时期，而此时也是上海"洋画运动"最繁盛的时期。本质而言，中国西洋画的兴起与发

① 陈抱一. 洋画运动过程略记[J]. 上海艺术月刊，1942(5)-(12).

展基于对旧封建思想的批判，这一点成为当时大多数西画家，特别是美术留学生的典型特点。

1925—1930 年间的上海洋画运动，各类艺术学校的出现促使洋画学校进入相互竞争、共同前进时期。这一时期，国立杭州艺术专科学校、国立中央大学艺术科也相继成立。中国油画艺术教育研究活动在上海呈现出开拓、发展、繁盛的迹象，而且不只是洋画界，包括中国绘画、新兴木刻、新派漫画、雕塑等各类美术都进入了盛况空前的发展时期。当时的上海，南区有上海美专，北区有上海艺大、中华艺大、立达学园美术科等，不时有新的美术学校涌现以及美术展览开幕。虽然如此，陈抱一却认为民国十四五年前后上海的洋画运动虽然已显现了一点进步性，但还没有转变到实质上的发展，故而回避了这一时期的洋画运动革新是否达到成熟期这一问题：

> 却说自民十二三年左右，直至民廿一年的时期，上海洋画运动的发展，曾呈现了一段日渐向上的高潮，尤其是民十六七年以后，更见显著的发展——假使没有“一·二八”的灾厄所阻绝，这潮流的进展当属更为可观。[①]

1. 洋画评论家的出现

20 世纪 20—30 年代，中国对于西洋绘画的认识从模糊到渐渐清晰，报纸杂志上陆续出现对于洋画的评论文章。例如《申报》、《艺术周刊》、《时事新报》等沪上主流报纸、杂志上刊载了大量美术家对艺术动态、评论的资讯。究其原因，是由于洋画运动开拓期的普及，西洋绘画这一表现形式已经为多数人所熟悉，中国洋画爱好者从最初的对洋画一知半解到开始能够分辨古典主义洋画与新派洋画。陈抱一分析了当时的洋画风格，将出现在上海画坛的作品分为陈旧的通俗派与笔调较活的印象派。同时，比较中华艺大与上海美专，将洋画的倡导方式分为两种不同潮流，认为虽然中华艺大被认为是革新主潮，但该校与当时其他美术学校一样，属于民间学术运动团体，缺少经济上的支持[②]。在此，我们姑且不论陈抱一所谓的通俗派洋画是否陈旧（洋画在当时社会仍属于

① 陈抱一. 洋画运动过程略记[C]//郎绍君，水天中. 二十世纪中国美术文选. 上海：上海书画出版社，1999：544－574.

② 同上。

新艺术范畴），但他对于革新洋画倡导方式的论断令人深思。作为民间学术运动团体的私立美术类院校，没有坚实的经济支持，在那个时代的确难以生存，这也揭示了20世纪前期洋画运动相关私立教学机构更替频繁的深层原因。

2. 美术联合展览会

20世纪20年代，上海西洋画坛举办了几次规模较大的展览。国立杭州艺术专科学校和南京中央大学艺术专科的教师以及来上海旅游写生的日本洋画家秋田义一、岗田七藏等近十位美术家在上海举办了作品展览。期间，陈抱一在秋田义一的提议下在江湾画室成立了"晞阳美术院"，研究西洋绘画。

1927年，美术联合展览会在一批上海"民间学术运动团体"的筹划下举办，其中包括由梁鼎铭（1895—1959）、梁中铭（1905—1985）、梁又铭（1906—1984）三兄弟[①]在沪发起的综合性美术团体天化艺术会。美术联合展的参展者来自晨光艺术会、新华艺术大学、中华艺术大学等机构。陈抱一被推举为展览筹备会主席，审查委员包括陈抱一、陈宏、朱应鹏、丁衍庸、宋志钦、徐悲鸿、陈之佛、洪野等，粤籍占三名[②]。由于当时中华艺术大学美术方面由陈抱一与丁衍庸负责，加之陈抱一在上海洋画界的地位，被选为筹备会主席也就顺理成章。

该展览在中华艺术大学牵头下举办，以"提倡纯正艺术，并引起民众审美观念"为号召，从而引发了洋画界对于洋画精神革新的思考。虽然规定每人出品不得超过两张以上，但根据刊登于1927年11月18日《艺术界》（周刊）第25期的美术联合展览会展出作品目录显示，审查委员的作品在展览中占有主导地位[③]（图5-1）。此外，关紫兰的《持扇之女》与《芍药花》（图5-2）亦在本届美术联合展览会上展出。

当时，有人将该展览展出作品按照内容分为返时代、近时代、超时代三类[④]，代表人物分别为徐悲鸿、陈抱一与丁衍庸。从创作主题而言，展出的作品

① 祖籍广东的梁鼎铭兄弟三人分别生于南京、上海，沐浴海派文化的梁氏兄弟，游走于西方绘画与中国传统水墨画之间。梁氏兄弟在沪发起，1926、1927年之后，三兄弟纷纷离开上海南下投军，在军中从事美术工作，创作了一批描绘战争历史的油画作品。

② 美术联合展览会专号[J]. 艺术界(周刊)，1927(25)：1-2.

③ 出展四十余名画家的105幅作品中，陈抱一展出作品3幅、陈宏7幅、朱应鹏3幅、丁衍庸4幅、宋志钦4幅、徐悲鸿6幅、陈之佛与洪野各1幅。参见：刘瑞宽. 中国美术的现代化：美术期刊与美术活动的分析：1911—1937[M]. 北京：生活·读书·新知三联书店，2008：204-206.

④ 吻冰. 美术联合展览会的片欢感想[J]. 艺术界(周刊)，1927(25)：15.

左图 5－1　丁衍庸《少女》
右图 5－2　关紫兰《芍药花》
转载：《良友》画报 1927 年第 20 期

以人物、风景画居多。特别是人体画所占比例之高，反映了当时社会民众对于西洋人体画作品已从 1910 年代的谈虎色变转为普遍接受。从某种角度而言，美术联合展览会所展出的作品反映了 20 年代末上海洋画界的革新风潮。

3. 第一届全国美术展览会

如果说 1927 年的美术联合展览代表了沪上民间美术学术团体的革新风潮，那么两年之后在沪举办的第一届全国美术展览会则代表了官方的美术盛宴。在该展览的组织筹备过程中，上海粤籍美术家们积极参与并踊跃送作品出展，以实际行动支持第一届全国美术展览会的顺利举办。

1929 年 4 月 10—30 日，由教育部主办的第一届全国美术展览会在沪举办。根据《教育部第一次全国美术展览会出版目录》①，展品分书画、金石、西画、雕刻、建筑、工艺美术、美术摄影七大部分以及 82 件日本参展作品、百件近人遗作、古画参考室等。其中，书画部分有 450 余人的 1 231 件作品参展，西画部共有 146 位西画家的 354 幅作品参加展出。丁衍庸、何三峰、王远勃、林风眠、司徒奇、陈宏、冯钢百、许太谷等粤籍画家均参加了本次展览。其中，多数

① 1929 年由教育部全国美术展览会编写出版。参见：刘瑞宽. 中国美术的现代化：美术期刊与美术活动的分析：1911—1937[M]. 北京：生活 · 读书 · 新知三联书店，2008：356－377.

作品有明码标价，诸如林风眠、王远勃等更是一人展出多幅作品。[①]

官方主办的第一届全国美术展览会第一次设立了实质性奖励办法，奖金预算为两千元，金、银奖章分别为 8 枚与 16 枚，奖状 32 件，同时国立美术馆收藏主办方购买的作品[②]。奖励制度的设立，鼓励参展美术家的积极性，也显示了与普通与一般民间美术团体举办美展的不同。

同年 4 月 10 日至 5 月 7 日，由上海全国美术展览会筹委会出版，全国美术展览会编辑组发行的第一次全国美术展览会美展会刊《美展》出版发行一至十期。该刊物汇集的 21 名特约全国著名美术家撰稿人[③]中，粤籍画家叶恭绰、林风眠等均有文章发表。同时，徐悲鸿与徐志摩之间针对写实主义与印象派的理解以及中国美术现代化的途径等问题展开的笔锋交战通过《美展》会刊传达至全国，成为中国近现代美术史上著名的艺术辩论。

五、沉寂期中的涟漪

1932 年，“一・二八”的灾厄阻绝了上海洋画界日渐向上的高潮，给上海的洋画运动带来无法估计的损失，上海艺专的校舍遭毁灭，曾作为晞阳美术院基点的抱一画室也同样成了这场战祸的牺牲品。洋画运动正在兴起的高潮被无情的战火破灭，转而进入了一段沉寂时期。

1937 年，“八・一三”的爆发则彻底停滞了上海洋画艺术活动，人们纷纷逃难他处，“居住于上海的洋画界人，简直数不出几个”。时局的动荡使“少数的洋画人，好像都踢蹐在一种沮丧的无期的休止符中……这样的光景，连续地笼罩在极端消沉的气压之下”。陈抱一在《洋画运动过程略记》中流露出对此惨淡景象也束手无策。

---

① 丁衍庸：《读书少女》；何三峰：《画中之室》；王远勃：《巴黎鲁森武公园》500 元、《坐舞》1 500 元、《打铁》1 500 元、《少妇》100 元、《少女》100 元；林风眠：《静物》5 000 元、《倦》500 元、《贡献》1 000 元、《海》1 000 元、《南方》600 元；司徒奇：《艺人之妻》、《广州一瞥》；陈宏：《红菊》、《一个波兰女子的肖像》、《曲线》500 元、《广州之街》1 000 元；冯钢百（1884—1984）：《自画像》、《肖像》、《鱼》、《肖像》、《山村之朝》；许太谷：《菊》200 元、《小息》、《肖像》。

② 章咸，张援. 中国近现代艺术教育法规汇编：1840—1949[M]. 北京：教育科学出版社，1997：185 - 186，239.

③ 叶恭绰、曾农髯、吴湖帆、丰子恺、徐悲鸿、王济远、黄宾虹、邵洵美、郑曼青、贺天健、俞寄凡、俞剑华、林风眠、陈子清、张禹九、倪贻德、狄楚青、褚礼堂、张若谷、郑午昌、唐腴庐。

这两次事变中陈抱一的不同态度从一个侧面反映了当时沪上一批画家的心态。面对"一·二八"日本发动的战争，自己的画室被战火毁灭，陈抱一更担心的是洋画运动事业的境遇。1931年，陈抱一在中华艺大的学生，后留学东京文艺学院美术科的林镛曾与陈氏商讨筹划复兴晞阳美术院，但由于"一·二八"事变而不了了之。对于这场事变，陈抱一表现了无比的无奈与遗憾："假使没有'一·二八'的灾厄所阻绝，这潮流的进展当属更为可观。可惜，免不了'一·二八'的严重打击而遂告一段落。"①

虽然画室被毁，但陈抱一并没有放弃对于绘画的追求，当学生阳太阳于1934年离开上海赴日本留学之前，"抱一老师和我进行了一次长谈，他希望我到日本后用功学习，开阔眼界，深入钻研，学成归国，师生共同在中国的油画艺术事业上干出成绩来"②。由此可见，陈抱一对学生的关切之情，同时可以证实在"一·二八"事变之后，他对中国洋画的未来仍旧抱有极大的期望，渴望在中国油画界再造一番事业。这一时期，他仍然关心上海的洋画事业，从《洋画运动过程略记》的记载中，可以一窥究竟。即便是在洋画运动的沉寂期，上海粤籍美术家们仍以激情投入艺术的怀抱，为洋画的振兴而努力。

1. 新转变期的代表——决澜社第一届画展

1932年10月，决澜社第一届画展开幕，显示了洋画运动的复苏迹象。陈抱一在《洋画运动过程略记》中认为决澜社画展中的作品显示了"较清新的现代绘画的气息"，在沉寂中"显露了一点艳色"。1932—1935年间，决澜社先后举办了四次画展，在社会上取得了一定影响力，《良友》画报开专版刊登展出作品，引起社会反响(图5-3)。

虽然决澜社的基本成员仅十人，且多为年轻画家，他们的作品尚处于对西方现代主义各流派的模仿阶段，但他们勇于冲破传统思维、丰富西画表现手法的举动值得后人反思与学习。此外，决澜社展览中所呈现的现代主义作品确实给经受了"一·二八"事变洗礼之后的上海画坛带来了一抹亮色。

---

① 陈抱一. 洋画运动过程略记[C]//郎绍君，水天中. 二十世纪中国美术文选. 上海：上海书画出版社，1999：544-574.

② 阳太阳. 恂恂长者　谆谆教诲[C]//陈瑞林. 现代美术家陈抱一. 北京：人民美术出版社，1988：136-141.

2. 最初的超现实派画展——中华独立美术协会画展

继决澜社之后，1935 年 10 月中华学艺社在上海的法租界举办了中华独立美术协会第二回画展(图 5-4)。陈抱一认为这种新的“洋画新进者”已经“厌闷”那些庸俗陈套的洋画通俗派了，开始追求立体派以后超现实的境界。然而，对于这场超现实派画展，陈氏认为只能作为一种“新现象”，“现代新兴美术的一种形式”，还不足以引进于实质的发展上面。对于这一届由留学日本的青年粤籍洋画家梁锡鸿、赵兽等参与的画展，陈抱一在《洋画运动过程略记》中评论道：

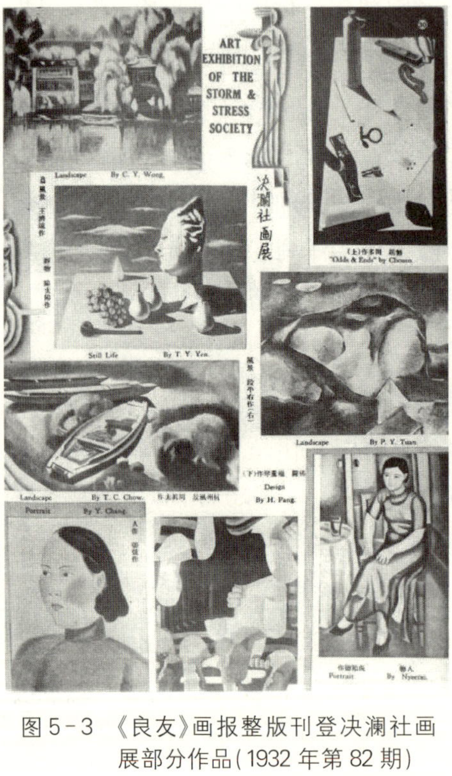

图 5-3 《良友》画报整版刊登决澜社画展部分作品(1932 年第 82 期)

图 5-4 《良友》画报整版刊登中华独立美术协会第二回展部分作品(1935 年第 11 期)

这个画展作品，几乎是以“超现实派”形式为标榜(梁锡鸿，则颇有野兽派的风气)——也是上海最初出现的一次超现实派的画展，无疑的这画展之举行，作为画派形式的介绍，可说是一种新气象，得以作为现代新兴美术的一种形式的动态看。

1936年1月，梁锡鸿、赵兽与何铁华合作创办《新美术》杂志，由梁锡鸿主编，上海世纪出版社出版。作为一本由粤籍画家主编的纯理论美术期刊，该杂志第一期(仅一期)收录的11篇论文中包括了陈抱一的《个人的努力与艺术运动》、梁锡鸿的《斯汀艺术论》、李东平的《德国表现派的木刻》[①]、郑思实的《未开化的艺术与莫地里安尼》[②]、赵兽的《巴黎"罗马卢拿斯"的美国艺术家》等多位广东籍画家的美术论文。同年2月，李东平、曾鸣在上海创办了《现代美术》杂志。然而，与中华独立美术协会在沪创办的第一份杂志类似，《现代美术》杂志仅出版了两期即告停刊。

中华独立美术协会的展览标志着20世纪30年代风靡世界的超现实主义运动在中国的发展足迹，它将中国的现代新型美术运动推到了一个高潮，虽然短暂却辉煌而耀眼。该协会成员多为广东籍青年画家，中心成员梁锡鸿、李东平、赵兽等均有过在上海艺专求学的经历，梁锡鸿还参加了决澜社第一届画展相关活动。这些年轻的美术家通过现代美术将上海、东京这两座东方大都市连接在一起，成为中国现代艺术运动的一个组成部分。(图5-5)

图5-5　赵兽《跳跃吧》1934年　布面油画　78 cm×93 cm　中国美术馆藏

诚然，西方超现实主义运动在中国并未获得积极的响应。不仅如此，正如陈抱一所言，他们对于超现实主义的理解仅停留在表面，未能有更深刻的研究探索。然而，在探讨该问题的过程中，笔者以为动荡的时局与当时国人对现代美术的认知程度亦是我们不得不考虑的因素之一。直至1935年底解散，中华

① 该文曾收入上海文艺画报出版社出版的《文艺画报》(1934.10.10—1935.4.15)。
② 许志浩.中国美术期刊过眼录：1911—1949[M].上海：上海书画出版社，1992：137.

独立美术协会在广州、上海举办了三次西洋画展。由于留学日本的背景，使这一批超现实主义画家的作品中夹杂着西洋与日本的双重文化讯息。

3. 默社第一回绘画展

1936年，陈抱一被征求为“默社第一回绘画展”发起人（其余包括徐悲鸿、朱屺瞻、汪亚尘等）并参加展览。他对该展览做了如下描述：“刘海粟、徐悲鸿、汪亚尘等，都似乎早已转入了这个倾向。那个时期以来，他们的洋画作品好像渐次潜迹归隐，而代之出场的，却是另一套水墨画派头。”可见，他对展品中多名画家以中国画出品表示了理解并认为这与他们的兴趣有关。随即，陈抱一分析了中国画与油画的色彩等差别，提出了一个非常有思考价值的话题，即：“也想到对于中国现代绘画，怎样去探寻觅一条发展的生路？”[①]

这一时期的上海洋画界，“洋画展虽不算多，但也不算的寂寞”[②]。1932年“一·二八”淞沪会战的确打断了上海西洋绘画复兴运动的进程。之后的上海西洋绘画虽然不如之前繁盛，却也激起了涟漪。上海大新公司举办全国美展“广州美术作品展”等展览。这一阶段来沪逗留的粤籍美术家有郑可[③]、胡根天、伍千里等。

战火之后，众多画室、美术学校被毁，然而这些美术家们并没有随之消沉，除了陈抱一在《洋画运动过程略记》中提及的一些重要画展之外，随处可见活跃于上海20世纪30年代艺术界的粤籍西洋画家身影，他们多以小范围举行着活动。其中，“文艺茶话”便是较受瞩目的一个团体，没有固定场所、仪式、信条，一群文艺爱好者聚集一堂，畅所欲言。他们的谈话内容整理成文之后，发表在《文艺茶话》上，成就了这份集文学与艺术为一体的综合性期刊。1932年8月15日至1934年4月1日期间，该刊物共出版20期，刊登了大量中外美术作品，其中包括粤籍画家高奇峰、林风眠的绘画，其余中国画家有徐悲鸿、齐白石、潘天寿等。[④] 此外，以“发扬固有文化，表现时代精神”为宗旨的艺术团体——摩社也是这段时间较为活跃的一个团体。1932年8月1日成立之初的

① 陈抱一. 洋画运动过程略记[C]//郎绍君，水天中. 二十世纪中国美术文选. 上海：上海书画出版社，1999：544－574.

② 同上。

③ 郑可（1906—1987），广东新会人。1927—1934年留学法国学习雕塑与工艺美术。

④ 许志浩. 中国美术期刊过眼录：1911—1949[M]. 上海：上海书画出版社，1992：85－86.

18名社员中有部分之后成为决澜社成员，摩社的粤籍成员有王远勃、关良等。摩社编辑发行的《艺术旬刊》由刘海粟、傅雷主编，自1932年9月1日至1933年1月共计出版12期，经过改刊后以《艺术》为名继续发行，收录了包括粤籍留日美术理论家谢海燕的《古代民族美术的特征》、《画家与女性美》在内众多艺术理论文章，成为当时较著名的美术理论类期刊。

陈抱一在《洋画运动略记》中还为我们透露了上海“画廊”业的出现，希望上海能有更多的展示洋画的空间与机会。1939年，周碧初等五位洋画家在大新公司画厅举办“联合油画展览会”，打破了上海洋画的沉寂。通过《洋画运动过程略记》，陈抱一梳理了“三十多年来（自民前的洋画初期，迄至三十年光景）以上海为中心的洋画运动过程之略描”。

此时此刻，陈抱一的心中对洋画还是充满着希望和幻想。事实也证明炮火并没有彻底摧毁中国的洋画家们的决心和信心，洋画运动在艰难中继续发展着。作为一名洋画家、艺术评论家，陈抱一通过著书撰文，将洋画介绍给国人，并在中国发扬光大，为中国的洋画运动可谓倾注了毕生心血。作为上海“孤岛”时期颇具影响力的杂志——《上海艺术月刊》的特邀作者，他在20世纪世纪40年代发表了《洋画运动过程略记》、《洋画界如何进行的讨论》等论文。同时，他还是由上海文艺茶话社编辑出版的文艺、艺术综合型刊物《文艺茶话》的骨干画家之一。不仅如此，早在30年代他就发表过《对于艺术运动的感想》等关注中国洋画运动的文章，其对于洋画运动的热诚在此可见一斑。

《洋画运动过程略记》真实记录了上海洋画运动的历史。在这篇文章中，陈抱一根据自身经历，详细回顾总结了洋画运动的经过，并根据运动的深入划分了不同阶段。虽然这是他的一家之言，限于历史条件，我们不可能对他的文本给予过多的评说。然而，他对于我们分析、评论、挖掘、整理20世纪早期的洋画运动历史，有着极其重要的史料价值。洋画运动得以成为一场影响至今的运动，并非一蹴而就，而在其形成阶段就认清的人，必定具备一定的洋画素养以及敏锐的洞察力，陈抱一正是这样一位艺术家。作为我国西洋画艺术的先驱者，他的出现，对于中国西洋画的普及起了积极的作用。

第二节 现代派绘画的倡导者

“洋画运动”与留日画派有着密不可分的关系。当“洋画”这个日语词汇被用来为20世纪初期发生在中国大地上的那场西洋画运动冠名时，注定了留日画派在这场运动中举足轻重的地位。在这场席卷中国大地的“洋画运动”中，他们是旗手，为了这一新兴绘画样式摇旗呐喊。

粤籍画家崇尚美术教育，喜好结社。正如本章第一节洋画运动概况中所述，随着一批留学归来的美术家陆续抵沪，使这场诞生于上海的洋画运动进入繁盛时期。在当时的各大艺术院校、艺术团体中均有他们活动的身影，在现代派绘画运动中留下了他们的痕迹。李超在《上海油画史》中论述了留学生将西方艺术带入上海社会的过程，认为专业美术院校和西画团体构成了上海洋画运动的重要支点①。本节将分别探讨上海粤籍画家中的留日与留法派，通过他们的美术活动、西画教学等方面梳理他们将西方艺术融入上海城市文化的过程，研究他们在中国现代派绘画传播中的作用。

一、上海粤籍留日画家：引领西画教学

20世纪二三十年代的上海，聚集了众多留日归国洋画家，他们以自己的方式影响了那个时代的上海洋画坛，影响着中国的近现代洋画。日本洋画、留日画派、洋画运动，三者之间究竟以怎样的关系存在着，正是接下来所要探讨的问题。如果以1918年设立的国立北京美术学校视为中国专业艺术教育发轫的标志②，那么当时上海集中了西画领域的众多精英，他们通过开

---

① “自1927年开始，上海的‘洋画运动’进入了鼎盛之期。其重要的标志，便是留学生大部分学成陆续归国，形成了中国油画人才的中心。这批‘留学生族’与上海都有着不解之缘，数年前他们大都在此‘发迹’，研习西画，获得资助，从上海的码头出发，沿着欧洲航线和日本航线，开始了彼岸的求学生活，而今他们正逐渐将油画作为一种新知新学带回祖国，上海成了他们留学的大本营。移植西画几乎成了他们事业的中心和主题。”详见：李超. 上海油画史[M]. 上海：人民美术出版社，1995：54.

② 王宏建. 艺术概论[M]. 北京：文化艺术出版社，2000：1.

办美术学校、组建美术团体等方式影响了那个时代的上海洋画坛，并积极推行日本现代美术教育模式，培养新艺术人才，无疑是走在了历史的风口浪尖，成为时代的弄潮儿。

提起留日画派，人们或许会首先想到李叔同、汪亚尘等，前者是最早期的留日洋画学生之一，后者在中国画方面更胜一筹。附录一列出的 32 名东京美术学校粤籍留学生中，多数归国后在上海发展，包括：许敦谷、胡根天(1921 年在上海参加文学研究会)、陈抱一、关良、周勤豪、雷公贺(上海青年会中学毕业)、丁衍庸、林乃干、谭显勋(上海新华艺术大学西洋画科毕业)、卢景光等。

1. 倡导人体、静物写生教学

众所周知，中国近代教育中效仿、照搬日本模式的不在少数。对于日本模式的借鉴体现在 20 世纪初的中国美术教育上便是静物与人体写生的倡导。从东京艺术大学美术馆收藏的中国留学生涉及人体写生的毕业创作中可知，粤籍留日画家之所以如此倡导人体写生与他们在日本接受的教育不无关系。在本章节的洋画运动概况中提及人体写生在中国的成长过程，这一最初由留日美术家李叔同在中国美术教育界示范的教学实践，在上海美专刘海粟的推动下初次登陆上海并随着 20 世纪 20 年代留日画家陆续归国在沪得到推广。

这一时期，沪上美术教育机构活跃着留日粤籍美术家身影。他们以实际行动投身美术教育，支持中国西画教学的改革。1924 年，东京美术学校毕业生周勤豪创办的东方艺术专门学校(原东方绘画研究所)汇集了许敦谷、关良等粤籍留日美术家担任西洋绘画教学。次年，该校与创办于 1920 年的上海艺术专科师范学校(后改成艺术师范大学)合并，教授西洋画、中国画、音乐、手工、美学与文学等，先后任教西洋绘画的教师中，除李超士为留法之外，其余的丰子恺、倪贻德、陈抱一、丁衍庸、关良等均为留日美术家。1927 年 1 月出版的《上海艺术大学章程》详细记录了上海艺术大学的起源、发展历史以及报考章程。1925 年底，部分学生从上海艺术大学分裂出来，成立了中华艺术大学，日后成为左翼文艺运动中心。在这所由陈望道任校长的大学中，陈抱一担任校务委员会主席、西洋画系主任，丁衍庸任艺术教育科主任。

同时，丁衍庸、关良、陈抱一等人还在创办于 1925 年的立达学园授课。位于广东人聚集区江湾的立达学园是一所由文化人创办的新型艺术学校。丰子恺担任校务委员、兼任美术科负责人，丁衍庸亦为校务委员之一。可见，地理位置以及留日背景的人脉促成了粤籍留日画家在立达学园与茅盾、叶圣陶、陈望道、夏丏尊、朱自清等文化名人一同宣扬新美学思想，传播新美术。此外，1929 年秋成立于抱一画室的晞阳美术院，可以看作留日美术家将日本美术教学模式在中国应用的一次艺术实践。但由于种种原因，该学校亦在不久之后关闭。

《洋画运动略记》中，陈抱一曾感叹在上海大学教授人体课时“那里作用的模特儿体格颇健美，为当时不易觅到的一个”。自 1922 年起开始在艺术专科师范学校和神州女学美术科教课过程中进行女子人体写生实习的他，时常苦于没有合适的人体模特。在当时的社会大环境下，学校雇用人体模特已非易事，画家个人雇用更是天方夜谭，于是有些画家只得以自己的妻子为模特儿，如李叔同、陈抱一、王悦之。虽然这是历史上的许多艺术家常有的做法，但大凡当时的中国画家，以妻子为模特者仍为少数。陈抱一、王悦之等之所以得以创作人体画，与他们日本妻子的理解、支持有很大关系。此外，他们通过在《时事新报》“学灯”和《申报》“艺术栏”等沪上各大报纸、杂志上发表文章阐述自己对于人体艺术的见解，表达对于美术教学中运用人体写生的支持。（图 5－6、图 5－7）

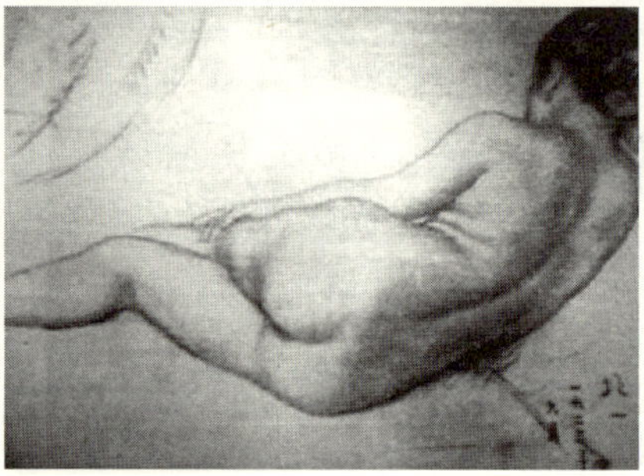

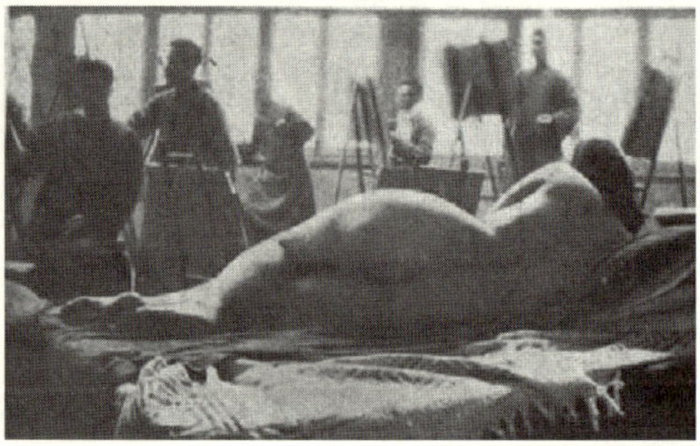

左图 5－6　陈抱一《人体》，1923 年素描，转载自陈瑞林《现代美术家陈抱一》
右图 5－7　上海美专的人体写生课，1926 年，资料图片

除了人体写生之外，静物写生亦在这一时期被引入沪上西洋绘画的教学之中。静物写生作为西画常用的练习手法之一，现今仍在各大美术院校广为采用。然而在洋画运动早期，所谓西洋画的学习不过是临摹画稿等，甚少进行实物、实景写生。早在 1914 年担任上海图画美术院教师期间，留学日本的陈

抱一便提出了静物写生的想法，只是当时未被采纳[①]。粤籍留日美术家写生观点的形成，离不开在日本的留学经历。他们洋画教学的主要观点与曾教导过众多中国美术青年的藤岛武二不谋而合，可谓一脉相承。藤岛武二是一位崇尚自然的画家，他认为自然研究（写生）是进入艺术殿堂的第一步（要点与基础），是重要且不可走错的一步[②]。作为当时日本美术界的领军人物之一，他的观点从一个侧面反映了日本美术教学对写生的重视程度。

粤籍美术家在上海教授西洋绘画时，运用的正是在日本学习到的西洋画理论和教授方法。徐苏灵在纪念老师陈抱一的文章中回忆道："他认为无论石膏模型写生或人体写生、木炭素描不仅是入门的必要课程，而且是终生不能舍弃的功夫。"[③]这一观点，与藤岛的自然写生观如出一辙。较之藤岛的观点，陈抱一将写生、素描放到了更高的位置，将之作为"终生不能舍弃的功夫"。

2. 形成留日画家关系网

在沪上各大美术教育机构任教的同时，他们还通过创办社会团体进行绘画活动，是一群热情踊跃的社会活动家。广东人喜好结社，加之日本文化中的团队精神，在上海的粤籍留日画家之间一直保持着某种联系。

在这样的背景下，出现了如下的一幕：1931 年 1 月 25 日，在沪东京美术学校毕业生为来沪出差的东京美术学校校长正木守道召开欢迎会，出席者包括正木校长、正木公子（校长之子）、总领事重光、国画家王一亭、张大千、李秋君、马望容、西洋画家陈抱一、王道源、汪亚尘、江小鹣、黄达、陈澄波等[④]。其中，江小鹣（江新）、陈抱一、王道源、汪亚尘均曾就读于东京美术学校。早在 1915 年，一群在日本留学的年轻艺术家便为了共同研究如何在中国发展西洋美术问题走到一起，在东京成立了"中华美术协会"。这个美术团体的成员包

---

① 徐昌酩. 上海美术志[M]. 上海：上海书画出版社，2004：268.

② ［日］河北论明，嘉门安雄. 现代日恩美术全集 7：青木繁/藤岛武二[M]. 集英社，1980：134. 原文为："初学者不应该轻视对于自然的追求以及学院派的学习。这个阶段大约要花费至少十年的时间。回顾绘画前辈走过的道路，以及当时一流画家的学画经历，他们几乎无一不是从自然开始走入艺术殿堂……也就是说，忠实的自然研究是艺术的要点所在，是遨游艺术海洋的基础。虽说天空中没有固定的道路，但作为一名艺术初学者，哪怕走错一步，也有可能落入悲惨的境地。"

③ 徐苏灵. 纪念美术教育家陈抱一[C]//现代美术家陈抱一. 北京：人民美术出版社，1988：148－150.

④ ［日］小谷一郎. ふたたび一枚の写真から——王道源、そして「青年芸術連盟」のことども[J]. 日本アジア研究，2009(6)：85－106.

括江小鹣、许敦谷、陈抱一、乌始光、汪亚尘、俞寄凡、严智开、汪洋洋、雷毓湘、方明远、李廷英、胡根天等。其中，大部分为东京美术学校西洋画专业的留学生。通过梳理上海粤籍画家的主要社会关系，有助于理解当时的艺术环境，为解读他们的艺术提供参考。

20世纪前期，西洋艺术逐渐进入城市生活，但仅靠画家的学识难以坚持创作，特别是油画、雕塑等需要昂贵制作费用的艺术。于是，一些艺术家不得不依靠自身的社交能力与组织能力，在获得创作机会的同时传播西方艺术。1915年陈抱一参与发起并创立了中国最早的西洋画研究团体——东方画会，其余几位发起人中汪亚尘、俞寄凡等均有在留日经历。成立于1921年的晨光美术会是一个以"研究美术，发挥个性"为宗旨的美术团体。在之后的七年中，该会发展成为一个拥有三百余名会员，举办多届展览的艺术团体。由日本毕业回国的粤籍美术家陈抱一、许敦谷等均为该会早期会员。

图5-8　1924年展览留念。前排左起许敦谷、陈抱一、关良，后排左起洪野、俞寄凡。图片转载自关良《关良回忆录》

1924年春天，上海东方艺术研究会三位教师许敦谷、陈抱一、关良的联合展览(图5-8)在位于上海市中心的宁波旅沪同乡会二楼展出。该展览首开买票参观之先河，在报上登广告吸引观众前往购票参观。在沪上美术展览的运作方式上，三位粤籍美术家的这一举措开创了一种新的模式。

1930年前后，留学日本的粤籍画家关良担任由江小鹣、张辰伯、王济远、朱屺瞻发起创办，王济远主持的艺苑绘画研究所(1928—1934)研究指导之一。活动地点位于老西门林荫路江小鹣、王济远的合作画室。1930年，上海《时代》画报上刊载的《艺苑小史暨第一届美术展览会纪》一文明确了艺苑绘画研究所的设立是"以备爱好艺术者之公共研究"，"以增进艺术兴趣，提高研究精神，发扬固有文化，培养专门人才为本"，同时坚持"不染何种机关之色彩，亦无独霸艺坛之欲望”。该研究所的主要对象为“外洋归国者”及“学校毕业生”，为了方便他们研究艺术，研究所“分设油画人体写生、素描石膏写生、水彩静物写生三科。分午前部、午后部两组，于 11 月 1 日起开始实习。人数以 30 人为限。研究员 15 人，容纳一般画家自由创作。研究生 15 人，对于绘画有深切之嗜好者，共同习作”①。“一·二八”事变后，由于战乱和经费困难，该研究所于 1934 年停止活动。

20 世纪 20 年代起至 30 年代末，随着一批留日美术生的学成归国，为上海西洋画坛带来一番新气象。这些东京美术学校、日本太平洋美术学校、川端画学校的毕业生们，以同学会为中心开展活动。通过分析他们在上海的美术教育与艺术实践活动，可见这些粤籍美术家在上海的活动构成了一张松而不散的关系网络。例如：关良通过同样具有留日背景的丰子恺认识了吴梦非，从而进入上海师范学校任教，通过倪贻德介绍进入上海美专任教。同时，陈抱一、关良、许敦谷三人的密切关系也引起了笔者的注意。

前文在论述日本现代美术教育模式中，谈及 1918 年东京美术学校实行专门的指导教师制度。当时，日本洋画先驱黑田清辉（图 5－9、图 5－10）作为东京美术学校西洋画科主任教授，负责研究科同时担任全系的统括指导，

左图 5－9 日本大正(1912—1925)中期的黑田清辉照片，转载自东京文化财研究所黑田纪念馆：特集陈列「写された黒田清輝」http://www.tobunken.go.jp/kuroda/japanese/photo071115/index.html[2010－12－06]

右图 5－10 黑田清辉《舞姬》1893 年 布面油画 81 cm×65.2 cm 日本重要文化遗产 东京国立博物馆藏

① 徐昌酩.上海美术志[M].上海：上海书画出版社，2004：285.

以间接方式影响中国留日学生。按照美术教学的方式，从广义而言，黑田是当时每一位就读东京美术学校西洋画科学生的老师。由此，亦可从师承角度理解上海留日粤籍美术家之间的关系。

留日背景将这群粤籍美术家紧密联系在一起。他们通过组织各种美术活动，活跃于上海的各个美术院校、研究所，与当时其他在沪的西洋美术家共同确立了上海在中国近代西洋绘画教育的中心地位。正是他们相对先进的洋画理念，推动了洋画教育的进步，将中国的洋画运动推向鼎盛。在此过程中，他们成为当之无愧的现代美术教育先驱。

二、上海粤籍留法画家：倡导教学改革

1919 年，新文化运动将中国的留法勤工俭学推向高潮。这一时期的法国，堪称众多东亚美术爱好者向往的艺术圣地。然而，较之人数众多的留日画家，留法学习绘画并回到上海发展者在人数上相对要少一些。

根据 1921 年 12 月 8 日、15 日《晨报》署名奇峰的《留法勤工俭学生经过纪实》，1919 年 3 月至 1921 年，赴法勤工俭学人数达 1 700 余人，1920 年，在法国勤工俭学生广东籍为 251 人①。可见，广东籍学生在留法勤工俭学者中占有一定比例。然而，较之人数庞大的留法勤工俭学运动，选择美术者仅寥寥数人。在早期留法运动中，实业救国、教育救国的指导思想贯穿始末，这一特点在蔡元培的科学教育主张、中华职业教育社成立的宣言以及《赴法勤工俭学指南》中均有反映②。即便如此，留法美术留学生中涌现出徐悲鸿、林风眠、吴大羽、常玉、庞薰琹等中国第一代留法西洋画家，造就了中国西洋美术一个不灭的神话。

粤籍美术留学生赴法时间跨度较大。20 年代初，美术留学生林风眠、李金发、林文铮、陈宏等到达法国辗转各大美术院校。20 年代中期，王远勃、庄子曼先后入学，1928 年底，司徒乔跟随法国写实派大师比鲁习画，而胡善余直到 30 年代才开始留法生涯。1919 年夏，李金发离开故乡到达上海求学。1919 年

---

① 清华大学中共党史教研组. 赴法勤工俭学运动史料：第 1 册[M]. 北京：北京出版社，1979：122-126.

② 郭笙. "五四"时期的工读运动和工读思潮[M]. 北京：教育科学出版社，1986：60-62.

末，林风眠、李金发、林文铮等成为第六批赴法勤工俭学生，从上海出发搭乘英国商船前往法国，并于 1920 年 1 月 31 日抵达法国马赛港[①]。

周恩来在《留法勤工俭学之大波澜》中指出："国内青年受新思潮之鼓荡，求知识之心大盛，复耳濡目染于'工读'之名词，耸动于'劳工神圣'之思想，奋起作海外勤工俭学之行者因以大增。"[②]抱着如此心态留法的学子，经过近一年的语言学习之后，选择了专业道路。留法俭学会在中国开设留学预科学校，接受 6 个月法语、文化素质培训后赴法留学。由于第六批赴法勤工俭学时间仓促，较多学生之前没有学过法文，于是当林风眠等抵达法国后，随即进入枫丹白露市立中学学习法语。枫丹白露地区充满着浓厚的艺术气息，距离巴黎、巴比松不远。

这些留学巴黎美术学院的粤籍学生归国之后，将上海作为不二之地。本书以法国巴黎国立高等美术学校的粤籍留学生为例，探讨西方美术院校的西画教育对于中国美术留学生的影响。

1. 法国美术学校教学模式

19 世纪末 20 世纪初的法国公立美术学校采取开放主义方针，提供透视法、美学、历史、解剖学的课程给私立学校学生旁听，私立学校仅是提供学生练习绘画技艺的场所。有些私立美术学校甚至没有像样的校舍，五六十名学生在一间光线较好的房间内作画是常有的事情(图 5 - 11)。其中尤以始建于 1648 年的巴黎国立高等美术学校(École Nationale Supérieure des Beaux-arts, ENSBA)最为著名。1816 年，随着建筑院的并入，这所最初被命名为绘画与雕塑院(The Académie Royale de Peinture et de Sculpture)的学校真正成为一所综合类美术学校。该校是法国国立高等艺术学院中规模最大，在美术界最知名的学校之一，实行导师制，每位学生均有专门教授指导[③]。除此之外，法国当时还有大量私立美术学校，其中较为著名的私立学校有开招收女性美术学生先

① 第六批赴法勤工俭学的出发日期未查到原始材料。根据陈厚诚所著《死神唇边的笑李金发传》修订版第 29—32 页及林文铮女林征明(阿难)的回忆文章，第六批从上海出发至法国马赛的时间为 1919 年末至 1920 年初。梁德新，肖伟光，林阿难. 蔡元培先生的女婿林文铮的三次婚姻[EB/OL]. (2005 - 10 - 8)[2010 - 3 - 10]. http://www.guxiang.com/lishi/others/youzong/200510/200510080033.htm.

② 清华大学中共党史教研组. 赴法勤工俭学运动史料：第 1 册[M]. 北京：北京出版社，1979：5.

③ 法国巴黎国立高等美术学校官方网站 http://www.ensba.fr/patrimoine/collections.htm [2010 - 10 - 13]

河，为她们提供绘画、人体写生等基础美术培训，与男性分开教学[①]的朱利安美术学校[②]（Académie Julian）和仅次于该校的克拉罗西美术学校[③]（Académie Colarossi）（图 5-12）等。

图 5-11　19 世纪 80 年代 Cormon 画室的绘画课

图 5-12　巴黎克拉罗西美术学校的课堂

1921 年，林风眠与李金发一同进入第戎国立美术专科学校[④]学习，成为该校第一批中国学生。林风眠在第戎美术学校跟随雕塑家伊恩塞斯学习雕塑一段时间后，转入巴黎高等美术学校工作室学习油画，师从历史画家古尔蒙[⑤]，开

① Gabrel P. Weisberg, Jane R. Becker. *Overcoming All Obstacles: The Women of the Académie Julian* [M]. Rutgers University Press, NJ, 1999: xiii - xv，1897 年前的法国高等美术院校不招收女性学生。

② 朱利安美术学校是一所由鲁道夫·朱利安（Rodolphe Julian, 1839—1907）始建于 1868 年的私立学校，以辅导学生备考法国高等美术院校而著称，位于巴黎。该校的学生中，有获得专为青年画家颁发的罗马大奖（Prix de Rome），有 19 世纪末纳比派绘画团体的成员。

③ 克拉罗西美术学校由意大利雕塑家菲利·普克拉罗西（Filippo Colarossi）建立。该校在 19 世纪下半叶至 1930 年间，培育了一批包括阿米地奥·莫迪里阿尼（Amedeo Modiglinani, 1884—1920）、阿方斯·慕夏（Alphonse Mucha, 1860—1939）等著名美术家。同朱利安美术学校一样，该校亦吸收了来自世界各地的艺术青年。其中以美国籍、加拿大居多，亚洲学员包括上文提及的黑田清辉、久米桂一郎、活跃于美国的杉本谦（Henry Sugimoto, 1900—1990），以及出生浙江后移居新加坡的张荔英（Georgette Chen Liying, 1906—1993），他们均曾在该校接受过基础美术教育。

④ 现为第戎国立高等艺术学校（ENSA Dijon Art & Design École Nationale Supérieure d'Art）。

⑤ 费尔南德·古尔蒙（Fernand Cormon, 1845—1924），法国历史画家，19 世纪 80 年代创办了 Cormon 画室，培养了包括劳特累克、梵高等在内的一批画家。1924 年在巴黎的一场交通事故中丧生。

始接受法国学院派严谨的写实训练。此时的巴黎国立高等美术学校，已经接受了徐悲鸿、方君璧等中国美术留学生。1922 年，林风眠的油画《秋》入选巴黎秋季沙龙展，并于次年在柏林举办个人油画展。1924 年，再次入选秋季沙龙展，展出作品《摸索》（油画）、《生之欲》（水墨画）。可见，虽然跟随法国历史画家学习西洋绘画，林风眠依然没有忘记中国传统绘画。这一时期，他主要学习中外绘画，为日后的中西结合打下坚实的基础。

吕西安・西蒙（Lucien Simon，1861—1945）自 1923 年起担任巴黎国立高等美术学校的教职。1926 年，留学法国的王远勃在马赛美术学校学习一阶段后进入该校跟随西蒙学习。同为西蒙学生的还有庄子曼，这位 1925 年起先后就读上海美专、新华艺专的广东学子亦趁着留法大潮漂洋过海到巴黎学习美术。在巴黎国立美术学校留学期间，他参与组织了“中华留法艺术学会”，作品曾入选巴黎沙龙油画展。西蒙的另一位粤籍学生是胡善余，其创作的《自画像》、《静物》在 20 世纪 30 年代曾入选法国春季沙龙。此外，陈宏、司徒乔亦先后在该校求学。

2. 上海粤籍留法画家的美术活动

1925 年巴黎国立美术学校留学归来的陈宏（图 5－13）曾一度在上海美专、新华艺专任教。在上海美专期间，他担任过西洋画系主任一职。在陈宏一生举办的 20 次个展中，第一次也是唯一一次在上海的画展于 1925 年在霞飞路举办①。陈宏擅长水彩画，从当年陈宏画展的新闻报道中，世人对于这位画家的评价可见一斑。西贡中立报以《陈宏是个创造者：十分个性的艺术》为名撰文评价了这位中国西画家的艺术，认为他奇异干脆的素描令人联想起毕加索。1927 年上海美术联合展览会上，新华艺术大学任职的陈宏在第二次筹备会上当选为审查委员，展出作品包括《春暮》、《绿居》、《澹》、《灵隐寺前》、《花》、《三同学》等共计六件。（图 5－14）

王远勃结束法国巴黎高等美术学校的学业之后回国任教上海美术专科学校，曾担任该校西画科主任（1933—1935），约 1930 年起担任代理校长一职直至刘海粟赴欧考察回国重新主持学校校务，参与组织发起雁风画室。上海美

① 参见 1937 年 2 月《桂林日报》关于陈宏的报道。

左图 5 - 13　陈宏肖像照，沙飞摄。转载：《广西日报》(1937 - 06 - 27)
右图 5 - 14　陈宏《香港长提》(1929)　油画　京都国立博物馆藏

专 1925 年改制，西洋画系开设教室制时，第一批拥有个人教室的仅四人：汪亚尘、刘海粟、李毅士、王济远。1935 年，上海美专在此基础上增设了王远勃、潘玉良、张弦、倪贻德、刘抗画室。王远勃成为其中唯一一位开设画室的粤籍画家。1944 年，谢海燕离开上海赴重庆国立艺专任教，王远勃则留守上海主持上海美专事务。

粤籍留法画家陈宏与王远勃先后担任上海美专西画科主任一职，对上海美专西画科这一时期的教学改革功不可没。不仅如此，王远勃还在校长刘海粟考察海外美术期间，出任过代理校长一职。

20 世纪前期的上海，对林风眠而言只能算得上一个中转站。反之，对当时的上海而言林风眠只是一个匆匆的过客。1919 年末，林风眠从上海出发奔赴法国马赛港，开始了留法习画生涯。1926 年 2 月 6 日，林风眠自法国乘船抵达上海，在晨光会有人接待下，在沪稍作停顿便北上赴任国立北平艺专校长一职。1929 年来沪参加全国第一届美术展览会，同年 8 月参加国立艺术院在上海举行的“艺术运动社”首届美展。1934 年 3 月，参加国立杭州艺专在上海中法友谊会举行的第四届展览会。20 世纪上半叶，林风眠在上海的活动多以参加展览等形式出现，与上海西洋画坛保持着若即若离的关系，直至 50 年代初期正式移居上海。

来自广东开平的胡善余，1928 年曾在上海人文艺术大学学习半年绘画，后转入杭州国立艺专跟随林风眠学习。1930 年，他离开杭州远赴巴黎国立美术学校，毕业后回到广州美术学校与国立艺术专科学校任教。当年，这些粤籍青年画家选择上海为起点，开始了他们通往世界美术的道路。20 世纪前期，与胡善余有着相似经历的美术留学生不在少数，上海繁盛的西画环境为留法画家提供了创作及展出作品的良好氛围。

在本节第一部分中，笔者就上海粤籍留日画家在沪关系网的形成进行了阐述。不仅如此，20 世纪前期留法粤籍美术家在上海的活动中，亦存在与粤籍留日派联合在一起的现象。例如：成立于 1928 年的上海艺术协会，张聿光、朱应鹏、丁衍庸、梁得所、俞寄凡、陈抱一、陈宏等众多发起人中粤籍占四名，其中三名分别具有留法、留日经历。该协会第一届美术展览征集全上海 400 余件美术作品，从中选出 89 位画家的 200 余件进行展出①，扮演着类似上海美术界联合会的角色。

第三节　架起中外绘画交流之桥

前文以东京美术学校的粤籍学生为例，论述了中国留日美术学生在日本所受西画教育模式。20 世纪 20 年代，留日粤籍美术家分数批回到了上海。他们对于中国洋画的抱负，有些在 30 年代由他们的学生继承；有些则由曾经与他们志同道合、有过共同留日经历的画家们继续努力；有些则由他们的后人续写至今。选择日本、法国等地学习西洋绘画的粤籍画家们，回到上海后，通过教授学生、由点到面、从个体到群体，循序渐进地普及新美术，延续着他们的洋画道路。

中国与日本一衣带水，两国之间的交流往来千古流传。日本的遣隋使、遣唐使以及中国的能人巧匠将中国的优秀文化传到了日本，千年之后的 20 世纪初，留学日本的中国美术家们承担起将日本西洋绘画带回中国的使命。日本洋画在欧洲洋画与中国洋画之间架起一座桥梁，而中日洋画之桥的纽带则是留日画派。这是一个庞大的群体，他们不远千里到日本学习西洋绘画，将日本先进的洋画技巧、理念带回中国大地。据刘晓路先生的统计，这个数字大约为

① 徐昌酩. 上海美术志[M]. 上海：上海书画出版社，2004：285.

200 人，包括到日本考察的著名美术家在内有 300 多人[①]。本节将着重探讨回到上海的留日粤籍美术家在构建中日洋画交流过程中所作出的努力及贡献。

一、江湾画室——艺术界的“内山书店”

20 世纪 30 年代的上海虹口一带，业已成为公认的广东人活动中心[②]。上一节中粤籍美术家任教的艺术院校中，上海艺术大学、立达学园等均位于虹口。同时，这里亦居住着不少名人雅士：康有为、章太炎、鲁迅、茅盾、瞿秋白、内山完造、陈望道、田汉、夏丏尊、丰子恺等文化名人都曾经在此留下过足迹(图 5－15)。

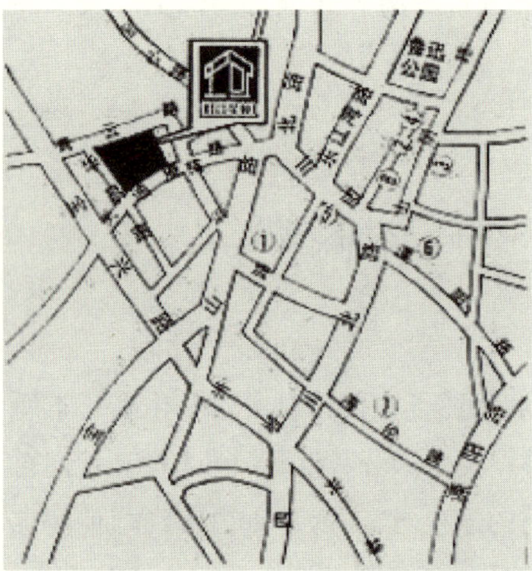

图 5－15　四川北路地段文化名人故居分布图。转载自虹口文化主页 http://www.grassy.org/hq-cultr/hq-famou/hq-famou.asp，[2008－02－17]

1. 文化名里：景云里——1927.5—1932.1
2. 鲁迅故居——1933.4—1936.10
3. 瞿秋白故居——1933.3—1933.6
4. 茅盾故居——1933.4—1935.3
5. 冯雪峰故居——1934.6—1936.6
6. 郭沫若故居——1946.5—1947.11
7. 沈尹默故居——1946—1971
8. 内山完造故居——1931—1942

1926 年 4 月 22 日，在著名的日本人书店——内山书店举行的文艺漫谈会上，田汉、陈抱一、丰子恺、方光焘、欧阳予倩以及日本文学家谷崎润一郎、金子光晴、高野山高僧杉本勇、正金银行的萩原贞夫和大阪每日新闻支部长村田孜郎均出席了宴会。陈抱一还带去了自家庭院里栽种的紫藤花作为礼物送给内山[③]。内山书店的存在，对于中国现代文化史有着深远的影响。内山完造作为内山书店的老板，鲁迅的挚友，一直为日中友好而努力着，而店

① 刘晓路. 让先辈们名垂史册——《东京美术学校中国留学生名簿》的世纪沉思[J]. 美术家通讯，1996(3).

② 宋钻友. 广东人在上海：1843—1949 年[M]. 上海：上海人民出版社，2007：151－155. 当时，虹口粤籍居民最高峰达四五万人，虹口地区不乏粤剧、粤商以及粤人信仰的观音庙等。

③ 陈祖恩. 金子光晴与上海[J]. *Shanghai Walker*，2004(8).

中的文艺漫谈会成为当时上海中日两国进步文化人、艺术家增进交流的场所①(图 5-16)。

图 5-16　1930 年 8 月 6 日功德林"文艺漫谈会"纪念照，前排左起田汉、郁达夫、鲁迅、欧阳予倩、山崎百治、神田喜一郎，后排有石井政吉、郑伯奇、升屋治三郎、塚本助太郎、中岛洋一郎、内山完造等。关于文艺漫谈会具体参见内山完造著、社会思想社出版的《鲁迅の思い出》中《文芸漫談会の思出》一文，第 305—310 页。该照片亦在上海内山书店旧址陈列室内展示。

陈抱一位于江湾的抱一画室，则是一间与内山书店文艺漫谈会具有相似性质的艺术场所。陈抱一回国后直至 1932 年"一·二八"事变画室被炸毁，期间除了专心研究西洋绘画之外，身兼美术活动家的角色。谦谦君子的陈抱一，为人和善、易于相处，在日本 7 年学习西洋绘画的同时还结交了不少日本友人。回国后的他与众多中外文人雅士建立了深厚的友谊。查阅上海老地图，不难发现陈氏生活的江湾，处于广东人聚集地，与繁华的四川路仅数百米之遥。身处其中的陈抱一以他的儒雅、和善积极参与和日本文化人的交流活动，对于中国文化、美术圈内的变革亦身先士卒。(图 5-17、图 5-18、图 5-19)

① 日本文艺界一直关注上海，内山完造经营的内山书店为中日文艺家的交往提供了便利。大正末期至昭和初期(1920 年代)的一段时间内，以芥川龙之介(1892—1927, Ryunosuke Akutagawa)为首的一批文学家访问上海，1928 年横光利一(1898—1947, Riichi Yokomitsu)在芥川龙之介的强烈推荐下，在上海逗留一个月，以 1925 年五卅惨案为背景创作长篇小说《上海》，成为一篇新感觉派文学集大成的佳作。

图 5-17　摄于约 1924—1925 年，陈抱一全家与画界友人合影

图 5-18　1926 年，电影《到民间去》摄制人员在陈抱一江湾画室合影

图 5-19　1927 年，徐悲鸿与陈抱一全家摄于陈家花园

由此可见，那些回到了中国的粤籍画家们仍然时刻关心着中日文艺界的动态，通过参加文艺漫谈会，与文人雅士们交流心得体会。其实，艺术本身是无国界的，即便是在那个时代。

二、中外交流的使者

20 世纪前期，作为中国西洋画的普及者，上海粤籍美术家为中外文化艺术交流贡献了自己的力量。他们通过组织、参与国内外展览、社团活动以及创办的期纸杂志，增进了中外美术交流，使美术超越国界、走向世界。

当时的日本画坛，时常可见中国美术留学生的身影。其中，粤籍美术留学生尤为活跃。根据王奇生统计，1931—1937 年留日学生创刊杂志 35 种以上。[①] 1919 年，许敦谷、陈抱一、胡根天、关良等在东京创立了艺术社[②]。在此之前，许敦谷的油画作品《荫》入选日本二科会展览。1931 年 6 月，中华留日学生作品展在东京举行，熊汝梅、谭显勋等东京美术学校中国留学生参加了本次展览。1934 年，由赵兽、李仲生、苏卧农、黄浪萍、李东平、方人定、杨荫芳、曾奕、梁锡鸿(1932 年入川端画学校)、白砂等参与的"中华旅日作家十人展"[③]的举办，以及"中华独立美术研究所"[④]、"中华独立美术协会"[⑤]的成立，代表一批粤籍青年艺术家追求现代艺术的决心与行动。他们通过举办展览、撰写艺术论文、编辑艺术杂志、投身基础美术教学等方式传播自己崇尚的野兽派、超现实主义艺术。"中华旅日作家十人展"是一群进步留学生为了针对官方举办的"中国留日学生美展"(图 5 - 20)而发起的展览。1935 年 7 月，日本东京中华新兴美术协会编辑、出版了一期综合美术期刊《新兴美术》[⑥]。留日学生除了进行学术交流、文艺会演之外，还分别在 1936 年底和 1937 年初成立了中华留日学生联合会与中华民国留日同学会。

与之相对，在法国的粤籍美术留学生虽然在人数上较留日者少，但他们同样热衷参加各种活动。1921 年林文铮考取巴黎大学后主修法国文学，选修西洋美术史。翌年，他被推举为"海外艺术运动社"社长。1923 年，林风眠、李金发、林文铮等进行了为期一年的德国游学(图 5 - 21)。在德国，他们得以接触当时表现主义、抽象主义等新艺术风格流派，现代主义的影响在他们日后的创作中得以体现。1924 年，林风眠参与了由蔡元培组织的"中国古代和现代艺术展览"的组织工作。该展览于当年 5 月 21 日在法国斯特拉斯堡开幕，《东方杂志》记者观后评价林风眠为"中国留学美术者第一人"。

---

① 王奇生. 留学与救国——抗战时期海外学人群像[M]. 桂林：广西师范大学出版社，1995：66.

② [日]吉田千鶴子. 近代東アジア美術留学生の研究——東京美術学校留学史料[M]. 東京：ゆまに書房，2009：152.

③ 1934 年 7 月 31 日至 8 月 4 日，在东京神田去神保町东京堂画廊举办。

④ 1934 年末由梁锡鸿与曾鸣在东京创办。

⑤ 1935 年 1 月成立于东京，中心人物为梁锡鸿、李东平、曾鸣(鸿)、Andre Bessin、赵兽等五人。效仿日本"独立美术协会"组建而成。1930 年，日本一批年轻画家为创作属于日本的洋画，主张前卫主义，提倡野兽派、超现实主义画风，创建"独立美术协会"与日本洋画界的官展相对立。

⑥ 许志浩. 中国美术期刊过眼录：1911—1949[M]. 上海：上海书画出版社，1992：126.

左图 5－20　中国留日学生美展部分展品，转载自《良友》画报 1934 年第 91 期
右图 5－21　1923 年摄于柏林，左起李金发、林风眠、林文铮

1. 中日联合绘画展览会

1921—1929 年间，中日联合绘画展览会在中日两国连续举办了五届，促成了两国美术界的交流。该展览的正式计划早在 1919 年便启动，分别于 1921 年在北京、青岛，1922 年在东京，1924 年在北京，1926 年在东京、大阪，1929 年在上海举行了五届展览。第一届中日联合展由于在北京举办，展出中方美术家作品亦是以北方画家为主，金绍城、陈衡恪等画家作品居多。不仅限于此，根据《上海美术志》记载，20 世纪 20 年代上海先后举办了中日联合美术展览会、中日洋画家联合展览会（1922）、中日联合绘画展览会以及中日现代绘画展览会（1929）等美术展览，促进了中日之间的美术交流。根据日本《读卖新闻》1922 年 5 月 2 日报道（图 5－22），中日联合美术展览会于 4 月 1 日至 5 日在上海日本人俱乐部 2、3 楼举行，门票售价 30 分，展品多为油画及日本画。参展的中日两国数十位艺术家中，中方以油画为主，刘海粟、梁鼎铭、颜文梁、李超士、吴法鼎、张辰伯，以及汪亚尘、王济远的水彩。[①] 可见日本对于邻邦中国画坛的关注。

① ［日］池田桃川. Chinaところどころ上海中日聯合美術展覧会[N]. 读卖新闻，1922－05－22.

1929 年 11 月 1 日至 15 日，第五届中日联合绘画展在上海举行，日方派出了强大阵容的代表团来沪。这是中日联合绘画展中规模最庞大的一次，集合了包括 200 余幅日本画家作品在内，共计约 700 件作品（10 月 26 日大阪、东京的《朝日新闻》分别报道，见图 5－23）。当时日本三大报刊对此展览均作了详细报道（10 月 21、26 日，11 月 2 日《读卖新闻》，10 月 23 日《每日新闻》）。以此为契机，王一亭看到了中日文化交流的巨大空间及中日书画家相互的深厚友谊，于是他与叶恭绰于 1930 年春组织了"中日艺术同志会"，以直接加强和促进中日两国画家的交往，参加该会的中国书画家达 56 人。

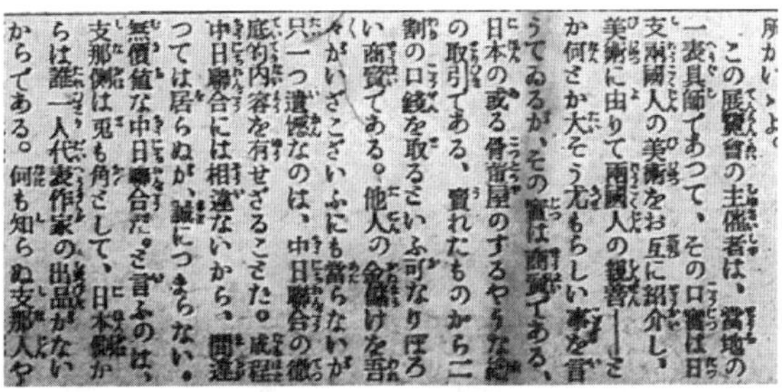

所かいゝよ
この展覽會の主催者は、當地の一表具師であつて、その口實は日支兩國人の美術をお互に紹介し、美術に由りて兩國人の親善——とか何とか大そう尤もらしい事を言うてゐるが、その實は商賣である、日本の或る骨董屋のするやうな繪の取引である、賣れたものから二割の口錢を取るといふ可なりぼろい商賣である。他人の金儲けを邪魔がいざこざいふにも當らないが只一つ遺憾なのは、中日聯合の徹底的內容を有せざることだ。成程中日聯合には相違ないから、間違つては居らぬが、誠につまらない。無價値な中日聯合だ。と言ふのは、支那側は兎も角として、日本側からは誰一人代表作家の出品がないからである。何も知らぬ支那人や

S4.10.26 大朝

上海で空前の日支繪畫展

兩國の大家を網羅し

來月一日から二週間

左图 5－22　中日联合美术展相关报道：《读卖新闻》　1922－05－02
右图 5－23　大阪《朝日新闻》1929－10－26

图 5－24　关紫兰个展。转载自《良友》1930 年第 50 期

启动于 1919 年的中日联合绘画展览的计划，反映了日本试图通过加深与中国的文艺交流以缓和中日关系。不管其背后的政治目的如何，中日画家之间通过举办联合绘画展览的方式，的确加深了两国间的文化往来，使国人足不出国便能了解日本这一邻邦的当代美术状况。

2. 陈抱一　关紫兰　中山纪元

美术家的作品是画家个人思想的反映，更是那个时代的真实写照。众多拥有留学背景的美术家们归国后在美术教育岗位上培养了不计其数的艺术青年，他们的作品、为人影响着他们的学生。中国的美

术爱好者们前赴后继，追随着老师的学艺之路奔赴国外学习西画，成为传播美术的使者。

在20世纪前期赴日留学的粤籍女画家中，关紫兰颇具代表性。上海土生土长的她，可以说是陈抱一所有弟子中最为人瞩目的一位，在日本留学期间取得了巨大的成就。她的作品秀美华丽，用笔豪放，并在不经意间透露出坚强与宏伟，深受日本油画界器重。关紫兰的中日两位导师，都曾以这位才女为模特挥毫作画，留下肖像(图5－25)。作为陈抱一在城东大学任教时的学生，关紫兰与陈抱一一家关系相当密切(图5－26)。1927年，上海中华艺术大学西洋画科毕业后，同年赴日本东京文化学院洋画部学习。求学期间的导师中川纪元，正是陈抱一的旧识，这不仅仅是一个巧合。中川是陈抱一留日时期认识的好友，多才多艺，毕生在探寻东洋与西洋艺术支点。

左图5－25　陈抱一《关紫兰像》(1930)　布面油画　73 cm×60.5 cm　中国美术馆藏
中图5－26　陈抱一偕同妻女参观关紫兰画展(1930)
右图5－27　中川纪元《关紫兰女士像》(1930)　布面油画　日本辰野美术馆藏

1930年，中川作了《关紫兰女士像》(图5－27)。作品生动地描绘了关紫兰的四分之三侧面像。身着深色中装，手持一扇，表现其恬静的性格。洒脱飘逸的笔触，将关紫兰的神情勾勒得惟妙惟肖，中川对于爱徒的喜爱程度可见一斑。在中日洋画的滋养下，关紫兰成长为中国新女性文艺运动史上不可忽视的画家之一，可谓中日洋画史上的一段佳话。关紫兰学成归来，选择继续留在上海继续她的艺术生涯直至解放后。

由于陈抱一与中山纪元的特殊关系以及两人在中日洋画界的影响力，架起了一座中日洋画交流的桥梁。在他们共同提携、培育下，涌现出一批年轻艺术家。

3. 中外画家合作办学

1929年秋，凝结了陈抱一教学理想与抱负的晞阳美术院在江湾画室成立。学院由陈抱一与一位日本画家秋田义一共同创立。秋田虽不是那个时代最出色的画家，关于他的资料留存极少，但从陈抱一的评论可知他是一位极具大正末期时代特征的日本油画家。

晞阳美术院可以看作留日画家教学理想的一个实现方式。陈抱一的洋画教育观在学院的运作中得到了充分体现："注重启发诱导，使学生有所领悟，不轻易改动学生的作品，必要时才接过笔来略为示范。"① 日本多年的学习生涯，使日本洋画教育在无形中对陈抱一等留日美术家的西画教学观产生了深刻的影响。"可惜好景不长，因为以后时势上的关系有点不方便，并且我有了临时的什么原因，遂无意进行。于是晞阳美术院只好暂告停顿。"② 晞阳美术院虽然存在时间不长，却聚集了中日两位艺术家，将日本美术教学模式应用于中国大地，堪称陈抱一艺术人生中的一个亮点。

此外，笔者研究发现东京美术学校1925年后的入学者中，多数具有在沪学习美术的经历。其中，尤以就读上海美专、新华艺专、中华艺大者居多。例如：毕业于上海新华艺专西洋画科的林乃干、谭显勋，1930年考入东京美术学校西洋画科。林乃干进入冈田教室学习，毕业后作为研究生继续学业(1935—1937)，而谭显勋于1931—1932年间休学后则被学校以拖欠学费名义而除名。

1930年留学日本的谢海燕，在东京帝国美术学校攻读绘画与美术史专业。他在留学之前，亦曾在上海学习美术。1928年，他考入了上海中华艺术大学西洋画科，师从陈望道、陈抱一。在他们的影响下，赴日本留学。归国之后，他先后担任过上海美术专科学校教授、教务长、副校长、上海汉文正楷印书局编辑部主任兼《国画月刊》③ 主编等职务，投身美术的传播。

20年代初，第一批留日美术家陆续回沪从事美术教学，由此可以推断1925年后进入东京美术学校的中国留学生早期受到了第一代留日美术家的

① 谢海燕. 追思陈抱一师[C]//现代美术家陈抱一. 北京：人民美术出版社，1988：142-147.

② 陈抱一. 洋画运动过程略记[J]. 上海艺术月刊，1942(5)-(12).

③ 20世纪30年代初上海最大国画社团"中国画会"会刊，1934年10月至1935年8月间共发行12期。

影响。上文提及的关紫兰、谢海燕、林乃干等只是他们中的一部分。这些中国洋画爱好者们，在第一批美术留学生的带动下，走上了留学日本学习洋画之路。学成回来后的他们，成为中国洋画的中坚力量，推动洋画运动不断前进。

第四节 关良与林风眠

东方人在学习西洋绘画的道路上，不得不经历一味模仿的"拿来"主义阶段。东方与西方，毕竟是两种文化体系，而这种异文化的结果直接导致了美术留学生尴尬的境地。从一味模仿到破茧而出，成为一代大师，他们走过了不平凡的一生。在此阶段中，由于西方与东方的差异使留法与留日美术学生的道路又各有其特色。

当这些留学生回国之后，发现所学之技艺与本国的绘画技法完全属于不同体系。于是，迷茫在所难免，但从现今留存的少量作品中已经很难分析、找寻他们经历这段过程的具体表现。只得退而求其次，从他们在这段时期的活动以及文字中找寻蜕变的过程。本节试图从关良与林风眠在中西结合道路上的探索入手，对 20 世纪前期沪上粤籍留日、留法美术家进行比较研究。

一、从"拿来"到"摆脱"

20 世纪前期，东京美术学校的粤籍留学生们多选择就读该校的西洋画科。受教于同一群老师的他们，作品中多少会带有黑田清新的色彩，藤岛武二(图 5－28)式的浪漫主义、装饰风格等日本画坛当时的流行元素。这些留日的中国美术学生、画家们回到祖国后，在摆脱日本洋画影响的道路上寻寻觅觅，从而构成了他们 20 世纪二三十年代整体绘画风格。

藤岛武二在日本西洋画发展过程中具有举足轻重的地位。20 世纪前期东京美术学校 32 名粤籍留学生中许敦谷、陈洪钧(抱一)、伍子奇、陈元瀚、谭华牧、谭连登、熊汝梅等7名考入藤岛画室[①]，在他的直接指导下学习西画并有机会更多地了解欧洲西洋绘画的新理念、新方式。藤岛的作品(图5-29)在日本洋画发展史上具有划时代意义[②]，通过研究他的艺术风格，可以从侧面了解他的中国弟子们早期画风的形成过程。

左图5-28　藤岛武二像　转载：青木茂，酒井忠康．日本の近代美術10不安と戦争の時代[M]．大月书店，1992

右图5-29　藤岛武二《蝶》1904年　布面油画　转载：现代日本美术全集7[M]．集英社，1972

1917年东渡日本的关良，先后进入日本川端画学校与太平洋美术学校跟随藤岛武二与中村不折学习绘画。在这两位日本"写实主义艺术奠基人"的指

① 藤岛武二亲身经历了日本西洋画发展的全过程，并影响了之后的众多画家，所以藤岛画室在所有教授画室中最受学生欢迎，往往需考试筛选方可进入。参见：[日]磯崎康彦，吉田千鶴子．東京美術学校の歴史[M]．大阪：三晃書房，1977：214-217.

② 藤岛武二的早期画作多为人物画，其中尤其以女性半身像居多。1902年的《天平的面影》(原名《天平时代的妇人图》)，是他的成名之作，堪称明治浪漫主义最初的印证。通过这幅画藤岛表达了试图超脱导师黑田外光派的影响，发展自己的风格的愿望。整幅作品充满了文学般的抒情，画家日后画作中一贯出现的装饰性也隐约可见。这幅作品已经成为日本明治洋画史的一部分，其地位不容忽视。如果说这只是一个开端，那么两年之后的《蝶》则将这种浪漫主义推向了极致，通过对蝴蝶的描绘寄托了他对生命的赞颂，成为明治浪漫主义的巅峰之作。整个画面色彩丰富，给人以清新甜美之感。他不仅是一名出色的艺术家，更是出色的创造者、一位出色的导师。他并没有仅仅停留在一味地向国人介绍欧洲的艺术或是如当时许多留洋画家一般在完成旅欧期间的作品之后便从画坛消失，而是不论功过与否一心创作、发展属于日本的西洋画，培养大批画家，使油画在日本落地生根，在未来艺术家的摇篮中一直身体力行地影响着他们。因而，作为一名教师的藤岛具有巨大的影响力，着实建筑起了日本的西洋画学院派。藤岛本人也因此成为树立日本学院派油画的原动力和中心人物。

导下，打下了融入印象主义的“写实基础”，并对印象主义及其他流派产生了兴趣。在回到上海教书的20年代中期，他便开始力图摆脱日本的影响，去寻找新的手法，“画人之不欲画，画人之不敢画”。留日美术家回国后大多经历了从一味模仿到摆脱日本洋画影子，吸收各家之长（图5－30、图5－31、图5－32、图5－33），最终找出个人绘画风格的过程。

图5－30　许敦谷《少女》（1920）

图5－31　陈抱一《室隅》（1921）

图5－32　谭连登《俯视》（1927）

图5－33　熊汝梅《裸妇》（1930）

值得庆幸的是，关良的这一阶段较之常人要短。在日本留学期间，他便开始思考自我风格的形成。他将日本留学比作画风形成的“拿来”阶段，认为只有通过批判地吸收、消化所学，使之成为自身的一个有机组成部分之后，才有了“自己”的东西[①]。

留日美术学生较之留学欧美者，所接受的艺术相对较为复杂。在日本除了接触到日本传统文化之外，接触到的多是已经被日本吸收消化过的、带有日本韵味的西方文化。虽然由于日本洋画界的不断发展，20 世纪三十年代前赴日留学的中国画家们画风不尽相同，但他们的作品中都留下了日本洋画深深的烙印。第 3 章中论及日本近代艺术运动中引进西方教授画室制的美术教学模式，而这些粤籍美术留学生在东京美术学校学习的后半阶段，不少进入了当时日本画坛拥有留学欧洲背景的教授工作室学习。

粤籍留学生中进入冈田教室学习的仅胡毓桂（根天）、叶仲豪、林乃干三人。从现存东京艺术大学美术馆胡根天作于 1920 年（大正九年）的毕业自画像（图 5－34）中，隐约可见导师冈田三郎助（5－35）的影子，面部的光线，细腻的表现，洋溢着年轻画家的青春活力，衣物线条的柔和处理与导师如出一辙[②]。而林乃干的毕业自画像（图 5－36、图 5－37）仅在光线处理上略带冈田的风格。和田教室则先后收录周勤豪、雷公贺、何善之（三峰）、丁衍庸共四名粤籍留学生。东京艺术大学美术馆收藏的周勤豪（图 5－38）与丁衍庸（图 5－39）的毕业创作与这位在日本画坛被誉为“和田英作（图 5－40）画伯”[③]的导师风格迥

① 关良. 关良回忆录[M]. 上海：上海书画出版社，1984：23.

② 冈田的画风优美而典雅，既具有科兰、黑田外光派的韵味，又独具装饰性与色彩感。1927 年的作品《菖蒲衣》被公认为冈田的代表作。画中女子身着和服，蓝色的底色上浮现出白色的菖蒲花，加之朱红色组成了眩目的花纹。女子以背部示人，身披和服，露出洁白的香肩，其貌美程度可想而知。冈田用温和的线条，完美地表现了和服的质地以及女子特有的细腻而光滑的肌肤，模特与服装、道具等的自然结合，增加了画面的色彩感，散发清馨的魅力。该作品于 20 世纪 70 年代被制作成邮票发行，冈田以古典写实手法将其擅长的优美、典雅的女性画像发挥到了极致。

③ “画伯”在日语中是一种对于绘画能手的尊称，和田一生荣获国内外众多勋章，担任过文展审查委员、东京美术大学校长等要职。和田伴随着东京美术学校西洋画科的开设而进入该校任教。之后，作为文部省留学生赴法国。留学期间，作品《思乡》入选了巴黎沙龙。该作品描绘了身着和服的日本少女，安静地立于窗前，遥望远方。主人公的思乡之情从其目光中自然流露，而作者运用柔和的光线与恰到好处的明暗处理渲染了气氛。回国后，和田成为东京美术学校教授（1903）。他不仅是一名油画家，壁画也相当不错。当年东京站中央停车场的壁画、皇城内生物学御研究所中的《蔷薇》都出自这位“画伯”之手。

图 5-34
胡根天毕业自画像(1920)

图 5-35　冈田三郎助《菖蒲衣》1927 年纸板油画 79 cm×52 cm 日本**ポーラ**美術館藏

图 5-36
林乃干毕业自画像(1935)

图 5-37
林乃干毕业创作《弟》(1935)

图 5-38
周勤豪《池》(1922)

图 5-39
丁衍庸《化妆》(1926)

图 5-40
和田英作《思乡》(1902)

异，光从毕业创作难以找出三人的共同之处。由此，不得不考虑这批年轻画家日本留学过程中，在美校之外的生活学习状况，是否接触到其他艺术流派。导师制度的实行以及教授画室的出现，受欧美绘画观念的一定影响，在锻炼学生绘画技能的同时，为其日后个人风格的形成奠定了坚实的基础。

其实，无论是去西方还是日本的美术留学生，均未能绕过这一从一味模仿到摆脱束缚的必经过程，即使在较早派遣美术留学生去西方留学的日本也曾经历过这一过程。梅原龙三郎于1937年创作的《竹窗裸妇》，可以看作其从法国式绘画向日本传统绘画蜕变的一种表现。这个阶段是痛苦的，但一旦走出这一时期，等待他们的将是另一番崭新的天地。虽然梅原在《竹窗裸妇》的创作中仍然沿用了西洋绘画的形式，但作为一名日本画家，他所希望表达的民族传统情趣已经融入绘画本身。画中模特体态颇为矫健，夸张的色彩以及背景的处理透出日本民族独特的韵味。

二、中西结合道路的探索

20世纪初洋画运动兴起至今，近百年来对于中国的画家而言，如何将中西有机结合是一个永恒的话题。在探索中西结合的道路上，一代代画家们曲曲折折，走过了漫长而艰辛的道路。

长久以来，画家们不是习惯用西方写实技巧套用中国题材，便是在中国画法中套用西方样式。以西方写实技法勾勒造型、以中国水墨着色的方法演绎中国传统故事，往往既表现不出中国画的线条韵味，又缺乏西洋绘画特有的明暗立体感。而本节所列举的林风眠与关良，无疑是成功走出中国早期中西结合道路的代表画家。

关良将绘画中心从传统写实转向彩墨戏曲人物画的过程并非一蹴而就。童年广东会馆中的生活使他较早接触到戏剧——这一深藏中国传统文化的国粹艺术。这一时期，关良通过联系戏剧与幼年时期在广州收集的香烟牌子，加入想象之后绘制了一批人物画，深得邻里好评①。归国后在与国画大师的接触

① 关良随家人于1911年自广州搬迁至南京，居住在“两广会馆”，从而对戏剧产生了深厚的兴趣。详细参见：关良.关良回忆录[M].上海：上海书画出版社，1984：2-5.

中，关良正式开始学习中国画。在上海的几年中，受吴昌硕、齐白石等国画家的影响，为他日后实践中西融合的戏剧彩墨画奠定了国画基础。

北伐之后，关良回到上海，继续任教上海美术专科学校。这一时期，他开始探寻新的表现手法，认为学习西洋画的同时应该结合民族绘画，从而创造出新的路子①（图 5－41、图 5－42）。不得不承认，关良是个多才多艺的艺术家。小提琴、民乐、京剧、西洋绘画、国画都有涉足。关良之所以走上美术道路，与他的成长环境不无关系。少时的熏陶使其对美术产生了浓厚兴趣，即便是日后留学日本，亦是因为其二哥关德寅与许敦谷的好友关系，在许的鼓励、支持与推荐下，关良才得以进入川端画学校，选择自己热爱的美术道路。

左图 5－41　关良《上海河南路桥》　布面油画　26 cm×33.5 cm

右图 5－42　关良《尤三姐》　布面油画　40 cm×45 cm　图片由东海堂画廊提供

关良在上海的美术活动中，无论是幼年时期的广东会馆，踏上美术道路引路人许敦谷，还是太平洋美术学校的同学陈抱一，始终没有离开来自广东的文化影响。在回国之后，他先后在上海神州女学、上海美专、上海艺术大学美术系任教。他在上海参与"东方艺术研究会"的创办工作。后在郭沫若、郁达夫组织的文学团体"创造社"中任美术编辑，经常为该社出版物画插图及设计封面。1926 年离开上海与好友郭沫若不无关系，在瞿秋白推荐下郭担任广州中山大学文学科主任，在同学胡根天的邀请下，关良南下广州，与许敦谷一同任

① 关良. 关良回忆录[M]. 上海：上海书画出版社，1984：56.

教广州市美术学校。北伐之后回到上海，在上海美专教书的同时，参加东方艺术研究会的活动。

此外，丰富的旅沪粤民文化生活亦对关良产生了影响。1919—1937 年，上海粤籍市民人数高达 9—11 万人。戏剧是旅沪粤民重要的娱乐活动之一，亦是中华民族文化的瑰宝之一。这一时期，粤剧演出规模大而频繁，粤剧剧社活动每周至少一次，广东音乐、广东体育亦在上海蓬勃发展[①]。这些为关良之后将绘画中心转向，从完全摒弃西洋绘画中注重透视、比例关系的表现手法向以夸张、变形的手法表现传统戏剧人物情态的转变提供了过程的积累。

与关良一样，林风眠的中西融合思想形成也经历了一段漫长的道路。在法国求学期间，他跟随巴黎高等美术学校的导师学习古典历史画的同时，坚持中国传统水墨画的创作。这一点可以从他 1924 年入选秋季沙龙展的作品中得到印证，两幅入选作品一件为油画《摸索》，一件为水墨画《生之欲》。这一阶段，他通过法国美术学校教育以及欧洲社会艺术氛围掌握西方现代绘画技能，同时训练自己对于中国传统水墨画的控制力。学成归国后，他在繁重的美术教学过程中，不断吸收中国传统绘画的水墨与境界，直至壮年形成了融入自身经历、独特的中西融合绘画表现语言，成为一名将东西方文化的精髓融入作品的画家。（图 5－43、图 5－44）

左图 5－43　林风眠《死》，《良友》画报 1930 年第 50 期
右图 5－44　林风眠《鸡冠花》，《良友》画报 1934 年第 87 期

① 宋钻友. 广东人在上海：1843—1949 年[M]. 上海：上海人民出版社，2007：159－165.

艺术在不断交融中孕育出新的生命与活力。法国印象主义画家曾经吸收了日本浮世绘版画中的表现与装饰性，留下了一批具有浓郁东方韵味的作品；而那些留学欧洲的日本画家则在西洋画中融入了日本传统精神，从而诞生了富有日本特色的西洋绘画样式。吴冠中认为林风眠的中西结合是将西方构成与东方韵味相结合[①]。林风眠将中西绘画成功嫁接，尝试以中国传统山水花鸟为题材，用油画表现传统中国画意境。无论是在中国宣纸上用西洋绘画技巧完成的静物作品，还是用西洋画方式表现的中国古典仕女形象，都得到了夺人眼目的效果。

留日与留欧美的美术留学生在回国之后，或多或少都经历过将所学西洋绘画形式与中国传统相结合的探索阶段。有些回归中国传统国画，有些虽然骨子里有着中国传统思想，但在绘画技法上离不开西洋绘画的造型及色彩处理。而林风眠与关良，正是这批走出来的艺术家代表。关良与林风眠是探索中西合璧过程中，具有代表性的两位粤籍美术家。他们都运用了传统题材：关良取材戏剧人物，林风眠则取材中国侍女。所不同的是，关良的作品更为写意，体现了中国传统文人精神，而林风眠则采用了中国画的线条，在造型上更多地借鉴了西洋绘画。这批破茧而出的中国美术家们，在探索中西结合的过程中最终找到了属于自己的绘画表达语言。

作为留日、留法美术家中西融合的典范，关良与林风眠为中国现代绘画开拓了新的发展方向，成为中国近现代美术运动的代表画家。他们的艺术实验在中国近现代美术史上有着里程碑式的意义。

三、“留欧美一流、留日二流”说

20 世纪前期活跃于上海画坛的粤籍美术家多数具有留学西方、日本的经历。第 1、2 章中，笔者对学界存在的“留欧美一流、留日二流”、留日美术家功绩不如留法等观点的产生背景及原因做了评析。在以 20 世纪前期东京美术学校粤籍留学生（见附录一）和巴黎国立高等美术学校的粤籍留学生为研究对象的基础上，笔者试图通过分析这些粤籍美术家所接受的培养模式、师承，归

---

① 吴冠中.《林风眠画集》序[M]//放眼看人.北京：团结出版社，2008：97－99.

纳他们在沪期间的美术活动，以探寻日本西画教育下的上海粤籍美术留学生对近代中国西洋美术教育的影响。

1. 教学模式

美术教学有其悠久的历史和旺盛的生命力及独特的培养模式。前几个章节中，笔者发掘了早期留日美术家到达日本之后，先接受先期美术预科训练，再通过层层选拔艰难地考上了日本高等美术教育机构。第一代留法美术家借着勤工俭学运动的高潮踏上法国，亦是在当地接受法语培训及基础美术训练之后，转而进入巴黎国立高等美术学校就读。就入学的难易度而言，东京美术学校似乎更胜一筹。

在教学模式方面，留法者与留日者均受到源自欧洲的西洋美术教学模式训练，使这些留学生受益匪浅。20 世纪前期，东京美术学校西洋绘画教学所采用的亦是严格而规范的西洋模式。所不同的是，留学日本的美术留学生接受西洋美术教育的同时，受到日籍指导教师的融入日本文化的西画风格影响。东京美术学校当年所实行的高年级教授工作室制度在当今世界已被各国美术教学机构广泛采用。东京艺术大学绘画科油画专业的研究生教学至今仍旧沿用这一方式培养西洋绘画人才。

2. 创作主题

从创作主题而言，20 世纪前期的留日画家多数创作过以描绘静物花卉为主题的作品。早年在日本的经历，对他们的油画艺术产生深远影响，融入了欧洲浪漫主义、印象派、日本特色以及中国特色的洋画风格使他们的绘画有相近处，却也存在不同。特别是他们笔下的花卉与静物，别具一番情趣。相比之下，当时留法美术家的创作题材多取自历史故事，以至于后世产生留日画家只会画静物，不会创作历史画的错觉。中国早期西画教育中的静物写生以及女子人体写生均是在留日美术家的倡导下逐渐传播开来的，而这些处在风口浪尖的沪上粤籍美术家亦留下了一批珍贵的人体作品。

1934 年《良友》画报上刊载了关良的作品《裸妇》(图 5 - 45)，色泽华而不艳，笔触潇洒。与他作于 1920 年的人体素描(图 5 - 46)相比，可以看出两者之间在造型上的联系与区别。陈抱一早期的人体作品，色彩相对统一、柔和，构图不尽相同。陈氏的人物采用了斜卧的姿态，洒脱的线条勾勒出模特的妩媚和丰满(图 5-47),流露出画家对于妻子的深深爱意。

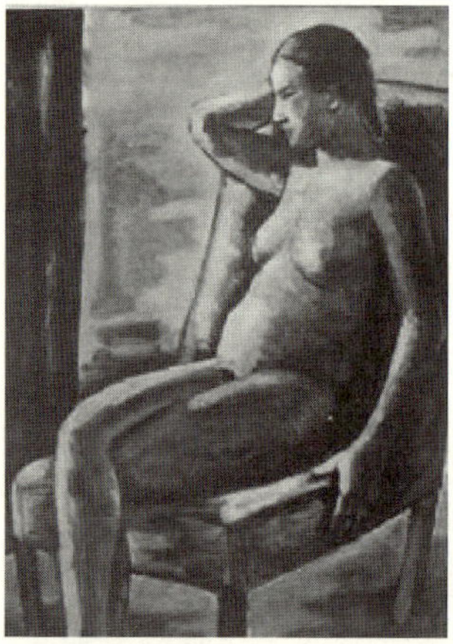

图5-45 关良《裸妇》,转载自《良友》画报 1934 年第95期

图5-46 关良《人体素描》(1920),转载自《关良回忆录》

图5-47 陈抱一《女人体》(未标明创作年代)

此外,较之人物画,静物画更能体现现代性。反观西方静物画的发展历程,拥有悠久历史的静物画,到了 19 世纪末出现了一派新景象。后印象主义代表画家塞尚通过静物画的创作,抛开政治、思想等杂念来追求绘画形式语言的美感,从而开启了西方现代绘画的崭新天地。20 世纪初愈演愈烈的西方现代主义各个流派从静物画的创作中开拓并发展了绘画作为一种表现形式的意义。

图5-48
陈抱一《百合花》 47 cm×40 cm

现今,我们从陈抱一的《百合花》(图 5-48)中可以看到画家在统一的色调下轻松地勾勒出百合花的清丽高雅。陈氏以蓝色为主色调,运用刚柔并济的线条,勾勒出百合花的形状,整幅画面更为统一。所谓画如其人,《百合花》在不经意间透露出画家清雅高洁之气。正是这样的题材(图 5-49),使这些作品躲过了战乱、变革,得以保存至今。相比之下,留法粤籍美术家林风眠的多数静物作品出

现于20世纪40年代末(图5-50)。他通过对塞尚空间处理的借鉴,绘制了一批带有中国传统元素、探索中西结合的作品。从某种角度而言,这些美术家们无愧为艺术理想的倡导者、开拓者,成为那个时期静物画最重要的代表人物。

图5-49 关良《瓶花与水果》(1930)
布面油画 46 cm×38 cm

图5-50 林风眠《罐》(20世纪40年代)
纸本彩墨 68 cm×67 cm

留日画派的产生、发展、消亡都是历史的抉择。但粤籍留日、留法派画家们对于欧洲、日本与中国美术的吸收融合,为之后的中国西洋绘画发展奠定了坚实的基础。他们带回的西式洋画教育方式,形成了中国早期西画教育体系。

3. 低毕业率的原因

虽然近年国内关于20世纪美术家的个案研究显示,早年留学、游学日本学习美术者不在少数,然而真正毕业归国者寥寥无几。① 本章的前几小节中论及日本侵华战争的爆发对中国洋画运动造成的影响,这场战争的爆发造成了大批留日中国学生的退学风潮,这一风潮是否影响到在日本的美术留学生?

笔者以东京美术学校粤籍留学生为例,在分析个体辍学原因的基础上,试

① 据史料记载:1901—1939年从日本公立、私立大学、高等学校、专门学校、陆军、海军学校、7所艺术学校、女校毕业的中国留学生为11 699名,而日本7所艺术学校共计培养中国毕业生仅72名(吉田千鹤子,2009:52-53)。根据这一统计结果,留日中国籍(台湾地区除外)艺术毕业生仅占当时毕业留学生总数的0.6%。

图探寻造成 20 世纪前期中国留日美术学生退学及低毕业率的原因。根据笔者统计结果(详见附录一),1901—1949 年间东京美术学校共招收粤籍留学生 32 名,完成本科阶段学习并顺利毕业的人数为 18 名,毕业率达 56.25%,高于当时中国(不包括台湾地区)留日学生 43.68%的毕业率。但这一统计结果同样表明,有 43.75%的粤籍留学生未完成学业。吉田千鹤子认为造成 103 名中国籍入学者中毕业者 45 名现象背后有复杂的原因,但肯定有伴随日军的侵略,为表抗日而退学者①。笔者认为,造成这一结果的原因具有多重性。

首先,时局突变可视为退学风潮导火线。32 名粤籍留学生中仅 1 名学习日本画、25 名选择西洋油画专业,其余包括 1 名学科听讲生、1 名建筑、2 名图案、2 名雕塑等。陈抱一在《洋画运动过程略记》②中提及:“东渡日本的中国学子,并不是冲着日本画、南画而去(因为这些画的祖先大多都在中国,倒是通过他们的引渡得以登入西画的堂奥),因日本洋画研究终究比我国西化得早一步而已。”这个论断很好地解释了东京美术学校中国留学生多选择西洋绘画的原因。日本文化具有融合、吸收、改良的特点,它融合了中国古代和近代西方文明的精华,吸取两者优点、长处,根据日本特色将之进行改良,创造出日本现今的繁荣。然而,“九·一八”事变揭开了日本对中国全面武装侵略的序幕,“七·七”事变,中国抗日战争的爆发直接导致大批中国留学生回国,东京美术学校的中国粤籍美术留学生中止学业回国者有 3 名:胡光弼、林达川(1940 年 1 月 13 日复学)、许统璋。

由此,1937 年可视为中国留日的分水岭,因日本侵略中国激起中国留学生强烈的爱国热情,纷纷中止学业回国抗日者不在少数。在民族危亡之时,这些抱有“艺术救国”信念投身美术的青年画家,义无反顾地回到了中国。③ 中日之

---

① 1937 年王式廓、赵琦、俞成辉、胡光弼、沈柏年、沈寿澄、许统璋等七人离开东京美术学校回国后,学校于同年 12 月 13 日根据付文部次官通牒按照特例保留他们的学籍,直至 1944、1945 年下达正式除名处分。参见:[日] 吉田千鶴子. 近代東アジア美術留学生の研究——東京美術学校留学史料[M]. 東京:ゆまに書房,2009:52-53.

② 陈抱一. 洋画运动过程略记[J]. 上海艺术月刊,1942(5)-(12).

③ 其中,胡光弼在东京美术学校期间修读雕刻科塑造部预科,林达川较之晚一年入学,所属雕塑科塑造部,许统璋则是三人中最晚入学者,休学回国时正在修读建筑科预科。三人均为私费入学,胡光弼曾获得 1935—1936 年度外务省文化事业部每月 50 日元的补贴,并获得 1937—1938 年度免除学费待遇。可见,如若不是由于时局突变,胡光弼断然不会放弃学业回国。同时,从林达川与许统璋记录中显示的“休学”字样,标明两者当时存有复学的希望,故而未当即退学。当时局稍稳定之时,林达川于 1940 年初又回到学校继续修读雕塑,并于 1943 年 9 月毕业。同时,学习建筑的许统璋则在 1942 年 3 月 31 日办理了退学手续。

间战争的爆发，直接导致了粤籍美术留学生的中断学业，1937 年后入学东京美术学校的粤籍留学生仅三名，考虑到此三人的入学年代以及本身与日本特殊的关系，故本文将之排除在原因分析之列①。

其次，战乱造成了留学资金链的断裂。20 世纪前期东京美术学校中断过学业的粤籍留学生共计 17 名②。然而，在所有 32 名粤籍学生中明确标明官费③的仅 2 名，私费为 20 名，可见当时大部分粤籍美术留学生具有一定经济实力。广东是中国近代最早开放的地区之一，强大的团结凝聚力使粤籍商人在当时的商界叱咤风云。被誉为“留学生之父”的容闳亦是广东人，当地的留学传统可谓由来已久，殷实的家境成为他们强大的经济后援④。可是，当中国国内因日本侵略造成时局不稳、家道中落等情况出现，使得在国内的家人无法负担留学的费用时，便出现了不得不放弃学业者⑤。这也可以解释为何较之官费、公费生，私费生的毕业率要低得多。

此外，学位并不是中国留学生留学日本的首要目的。再次回到本文开始时日本学者的统计数字，较之高峰时期每年近万名的中国留学生数字，1901—

---

① 崔耀义父亲毕业于东京药学专门学校，母亲经营广东女子美术学校。陈绿妮的父亲是东京美术学校毕业生陈抱一，母亲毕业于日本女子美术学校（1901 年由东京美术学校教授藤田文藏与横井玉子创立的私立学校。1911 年，何香凝毕业于该校日本画选科高等科）。而招瑞娟更是自幼年起便随父母定居日本，后以版画家身份活跃于日本画坛。1943 年 9 月 20 日与李平凡、张宝发、简耀泰等人在日本神户组织新集体版画协会，出版《浮萍集》（木刻集）3 本。

② 退学处分原因注明“由于拖欠学费而除名”者颇多，因此原因被除名者高达 10 名：潘元牧、陈丘山、伍子奇（后复学并最终毕业）、余兰初、熊汝梅（研究生）、叶仲豪、司徒慧敏、林荣俊、谭显勋、卢景光。而胡光弼、许统璋两人则于 1937 年中断学业回国并于 1945 年被除名。此外，1914、1917、1928 年分别有凌骥、雷毓湘、谭连登（研究生）3 人因家事退学。招瑞娟、陈绿妮则因长期旷课而被除名，后回到学校直至修满学分。

③ 自 20 世纪 20 年代起，除了公费、私费生之外，还可申请学费减免以及日本外务省文化事业部的补给（特指庚子赔款补助生）。1924 年起日本政府从庚子赔款中拿出 20%用于实施“对华文化事业”，以缓和中日关系。接受补助者通常被认为是从中国留学生中选拔出的成绩较优秀者。32 人中获得资助者为 4 名，其中 3 名的补给金额为 50 日元/月（1930 年 1 日元约定于 0.75 克黄金约等于 2 美元）。

④ 当时留日学生中，少有如留法学生般勤工俭学者，大部分均靠殷实的家族资助出国留学。例如陈抱一之父曾在李鸿章手下任翻译，后入招商局工作，其母亦出身香港大户人家。丁衍庸亦是出身富裕家庭，司徒慧敏的父亲为归国华侨。

⑤ 20 世纪 30 年代，中国曾一度出现大批人员自费留学日本的现象，由于日本实行的金本位制度，金价下降银价上升，出现了日本留学较之中国学习更低廉的现象。同时，国民政府对于进步书籍的文化专制等原因也造成留日风潮的升温。然而，纵观 1901—1949 年东京美术学校每年粤籍留学生的入学率，并未发现与日本的经济政策有密切联系。即便在 20 世纪前期中国相对较为繁荣的 30 年代，东京美术学校 7 名入学者中最终完成学代业毕业者仅 3 名。32 名粤籍留学生的入学时间主要集中于 10 年代，入学者达 15 名。20 年代、30 年均为 7 名，40 年代为 3 名。

1939年间11 699名毕业生显得尤为突兀,但足以证明“毕业”在当时中国留日学生中的分量。第一批留学日本的鲁迅、郭沫若……均未在留学期间获得学位,游学海外回到中国后,在各大学校教书者比比皆是。当时的中国,高等院校对于教师的学历并没有如今那么看重,加之多数留日者是为了目睹日本早一步的西化而东渡。同时,作为“美术”留学生,职业关系天性追求自由的创作氛围,以挣脱旧制度的约束。美术的特殊性,使学位对于美术留学生的吸引力远不及艺术表现技法本身的获取来得重要。

图5-52 陈抱一《流亡者之群》(1939) 布面油画 大新公司画廊“五人油画展”(陈抱一、周碧初、朱屺瞻、宋钟沅、钱鼎)参展作品 转载自陈瑞林《现代美术家陈抱一》

综上所述,日本侵略战争是造成20世纪前期日本中国美术留学生退学以及毕业率低下的主要原因。抗战爆发导致了在日中国美术留学生的锐减,战乱使他们的梦想破灭。(图5-52)

19世纪末20世纪初期的中国,为了使国富民强,知识分子提出了科学、实业、教育救国的理念。正是在这些思想的影响下,触发了此起彼伏的留学高潮。作为超越国界、超越语言的人类文化产物,艺术及其评价方式应该是多方面的。诚然,与实业救国、科学救国的留学主流相比,艺术救国的投身者在人数上要少许多。但是,他们在20世纪前期的中国,发挥着宣传新美术、教育大众的作用。不仅如此,他们在战争年代,以美术为战斗武器,投入轰轰烈烈的抗日战争,实现了艺术救国的理想。抗战爆发,那些在日本的美术留学生们为爱国而退学、愤而回国,精神可嘉。这段历史值得我们去分析、研究,从而进一步激发和弘扬我们的爱国主义热情,去建设中国特色的优秀文化艺术。因此,单纯将“留欧美一流,留日二流”之说套用在20世纪前期中国美术留学生身上显然是不恰当的。

本章梳理了20世纪前期活跃于上海画坛的这批粤籍西画家在沪上的艺术活动。从粤籍留日艺术家在沪上洋画教育中的倡导人体与静物写生到留法艺术家致力于西洋画学科的改革,论述了他们在现代美术实践中以广东人的身份认同而形成的艺术活动网络，以及通过这一涉及文化、教育、留学等背景的关系网络进行中国现代派绘画的探索过程。

由于战乱，造成了画家流离失所、陷入窘境的生活状态。加之物价飞涨，西洋绘画的学习变得非常艰难，光是画布颜料等材料就得花一大笔钱，即便画成了如无法展出只好自己欣赏。[①] 于是，有些西洋画家不得不放弃油画选择材料相对容易找到的中国画，继续他们的艺术创作道路。

根据陈抱一的《洋画运动过程略记》记载，当时上海市面上逐渐可购得的油画颜料品牌包括 Reeves[②]、Winsor&Newton[③]、Lefrance 等进口品牌，国产油画颜料制造厂则有“马利工厂”[④]与“金城工艺社”[⑤]。当时的进口颜料市场断档且价格较高，而国产品牌在技术、资金、设备上均处于初创阶段，尚无法达到国外高端产品的水平。淞沪抗战期间，马利工艺厂厂房被炸，抗战爆发直接降低了国产颜料的生产，也直接影响了粤籍艺术家从事油画作品的创作的热情。由于当时国产颜料中有些颜色的稳定性较不理想[⑥]，给现今我们欣赏当年的油画作品带来一定影响。这是一种无奈，同时亦是一种新的探索，造就了一批融合中西、回归传统的美术家，诸如林风眠、关良等。

然而，当“洋画”这个日语词汇被用来为 20 世纪初期发生在中国大地上的那场西洋画运动冠名时，注定了留日画派在这场运动中举足轻重的地位。在这场以上海为中心席卷中国大地的“洋画运动”中，他们为了实现理想而为之摇旗呐喊。

较之留日美术家寻求艺术深造的方式，留学欧美的青年学子选择了学习西方经典架上绘画、雕塑等。19 世纪末 20 世纪初，法国巴黎作为世界艺术之都，吸引了一批东方美术爱好者前去游学。这一时期，相对于接纳了百余名中国美术留学生(其中粤籍为三十余名，详见附录一)的东京美术学校，巴黎国立

---

① 鲁迅. 序言[M]//白危. 木刻创作法. 上海：读书生活出版社，1937：1 - 3.

② 英国狗牌绘画颜料。

③ 温莎・牛顿牌颜料创立于 1832 年，一直以来以“创造出世界上最优质的美术材料”为目标。

④ 马利工艺厂创建于 1919 年，上海中国历史上第一家专门生产西洋画颜料的工厂，生产马头牌绘画颜料。

⑤ 创建于 1926 年，主要生产老鹰品牌绘画颜料，解放后与马利工艺厂合并。

⑥ 根据上海实业马利画材有限公司总经理杨中毅所言，马利生产马头牌油画颜料始于 1926 年。当时的油画颜料中，有几种颜色稳定性较差，历经多年后可能发生变化。

高等美术学校的中国留学生在人数上要少些，但他们在中国现代美术史中的地位却是旁人无可比拟的。由于各种历史原因，留日画家的作品国内保存数量较少，依靠现存的少量画作评判这批画家的绘画水平显然是不全面的。就这批留日、留法美术留学生的能力、洋画技法而言，我们很难评说哪一方更胜一筹。

综上所述，20 世纪前期上海粤籍美术家在中国洋画运动中扮演了重要的角色。他们致力于美术教育、致力于艺术对于国人的思想及观念的改造，在他们的共同努力下，中国现代派绘画的创作与教育进入鼎盛期，并在中国近现代美术史上产生了深远的影响。（图 5－53、图 5－54）

左图 5－53　1929 年艺术运动社第一届展览会在沪举办，图为该展览会场景

右图 5－54　艺术运动社社员林风眠（图中着深色西服者）在沪出席该社第一届展览会，图片转载自 1929 年第 38 期《良友》画报

第六章

上海粤籍美术家与新兴木刻运动

由“五四”新文化运动的主将鲁迅所倡导的新兴木刻运动，曾在中国现代美术史上留下光辉灿烂的一页。在这场运动中，粤籍版画青年在鲁迅的指导下，共同推动木刻运动的发展。其中，恰如鲁迅所言：“擅长木刻的，广东较多。”[①]留沪粤籍版画家占有相当比例。

综观粤籍版画家在沪一系列艺术活动，他们不仅是中国早期新兴木刻运动的开拓者，也是上海现代创作木刻的传播者，在上海版画走向现代美术的过程中起了极大的推动作用。本章以 20 世纪 30 年代发源于上海的新兴木刻运动为切入点，从木刻讲习会中的粤籍学员入手，分析他们参与新兴木刻运动的前因后果，梳理这批粤籍版画家在沪的创作活动，从而进一步确立他们在中国现代美术史中的地位及产生的影响。

第一节　木刻的复兴与上海

印刷术诞生于中国，拥有上千年历史的复制版画在过去的知识传播过程中一直扮演配角。上海木刻版画以清朝同治年间木版年画为发端[②]，然而随着

① 见鲁迅 1934 年 12 月 18 日致金肇野信。

② 早期的木版年画中题材多以寓意驱邪祝福、戏曲故事等传统内容为主，同时也存在少量反抗列强侵略的作品。同治、光绪年间，上海桃花坞形式的木版年画迎来了一个辉煌时期。最初在城内（现在豫园城隍庙区域）旧校场开始出现代理销售苏州桃花坞年画的店铺。因有利可图，一些店铺便自行聘请苏州桃花坞画师、工匠制作起木版年画来。

经济的发展，西方先进的印刷机器不断传入上海[①]，石版、胶印机以快速、方便、印刷效果好的手段很快替代了传统手工木刻印刷[②]，从而导致了上海木刻版画的一蹶不振。20 世纪初，上海的传统木刻年画事实上已经处于城市文化的边缘，以往的风光不再。是何原因促成粤籍版画青年义无反顾地来到上海投入到新兴木刻运动中？

20 世纪 10—20 年代，亚洲掀起了创作版画的复兴风潮。木刻以其经济的材料、简易的技法、超强的黑白艺术表现力以及不受时间、空间的约束等优点，逐步成为艺术家热爱的画种之一。不同于以往画稿、制版、印刷分工完成的复制版画，创作木刻因画家不假他人之手，通过亲自绘制底稿、雕刻、印刷的表现形式，带给画家更为自由的发挥空间的同时，使作品本身具有强烈的生命力。

李叔同在浙江第一师范学校第一届学生吴梦非的《"五四"运动前后的美术教育回忆片段》[③]一文中，回忆了就学时在"漫画绘"、"乐石社"等课外组织自画、自刻、自印作品，出版《木刻画集》中包括李叔同、夏丏尊的木刻。毕克官在《李叔同和丰子恺：现代木刻版画的先行者》[④]中指出，乐石社的指导教师为李叔同与夏丏尊，丰子恺是成员之一。

可见，20 世纪 10 年代李叔同在浙江第一师范教学期间，已经通过课外活动指导学生进行木刻制作。然而，缘何中国的创作木刻没有在浙江开花结果，而是转到了上海生根发芽，传遍中华大地？

一、创作木刻的诞生

20 世纪 10 年代起，新国画、洋画运动以及新兴版画运动等新美术运动先后以上海为平台，出现在近现代中国画坛。在这座华洋汇集的城市，诞生了有中国特色的创作木刻。这与上海这座城市本身具备的文化魅力有关，这种魅

---

① 早在 1842 年，英国传教士麦都思便在上海开设的墨海书馆用石版印刷《耶稣降世图》。上海最早将石版技术用于印刷书画，则是在法籍人翁香公和华人邱子昂主持下，于 1876 年在上海徐家汇土山湾美术工场间完成的。

② 当《点石斋画报》在上海创刊之时，不再采用传统木版印刷，代之以手绘石印的方法印刷出版。到了清末，上海各大杂志刊登胶印绘画作品已习以为常，城乡年画市场逐渐萧条，采用石版印刷术的月份牌绘画逐步取代了传统木版年画。

③ 吴梦非."五四"运动前后的美术教育回忆片断[J].美术研究，1959(3)：46-50.

④ 毕克官.李叔同和丰子恺：中国现代木刻版画的先行者[J].寻根，2001(3)：46.

力是当时中国其他地方无可比拟的。

五四运动掀起了中华大地空前巨大的新文化运动，作为新文化的主将鲁迅，以独特而锐利的眼光选择了木刻这一画种，为之呕心沥血、热情扶植[1]。他主持过教育部美术方面的工作，举办汉代画像砖等展览，了解中外美术的历史，对美术情有独钟。鲁迅赞扬“汉人石刻，气魄深沉雄大，唐人线画，流动如生”，对以中国早期与社会生活息息相关的汉唐石刻、木刻版画尤为钟爱，收藏了不少古今中外艺术作品。正是由于鲁迅对国内外木刻艺术的推广与介绍，引起许多艺术青年的注意和关注，于是团结在他周围投身新兴木刻运动，在新兴木刻史上产生了深远的影响。

木刻被誉为“正合于现代中国的一种艺术”[2]。除了在《新俄画选小引》中提出的两点原因之外，鲁迅在《木刻创作法》序言中将介绍创作木刻的原因概括为好玩、简便、有用。由于木刻创作无须花费太多，木刻的作者、观者都能通过木刻领略到创作的欢喜从而便于普及，同时还能用于刊物的装饰与书籍的插图。通过鲁迅在文学作品中发表的木刻言论可以了解这位中国新兴木刻运动倡导者的木刻观。这种艺术与他的杂文一样，是战斗的匕首、投枪，在那个年代与广大人民群众“一同杀出一条生存的血路的东西”。出于这样的考虑，鲁迅晚年坚持不懈地倡导新兴木刻运动。

在 1934 年出版的《无名木刻集》中，鲁迅对现代木刻给出了定义：“用几柄雕刀，一块木版，制成许多艺术品，传布于大众中者，是现代的木刻。”同时指出，中国所固有的木刻由于被埋没许久，故而要复兴。这一充满着新生命的木刻“刚健，分明，是新的青年的艺术，是好的大众的艺术”[3]。在此，木刻的复兴与大众艺术概念被提出，可见中国新兴木刻的复兴是与木刻青年、与大众艺术联系在一起，一同诞生的。

当时，西方现代派艺术、思潮、流派在上海美术界流行。鲁迅提倡新兴木刻运动的同时，不忘介绍西方现代美术。通过比较中外艺术运动的历史与现

---

① 李允经. 鲁迅与中外美术[M]. 太原：书海出版社，2005：8.

② 白危. 木刻创作法[M]. 上海：读书生活出版社，1937：2－3.

③ 《〈无名木刻集〉序》，鲁迅作于 1934 年 3 月 14 日，原载于 1934 年 4 月上海无名木刻社社员作品选《无名木刻集》。

状，梳理国画、油画等主要绘画种，考虑现实状况，鲁迅坚持认为木刻艺术是符合当时中国国情、人民大众和艺术青年要求的艺术，是当务之急。于是，才选择将更多的西方与苏联现实主义写实木刻版画引进中国。

为了使中国新兴木刻运动健康发展，鲁迅以“只要能培植一朵花，就不妨做做会朽的腐草”的俯首甘为孺子牛的献身精神，去做新兴木刻的园丁。鲁迅收集、编印大批中外木刻画册。早在《鲁迅日记》1927 年 11 月 30 日便有从内山书店购得原作拓片的记载。为了寻找外国版画图书画册、木刻原作（原作拓片），他发动在国内外的朋友一同收集外国艺术家作品，包括内山完造、内山嘉吉、美国朋友史沫特莱、德国留学的徐诗荃、法国留学的季志仁。1929 年起，鲁迅先后参与编辑出版了《士敏土之图》、《一个人的受难》、《死灵魂一百图》、《北平笺谱》、《十竹斋笺谱》等画集。

《上海美术志》认为朝花社是中国新兴版画运动的起点，使在艺术苦海中彷徨的艺术青年看到了光明，也寻找到了战斗的武器[①]。与当时国外一批反映历史事件、社会生活的木刻作品相比，中国传统木刻无论在题材内容还是表现手法上都亟待提高。在此背景下，鲁迅、柔石、崔真吾、王方仁、许广平等于 1928 年 11 月发起创立朝花社，以介绍和研究外国进步美术为宗旨，研究推广外国文学的同时，有计划地向国人介绍外国版画，为中国孕育了一批木刻爱好者[②]。在为朝花社出版的《新俄画选》撰写的《小引》中，鲁迅提出那个时代之所以版画会如此发达，是因为革命的需要，有宣传、教化、装饰、普及的意义[③]。作为新文化运动的旗手，他认为革命文化需要木刻艺术，“捏刀向木，木刻下去”（滚上油墨后即可手工自己拓印），可以直接表达自己的想法，是一种较适用于革命宣传活动的工具。

---

① 徐昌酩. 上海美术志[M]. 上海：上海书画出版社，2004：286.

② 编辑出版《艺苑朝华》丛刊 5 辑：《近代木刻选集（一）》、《近代木刻选集（二）》、《路谷虹儿画选》、《比亚兹莱画选》、《新俄画选》，推出了 27 位外国木刻及黑白画。每一辑有《小引》或是《附记》，使中国读者有机会全面地接触到国外木刻作品。虽然由于经费等多种原因，朝花社计划编辑出版的《艺苑朝华》之《近代木刻选集（三）》、《近代木刻选集》、《法国插画选》、《英国插画选》等最终未能与读者见面，有些虽编成却未付印。

③ 《新俄画选》收录的作品之所以多为版画，原因有二：“中国制版之术，至今未精，与其变相，不如且缓；当革命时，版画之用最广，虽极匆忙，顷刻能办。”参见鲁迅作于 1930 年 2 月 25 日的《新俄画选小引》。原载《新俄画选》，上海光华书局 1930 年版。

1930 年，延续“为人生而艺术”，艺术家要从“为艺术而艺术”的象牙塔中走出来的主张，上海一八艺社研究所在原杭州的一八艺社[①]基础上组建而成，成员尤以粤籍美术青年居多[②]，他们紧紧围绕在鲁迅周围，全身心地投入木刻创作。

二、新兴木刻运动的发端：一八艺社习作展览会

上海是中国第一次新兴木刻展览的举办地，在这里中国新兴木刻首次以展览会的形式与观众见面。1931 年 6 月 11 日至 15 日，一八艺社习作展览会在上海虹口哈尔滨路 1 号日本《每日新闻》社楼上展出[③]。中国左翼作家联盟在上海出版的《文艺新闻》周刊上对该展览进行了相关报道：“一八艺社此次出品，共计一百八十余件……尤以木刻为中国各艺术团体前所未见者……”可见，木刻在油画、雕塑、中国画、图案装饰画等展品中的地位。

展览会的“自序”中写道：“我们的振起中国艺术的贫困与萎靡；要使艺术与人生成为不可互相缺少的联系；对于人类，对于世界，我们将要运用我们尖锐沉重的笔尖，凭着我们的青春的热情，作有力的贡献，使这灰暗的世界转为曦和。”[④]表达了版画青年的政治立场。木刻作品虽然只有几幅，却是我国首次有创作木刻参加展览会。同期出版的《一八艺社 1931 年习作展览会画册》是中国新兴版画史上第一本刊载有新兴木刻版画作品的画集。鲁迅为此作《一八艺社习作展览会小引》一文，流露出对中国新美术充满希望。

经过一段沉寂之后，20 年代末 30 年代初的上海终于迎来了木版画新的曙光。鲁迅与版画青年的到来掀起了上海木刻复兴的浪潮，中国的传统版画随即有了新的转机。由此，在经历了革新国画、洋画运动的诞生之后，上海这座国际化大都市，迎来了中国新兴木刻运动的诞生。

---

① 1929 年成立，是杭州国立艺术院的一个学术团体，最初名为“西湖一八艺社”。

② 上海一八艺社研究所成员包括陈广（卓坤，粤籍兴宁人）、陈铁耕（又名陈耀唐、陈克白，粤籍兴宁人）、顾鸿干（粤籍）、胡一川（原名胡以撰，福建永定人）、于海（1909—1991，又名于玉梅、于寄思、余润汉，山东蓬莱人）、周熙（又名周介福、江丰，上海人），蒋海澄（艾青）等。

③ 齐凤阁. 中国新兴版画发展史：1931－1991[M]. 长春：吉林美术出版社，1994：19.

④ 朱伯雄，陈瑞林. 中国西画五十年：1898—1949[M]. 北京：人民美术出版社，1989：274.

第二节 木刻讲习会中的粤籍版画青年

近代中国的木刻复兴离不开鲁迅的扶持，白危在《木刻创作法》中认为由鲁迅口译、内山嘉吉讲授的木刻训练班为中国木刻的复兴运动播下种子[①]。而学界通常将1931年8月17日开始的木刻讲习会[②]作为纪念中国新兴木刻诞生的标志，从而拉开了新兴木刻运动的序幕[③]。

一、木刻讲习会学员及活动

在沪举办的这场木刻讲习会虽然时间较短，学员仅13名（图6-1），却是中国版画史上第一个创作木刻讲习会。分析参与中国新兴木刻讲习会的13名学员，除个别由于年代久远，业已成为版画史上的失踪者外，能够获知籍贯的10名学员中粤籍占了6名，相信粤籍学员所占比例之高绝不仅仅是一个巧合。带着疑惑，笔者收集、整理了木刻讲习会13名学员的情况（表6-1）。

在为期一周的时间里，有8位学员15幅木刻作品赠给了木刻教授内山嘉吉，其中有陈卓坤的《鲁迅像》、钟步清的《三农夫》、黄山定的《果物》等作品。不仅如此，继木刻讲习会之后，激起木刻青年更大的创作热情，粤籍版画青年活跃于沪上不断涌现出的各个木刻团体内[④]。由此，粤籍版画家在沪活动可见一斑。

---

① 白危. 木刻创作法[M]. 上海：读书生活出版社，1937：1-3.

② 举办地位于虹口四川北路长春路一所日语学校内，为期6天。

③ 《木刻纪程》小引生动描述的中国新兴木刻版画诞生史：中国木刻图画，从唐到明，曾经有过很体面的历史。但现在的新的木刻，却和历史不相干。新的木刻，是受了欧洲的创作木刻的影响的。创作木刻的绍介，始于"朝花社"……到1931年夏，在上海遂有了中国最初的木刻讲习会。原载鲁迅《木刻纪程》(1934).

④ 查阅相关资料可知，1932年上海出现涉及版画研究、创作的团体有：春地美术研究所、野风画会（粤籍陈广、顾鸿干等为主要成员）、MK木刻研究会（粤籍钟步卿、周金海、张望、黄新波等）、野穗社（粤籍陈烟桥、陈铁耕、何白涛等），1933年有涛空画会（浙江夏朋、粤籍陈铁耕、陈烟桥、钱文兰等）、1936年有铁马版画会（粤籍温涛参与组织）、新华艺专刀力木刻研究会等。

图6-1　1931年8月22日鲁迅木刻讲习会全体成员合影。左起：钟步卿、邓启凡、苗勃然、乐以钧、黄山定、顾鸿干、李岫石、郑川谷(洛耶)、胡仲民、江丰、鲁迅、陈铁耕、内山嘉吉、倪焕之、陈卓坤

表6-1　木刻讲习会学员情况表

人　名	生卒年	籍贯	在沪活动情况
陈广(陈卓坤)	1908—2002	广东兴宁	一八艺社成员，白鹅画会学员
陈铁耕(陈耀唐)	1908—1969	广东兴宁	一八艺社成员
黄山定(黄聊化)	1910—1996	广东兴宁	一八艺社成员，1934年毕业于新华艺专
顾鸿干(顾洪干)		广东	一八艺社成员，中国左翼美术家联盟东京分盟成员。1932年赴香港后前往日本留学
邓启凡	1910—1933	广东兴宁	上海美专学生，一八艺社成员。
钟步卿	1904—1942	广东兴宁	上海美专学生
江丰(周熙)	1910—1982	上海	一八艺社成员，白鹅画会学员。1932年被捕

续 表

人　　名	生卒年	籍贯	在沪活动情况
李岫石(李诚寔)	1911—1938	四川	左翼艺术家联盟成员,1932年被捕,1935年出狱后离开上海,抗战时期与李可染等组织救亡工作
苗勃然(草田)	1910—1967	四川成都	
乐以钧	1910—1997	四川庐山	1930年入上海人文艺术大学,后赴日本学习版画印刷,1936年回到成都
倪焕之(倪家襄、倪风之)	1909—1959	浙江	1930年入新华艺专,1934年赴日本
胡仲明(胡箭)			白鹅画会学员,1932年一·二八事变后依附日本
郑川谷[①](洛耶)	1910—1938	浙江宁波	白鹅画会学员

二、粤籍版画青年与木刻导师

纵观20世纪30年代的上海,业已从当年的小渔村发展成为中国的经济、金融、文化中心,人口的急速增长带动了与之相关的一系列社会变革,而相对宽松的政治环境则为身在上海的艺术家提供了更大的创作自由。随着陈独秀南下上海,《新青年》亦随之南迁,左翼文化在上海这片土地上茁壮成长。1930年,左翼美术家联盟成立于上海,版画家胡一川、夏朋等都是该联盟的会员,而之后的新兴木刻运动,被认为是左翼文艺运动的一个组成部分。

20世纪30年代,中国新兴木刻运动初期,沪上云集了近20名粤籍版画青年,在人数上,他们超过了同时期来自国内其他地区的版画家。同时,在沪上涌现的版画社团中粤籍版画家扮演着发起者、组织者、重要成员等多重角色。笔者认为这绝非一个巧合所能解释的现象。表6-2为笔者收集、整理的该时期沪上其他粤籍版画青年名单:

---

① 郑川谷(洛耶),原名郑钟琴,浙江宁波人。详见:高信.谁持彩练当空舞(之三)[J].出版史料,2006(4):46-49.1936年期间,曾赴日本短期考察装帧。同时,神奈川县立近代美术馆收藏有名为郑洛耶(郑川谷)的中国版画家作于1931年的木版作品两幅。同时,部分书中将郑川谷的名字写为郑谷川。

表 6-2　20 世纪 30 年代沪上粤籍版画青年名单

人　名	生卒年	籍贯	在沪活动情况
黄新波	1915—1980	广东台山	上海美专，与刘岘组织无名木刻社 1934 年加入 MK 木刻研究会
陈烟桥（李雾城）	1911—1970	广东东莞	1931 年入上海新华艺专 1932 年与陈铁耕、何白涛等组织野穗社 1936 年参与组织第二回全国木刻流动展览会上海展
温　涛	1907—1950	广东梅县	1930 年入上海艺术大学 1931 年与江丰组织铁马版画会，“九·一八”后加入左联
张　望（致平）	1916—1992	广东大埔	1931 年入上海美专，参与组织 MK 木刻研究会
张　慧	1909—1990	广东兴宁	1930 年上海艺术大学毕业
周金海（力达）	1911—1989	广东潮州	1931 年入上海美专 参与发起、组织 MK 木刻研究会
李　桦	1907—1994	广东番禺	1936 年参与组织第二回全国木刻流动展览会上海展（与鲁迅通信多年）
陈普之	1911—1950	广东普宁	1930 年上海美专 1931 年入 MK 木刻研究会
陈葆真		广东潮安	1931 年入上海美专，MK 木刻研究会员
何白涛	1913—1939	广东海丰	1932 年转入上海新华艺专 1933 年与陈铁耕、陈烟桥组织野穗社
吴　渤	1911—1984	广东兴宁	1931 年参加全国二回木刻联展上海展出
罗清桢	1905—1942	广东兴宁	1930 年上海新华艺术大学（与鲁迅通讯多年） 1934 年夏来沪拜会鲁迅

这些粤籍版画青年是鲁迅执著的追随者。他们将推广外国版画、倡导新兴版画、关爱木刻青年的鲁迅视为导师、精神上的领袖。当鲁迅辗转北京、厦门、广州之后，选择上海作为提倡新兴木刻的阵地直至生命的终结时，一群进步青年在他的感召下纷至沓来，其中包括一批粤籍版画青年。在中国新兴版画运动第一代“战士”中，罗清桢、陈铁耕、陈卓坤、张慧、钟步卿、黄山定、邓启

凡及稍后的罗映球、王立、荒烟、张运辉等均出自兴宁，鲁迅先生因此称兴宁为“版画之乡”①。当1927年9月27日鲁迅离开广州到上海，他仍旧坚持关心广东木刻青年，与日后在广州组织现代版画研究会的李桦等保持通信。现存113封鲁迅回复木刻青年的通信中，鲁迅与李桦间的通信达60余封。

当一群一八艺社的青年在上海谋求作品展出之时，首先想到的是向鲁迅寻求帮助。在鲁迅与他的日本友人内山完造的共同努力下，一八艺社1931年习作展览会落实了展出地点，鲁迅还为该展览画册作了“中国现代美术史上具有划时代意义的文献”②的《小引》。鲁迅与粤籍青年的交往由来已久，同时鲁迅在沪居住的虹口区在当年又是广东人的聚集地，因而当1931年8月鲁迅邀请日本美术教师内山嘉吉为中国青年教授版画技法时，13名学员中有半数以上为粤籍。木刻讲习会由日籍教师讲解，加之鲁迅亲自担任翻译，着实具有吸引力。

20世纪30年代鲁迅数次将收藏的优秀外国版画家作品向公众展出，并出版多本版画集向国人介绍木刻艺术，其中包括分别为比利时木刻版画家麦绥莱勒(Franz Masereel, 1889—1972)与德国版画家珂勒惠支(Kathe Kollwitz, 1867—1945)出版的两本外国版画家专辑(图6-2)。

麦绥莱勒一生创作了上万幅木刻作品，第一次、第二次世界大战期间，他以木刻为武器反对战争，坚持创作进步作品以揭露所处社会的深刻矛盾。珂勒惠支则以其女性特有的细腻创作一批揭示人性、反抗旧制度的木刻版画作品，这些作品在当时中国产生了极大的反响，震撼了一批参与新兴木刻的艺术青年。其中，《织工》组画描绘了德国西里西亚纺织工人暴动的过程，用艺术的语言表现了一起政治事件。鲁迅曾评价珂勒惠支的艺术成就，认为在当时的女性艺术家之中，没有比她更能震动艺术界的。

由此可见，在这场新兴木刻运动中，一群来自广东的版画青年围绕在鲁迅周围，通过模仿外国版画家的创作技法、表现方式、造型手段、内容处理方式，涌现出一批发自内心、充满激情，反映时代特征的木刻作品，共同推动中国木刻运动的发展。

---

① 兴宁举办为期8天的现代版画展[N/OL]. 梅州日报，2009-11-10[2010-03-10]. http://www.meizhou.cn/news/0911/10/09111000009.html.

② 江丰. 鲁迅先生与一八艺社[C]//鲁迅回忆录：第二集. 上海：上海文艺出版社，1979.

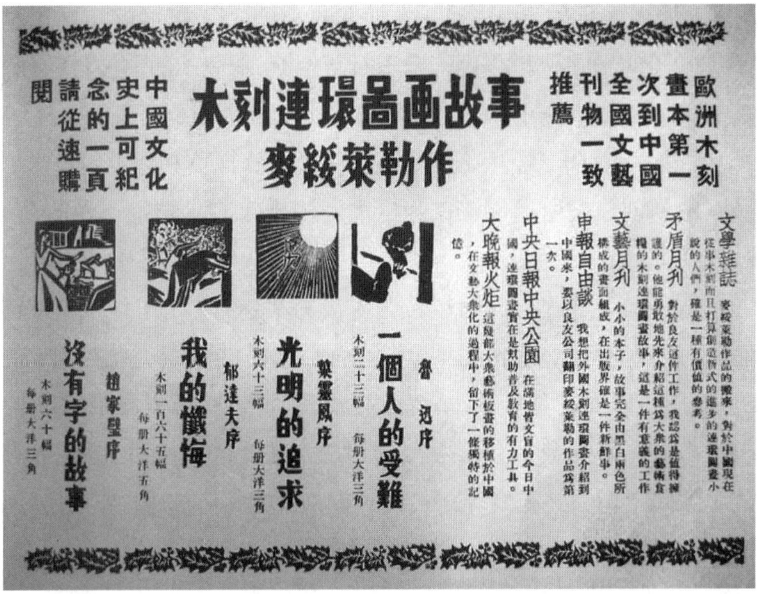

图 6-2 《良友》画报 1933 年第 83 期刊登的木刻集广告

第三节 新兴木刻运动的先驱

鲁迅曾经有过木刻者广东新会人最多的言论。然而，为何木刻青年多出自广东？为此，笔者将目光投向当时的历史、文化以及经济等，试图联系多方面因素来考虑这个问题。

研究历史不难发现近现代中国历史上的重大事件，均有粤籍人士的身影。戊戌变法的帷幕由康有为、梁启超的公车上书掀开；民主革命先导、中国近代化的先驱孙中山诞生于此，并且将广东作为其革命活动的主要基地，领导中国走向共和。此外，在这片土地上曾经发生过的北伐革命、广州起义、农民运动讲习所、省港工人大罢工等均表明了广东人具有强烈的忧国忧民意识，以及敢为天下先的勇气。

因而，当鲁迅倡导的新兴木刻运动兴起之时，一批粤籍青年学生踊跃加入。

这里，离不开岭南文化的历史支撑。在他们的成长过程中，由岭南文化脱胎而来的近代广东文化起到了内因作用。出于对新生活、新艺术的向往，怀着对艺术的热忱，使粤籍青年拿起了刻刀，加入新兴木刻运动的战斗队伍，成为这场运动最重要的生力军。因为木刻艺术符合了他们的理想、抱负和艺术的追求。

此外，木刻创作之所以能够成为广大留沪青年艺术学生喜爱的画种，还存在经济层面的原因。20 世纪 30 年代的中国，民众生活水平普遍偏低，当那些来自各地破落家庭、贫困交加的年轻艺术爱好者来到“十里洋场”的上海求学时，一面是对艺术的强烈激情与热爱，一面是高昂的学费。此外，西洋绘画的学习要求经历长时间的基础训练，练就扎实的基本功，而上海当时各大私立艺术院校、西洋绘画研究会、个人画室五光十色，对于这批初到上海，生活上捉襟见肘，艺术道路上尚且迷茫的美术学生，根本无从选择。因而，“借二把刀，花一角钱买一片木板(李桦，1934)”就可以创作，表达自己的思想、传承广东人特有忧国忧民意识等诸多特点。

艺术是文化与历史的一种反映，社会文化在艺术形象的构造过程中起决定作用。茅盾将 20 世纪二三十年代上海的生活模式描绘成“紧张都市生活节奏”。新兴木刻初期，年轻的粤籍版画家们多以下层民众的生活作为创作内容，为挣扎在社会底层的劳动人民呐喊。本节将围绕粤籍版画青年在上海期间的版画活动探讨他们在新兴木刻运动中的地位及影响。

一、上海粤籍版画团体

以木刻讲习会为契机，在鲁迅的热情帮助和指导下，1932 年起上海涌现出一批由粤籍美术家为主体，涉及版画创作研究的团体。

1. MK 木刻研究会

MK 木刻研究会是一个由粤籍钟步卿、周金海、张望、黄新波等发起的木刻版画团体。在持续近两年的活动中，先后举办了四次会员创作木刻展。陈铁耕创作的《母与子》、周金海的《牺牲》、张望的《出路》反映艺术家对社会现实的思考，具有一定思想性、艺术性。1933 年 6 月 12 日上海《时事新报》对木刻研究会举办的第二次版画展览作了肯定的评价：“木刻，在现代艺坛上的进展，是非常迅速的，尤其在新兴的艺坛上，木刻所给予强烈光线的展示，黑白对照的刻画，现代社会刺激的暴露，尤其在阶级意识上的启示。它，是新兴艺坛上的生力军，是现代表现意识作品的最强烈的工具。”但同时感叹当时画坛的冷落以及诸如此类的木刻展览稀少而难逢。

2. 春地美术研究所

在上海一八艺社研究所成员的基础上，1932 年 5 月 26 日诞生了春地美术研究所，该会成员有江丰、于海、李岫石、黄山定、倪焕之等。在成立宣言中，版画艺术青年旗帜鲜明地提出了自己的艺术主张：“为着培植我们已在萌芽的、前进的、现实的、时代的艺术，为着使艺术扩大与深入到群众中去，成为大众的艺术，为着给许多散落在街头的穷苦艺术家能自由地研究……”[①]由此可见，在中国左翼美术家联盟的领导下，艺术青年们已经自觉地把木刻版画艺术作为革命工具，投入到时代洪流。他们认为“艺术也如其他文化一样，是跟着时代的巨潮而生长着演进着的，所以现代的艺术必然的走向新的道路，为新的社会服务，成为教养大众、宣传大众与组织大众底很有力的工具。新艺术必须产担负着这样的使命向前万进……”[②]同年 6 月举办的《春地画展》，展出了黄山定的《穷人之家》等约 20 幅木刻作品。7 月，由于春地画会会员江丰、黄山定等被捕，画会被迫中止。1932 年 9 月，粤籍版画青年陈卓坤(之后因秘密发行自印木刻马克思像而遭受 4 年监禁)、顾鸿干、倪焕之等再次团结起来组织野风画会，表现出广东艺术青年不屈不挠的顽强精神。1933 年，同样由粤籍版画青年参与的春天画会举办了“援助东北义勇军联合画展”。

3. 野穗木刻社

由粤籍版画青年陈烟桥、陈铁耕、何白涛等创立的野穗木刻社(野穗社)促成了 1934 年 3 月 14 日至 29 日新兴木刻运动早期唯一一次出国展。成立于 1932 年的野穗木刻社，1934 年受鲁迅委托征集新兴木刻等 78 幅作品以“革命的中国之新艺术”为名在法国巴黎展出，获得法国革命作家与艺术家的好评：“从中国的中心，给我们寄来了这些绘画、木刻画。这些艺术作品极其有力地、非常感人地表现了中国绝大多数劳动者为争取其解放而进行的战斗。”这也是

---

① 徐昌酩. 上海美术志[M]. 上海：上海书画出版社，2004：297.

② 同上。

中国新兴木刻艺术第一次获得国外友人的赞誉[①]。1933 年 5 月 15 日,野穗木刻社还以手工拓印原版(原寸)版画出版了《木版画》第一期第一辑。其中,陈铁耕的《防御战》表现东北抗日义勇军的战斗,陈烟桥的《巷战》反映爱国的十九路军在"一·二八"事变中在上海英勇抗击日本侵略者的情景,陈铁耕再现失业工人痛苦的木刻作品《暖》等。《木版画》收录木刻作品十幅,均由作者手拓而成,共计 100 本。后由于上海新华艺术专科学校的陈烟桥、何白涛毕业离沪而停止活动。

4. 未名木刻社

1933 年 11 月由粤籍黄新波等负责成立的未名木刻社(即无名木刻社),先后出版十多部木刻版画集。未名木刻社创作的第一至三部木刻作品集均为刘岘所作,均是为鲁迅作品所作的木刻版画插图:《野草》、《孔乙己画集》和《阿 Q 正传画集》,后两部作品集获得了鲁迅的肯定并出版。该社 1934 年出版的《木刻集》为手拓原作版画集,由鲁迅资助 100 元出版 100 部,鲁迅在该版画集的序言中写道:

> 木刻是中国所固有的,而久被埋没在地下了。现在要复兴,但是充满着新的生命。
>
> 现代木刻是刚健、分明,是新的青年的艺术,是好的大众的艺术。
>
> 这些作品,当然只不过一点萌芽,然而要有茂林嘉卉,却非先有萌芽不可。这是值得纪念的。

鲁迅在作于 1934 年 3 月 14 日的这则序言中将未名木刻社的这些作品誉为木刻的"萌芽",这一定位恰到好处。由于是一批上海美术专门学校的学生创作,虽然在技法、创作上不一定最为成熟,但作为大众的、青年的艺术,这一萌芽无疑是重要的。未名木刻社出版的木刻版画集在社会效应、影响力强烈的还有黄新波创作的《木刻自选集》、木刻连环画《平凡的故事》,黄新波的作品深得鲁迅的喜欢并赞许:"这青年刻得细致,很有希望。"之后又推荐其为左翼

---

① 李允经. 中国现代版画史[M]. 太原:山西人民出版社,1996:75.

进步作家萧红等的小说刻制封面及插图。此外，未名木刻社还出版了根据俄作家陀思妥耶夫斯基的名作《罪与罚》而创作的《罪与罚图》木刻版画集以及俄国版画家法复尔斯基的木刻版画《法复尔斯基选集》等。

5. 铁马版画会

1935 年底至 1936 年初，粤籍版画青年温涛、黄新波参与组织了铁马版画会（江丰、郑野夫等）。该会成立后即于 1936 年 1 月 30 日出版《铁马版画》，以每期刊登 14 幅版画作品的形式反映社会现实，同时设想逐步将之办成全国性的版画刊物。鲁迅收到该协会会刊后，在 1936 年 2 月 17 日给《致郑野夫》信中写道："倘如有一个团体，大范围的组织起来，严选作品，出一期刊，实为必要而且有益。我希望铁马社能够做好这工作"，表达了对铁马社的殷切期望。温涛在该刊出版的三期上共计发表了《肖像》、《咆哮》、《卖唱》、《田中餐》、《高歌》、《侍候》、《夜生活》、《死亡线上》、《缴租》等 9 幅作品，黄新波则发表了《战争》、《集会》等作品。根据许志浩的研究[①]，此三期刊物现已绝版，但根据其记载的《铁马版画》所刊版画作品题目，仍可知这份刊物反映的主要内容为当时社会的疾苦。

此外，粤籍版画家经常参加的还有涛空画会。该画会是野风画会为继续开展进步美术活动迁至法租界后更名而来，后因胡一川等被当局被捕而宣告结束。

6. 作品及论文发表

在上海诞生的中国新兴版画运动第一本木刻版画选集《木刻纪程》中，刊登了出自 8 位木刻家的 24 幅作品。其中，粤籍版画家有黄新波、何白涛、陈烟桥（李雾城）、陈铁耕、陈普之、张致平（张望）、罗清桢等 7 名。该画册中作品多是原版拓印，粤籍青年版画家陈铁耕、陈烟桥协助鲁迅和作者联系借用木刻原版，用于编印。

与此同时，一些非版画杂志上亦可时常看到沪上粤籍青年版画家的木刻作品及论文。例如 1934 年 10 月至 1935 年 4 月期间出版的《文艺画报》[②]先后刊登了罗清桢、李桦、川谷的木刻作品和李东平的《德国表现派的木刻》、李桦的《木刻运动在广州》的论文。此外，还大力介绍日本、比利时、苏联等国的木

① 许志浩. 中国美术期刊过眼录：1911—1949[M]. 上海：上海书画出版社，1992：137 - 139.

② 1934 年 10 月 10 日至 1935 年 4 月 15 日，由叶灵凤编辑，上海文艺画报出版社出版，上海杂志公司发行。

刻版画作品。《漫画漫话》[①]上亦多有发表罗清桢、李桦等的木刻作品。1936年4月至6月间出版的《生活漫画》[②]杂志除了刊登漫画之外，还发表温涛、陈烟桥、张望等的木刻作品以及温涛的《木刻的技巧与内容》一文。同年9月创刊的《漫画世界》[③]中亦发表了陈烟桥、温涛等的木刻作品。

这一时期，粤籍木刻青年渐渐成长为青年版画家，活跃于上海新兴木刻运动的各个美术团体、美术期刊杂志。他们大胆、直率和敏感地将鲁迅介绍的欧洲和苏联版画家的风格用于自己的创作，通过富于表现与生动的形式构成了对社会的广泛影响[④]。留沪粤籍版画家们这一时期的作品中在强调主题内容的同时，艺术形式上仍然有着珂勒惠支、麦绥莱勒、蒙克等这些艺术家的象征主义、表现主义的风格模仿。（图6-3、图6-4）

左图6-3　李桦《怒吼吧，中国！》(1935)　木版画 27.3 cm×13.7 cm　鲁迅纪念馆藏
右图6-4　罗清桢《逆水行舟》(1935)　木版画 17.6 cm×19.4 cm　鲁迅纪念馆藏

二、第一部《木刻创作法》

中国现代版画史中第一部讲述木刻理论、创作技法的书籍经由广东人之

---

① 1935年4月至7月，上海漫画漫话社出版。
② 1936年6月由上海生活漫画社出版，至第三期停刊。
③ 1936年9月5日、10月5日共出版两期，由上海漫画世界社发行。
④ 吕澎.20世纪中国艺术史[M].北京：北京大学出版社，2006：328.

手诞生于上海。1937 年,《木刻创作法》由上海读书生活出版社出版,发行者为李公朴。该书由白危编译,鲁迅作序,通过概说、创作版画的意义、版画的种类、中国木刻史略、西洋木刻史略、木刻作法、附录及介绍几种翻印的木刻画等共八个部分组成,包括 8 幅中国版画以及 32 幅外国版画作品。

编译者白危的名字对于现代人有些陌生,但说起 1936 年 10 月 8 日鲁迅逝世前参加的最后一次木刻展览可谓无人不知、无人不晓。在八仙桥青年会召开的"第二回全国木刻流动展览会"上,留下了一幅著名的摄影作品——一群木刻青年围绕在鲁迅周围与之促膝长谈,四位木刻青年中,除曹白[①](刘若平)之外,其余三人黄新波、白危、陈烟桥均为广东籍。

该书在鲁迅的鼓励、校阅下翻译而成,作者白危在《木刻创作法》编译经过中,简要概述了中国木刻复兴运动的经过。同时指出,由于当时木刻理论的缺乏,遂根据日本旭正秀(Masahide Asahi, 1900—1956)的《创作版画的作法》[②]、《世界美术全集》东洋版画篇及西洋版画篇等编译而成,并参考了《世界美术史纲》和小泉癸巳男[③](Kisio Koizumi, 1893—1945)的《木版画雕法与刷法》。这些书籍的作者均为日本创作版画协会成员,他们通过出版版画技法书籍普及创作版画,活跃于日本乃至世界版画领域。

该书《序言》部分对源自欧洲反映欧洲城市生活的创作木刻与传统复制木刻做了一番比较说明。其中,对于创作木刻,编译者认为是"艺术家直接的创作品,好不假手于刻者和印者"[④]。同时,将"木口木刻"纳入复制木刻范畴,这与现今对于木口木刻的理解是不一致的。为何会如此划分?可以从《序言》部分找到些许根据。木口木刻是盛行于西方的一种传统版画技法,当时应用于书籍插图的绘制。然而,一旦涉及书籍图版制作,绘与刻、印自然分开进行,于是,白危便在该书中认为木口木刻即复制木刻。可见,版画的概念是不断发展的。而今,虽然木口木刻这门技艺因其细致而少有画家钻研,但木口木刻早已

① 关于曹白现状,可见:李国涛.关于木刻家曹白[N/OL].中华读书报,2004-02-18[2010-10-13].http://www.gmw.cn/01ds/2004-02/18/01-D8E6B8BDC8C1852748256E3E0005E431.htm.

② [日]旭正秀.創作版画の作り方[M].東京:弘文社,1927.

③ 小泉癸巳男,日本版画家,师从户张孤雁、织田一磨,参与 1918 年日本创作版画协会的创立。1929 年与旭正秀等创办《版画》杂志。木版画集《昭和大东京百图绘》为其代表作。1924 年,由秀英社出版《木版画の彫り方と刷り方》一书。

④ 白危.木刻创作法[M].上海:读书生活出版社,1937:1.

成为创作版画大家庭中的一员。因为创作版画与复制版画的界定并不是某个版种或技术，而是画家是否参与了亲自设计、制版、印制的过程。

在中国木刻史略一节[①]中，白危对版画的起源问题做了探讨。当时，世界学者普遍认为敦煌出土的唐代木刻佛像图与金刚般若经[②]是中国版画史上最古老的宝物。然而，白危认为佛教版画起源于印度，在分析佛教传入中国的历史之后，大胆提出了唐代佛教版画源自印度的假定。只是，由于当时唐朝印刷佛像(木刻版画)出土地既有中亚又有敦煌石窟，而且都没有记载具体年代，故而未能得出明确的结论。之后，中国版画在清朝康熙乾隆年间由于受到西洋版画的影响而有过一次大跃进。到了近代，由于摄影、胶印技术的流行，木刻版画逐渐被边缘化。

通过分别介绍木口木刻与木面木刻的概念、雕刻法、印刷法、用具和材料等分析讲解。从两部分所占篇幅而言，编译者显然偏向于鼓励读者进行木面木刻的创作。白危认为木口木刻"工作繁细"、对材料要求讲究，需要作者精湛的技艺，对于初学者而言较难掌握，故而推荐相对简单的木面木刻。而对于进行木面木刻创作的木刻刀，书中推荐了德国、法国以及日本出品的，日本制木刻刀由于低廉的价格受到推荐，销售地点在内山书店。该书店由鲁迅的挚友日本人内山完造经营，其弟内山嘉吉则是木刻讲习会的首任教师，可见日本在中国版画复兴运动中的作用。

该书虽命名为《木刻创作法》，却大量介绍了与城市相关的创作版画作品，仅用 15 页篇幅具体讲授木刻制作技法。书中的插图分为两大部分，包括中国与外国共计 40 帧创作版画作品。8 帧中国版画家的作品包括力群的《鲁迅先生像》、陈铁耕的《母与子》、陈烟桥的《都市背后》、野夫的《九一八之回忆》、黄新波的《被变作牛马的同胞》、李桦的《狱中回忆》、罗清桢的《愤恨》、何白涛的《烟》。同时，32 帧外国版画作品的作者中，除了当时著名的德国版画家珂勒惠支(3 幅)、比利时的麦绥莱勒(2 幅)之外，其余均为苏联版画家。考虑到该书出版的时间，所选作品主题多涉及战争的残酷、城市在战争中的景象以及城市

① 白危. 木刻创作法[M]. 上海：读书生活出版社，1937：6-8.

② 佛教珍品，封面为木刻版画，内有"唐咸通九年四月十五日"等字样，现存于大英博物馆。

百姓面对战争的百态。

此外，20 世纪 30 年代上海出现了一批创作木刻作品集，反映城市人与城市生活的创作版画作品集，成为普及创作版画的先锋[①]。这些作品集多数在日本人开设的内山书店有销售，这与内山书店的主人内山完造及其弟弟内山嘉吉与中国新兴木刻运动倡导者鲁迅的交往有着密切联系[②]。这些版画作品集收录的作品来自世界各地，尤其以德国、苏联为主，内容涉及城市生活的方方面面以及生活在城市中形形色色的居民，其中相当一部分作品反映了城市知识分子、劳苦大众面对战争的态度。

三、从上海走向全国的创作版画

中国的创作版画诞生于上海这座大都市，在战乱中成长起来并通过大批版画青年向全国传播开去。上海随即成为中国新兴木刻运动的发源地、创作版画在中国的故乡。

沪上版画青年出走四方的导火线是 1936 年 10 月鲁迅的突然辞世，这一消息给参与这场运动的青年以沉痛打击。作于 1936 年 10 月 22 日鲁迅出殡之际的《木刻创作技法》后记，字里行间流露出对这位“导师”去世的哀悼以及对于新兴木刻的决心：“坚守刻苦硬干的精神，不妥协，不屈服，但也不自傲自打，急于事功。”文中将鲁迅誉为“中国新兴木刻的母胎”，可见木刻青年对于鲁迅的敬意。

1936 年 11 月 25 日，上海木刻工作者协会在江丰、陈烟桥、顾鸿干、黄新波等 34 名青年版画家的参与下成立。该协会的《成立宣言》中写道：“中国新兴的木刻，在黑暗与污浊中发芽，在侮辱与冷嘲里抽苗，在屠杀与践踏之下壮大——它壮大起来了……为了实践鲁迅先生的诺言，为了木刻本身的前途，我们有立刻携手的必要……来一同推动中国木刻运动，来与黑暗与强暴相斗

---

① 包括朝花社出版的《现代木刻选集》、《新俄画选》等《艺苑朝华》系列共 5 辑，三间书屋发行的德国版画家作品集《士敏士之图》、良友公司发行的比利时麦绥莱勒作品集《一个人的受难》、《光明的追求》、《没有字的故事》、《我的懊悔》、《苏联版画集》，苏联木刻集《引玉集》，铁木艺社编的《木刻纪程》，《北平笺谱》，文化生活社出版的《死灵魂百图》、《珂勒惠支选集》、《E · 蒙克版画集》等。

② 关于三人的关系，笔者在本科毕业论文《鲁迅时代的内山兄弟——谈二人对中国新兴木刻运动中的贡献》中有详细论述。

争。”然而，粤籍版画家们并没有随之放下手中的木刻刀，而是继续沿着新兴木刻运动的方向团结一致，携手并进，决心继承鲁迅遗志发扬木刻精神。

> 中国新兴的木刻，一开始，它就是斗争的。七年以来，由于我们的伟大的鲁迅先生之领导，由于从事木刻同志们的血的洗礼，和自身的艰苦的工作，我们一天也没有忘记过自己的任务：斗争……来与黑暗与强暴相搏斗。
>
> 现在，中华民族，真是到了你死我活的最后一步。大众们如不再出来抗争，只好听取其灭亡。……木刻是整个文化的一部分，对这神圣的伟大的救亡运动，我们当然是要以最大的赤诚和努力来参与的。①

1937年抗战正式爆发之际，上海一批版画青年或奔赴抗战第一线以木刻去记录战况，或回到原籍兴办教育在各大中小院校鼓励学生从事版画创作。他们继承鲁迅遗志，“走出书斋”，“到生活的旋风中去”，以刻刀为武器，走出象牙塔，实现“艺术救国”的抱负。在抗日战争热潮的推动下，他们用木刻这种生气勃勃的战斗姿态，振奋民众精神，激励众人投身革命事业。一部分满怀极大的爱国热情，投奔抗日第一线，其中包括沃渣、力群、张望、马达、陈铁耕、黄山定等，日后形成了延安解放美术队伍的骨干力量。一部分青年粤籍版画家返回原籍后，大多从事教育工作。他们通过成立木刻社团，举办木刻展览、讲座，编印出版木刻画册等形式推广现代版画艺术，建立南方现代版画中心，回归艺术本源。

20世纪30年代初期，木刻青年主要在上海和杭州两地活动，人数更是“屈指可数”。随着这些粤籍青年版画家的辛勤耕耘，在广州、平津地区、西南边境、农村腹地播撒下版画的种子。

至此，中国木刻的复兴运动经过了播种发芽，开花结果之后，由这批曾经聚集在上海的木刻青年带着种子播撒向中华大地的各个角落。而那些留守在各大城市的木刻家们仍旧坚持创作，以黑白分明的木刻为武器，反映城市的苦

① 李桦，李树声，马克. 中国新兴版画运动五十年[M]. 沈阳：辽宁美术出版社，1981：20.

难与城市人面对侵略、生灵涂炭的愤慨。

20 世纪 30 年代在上海兴起的新兴木刻运动（萌芽时期）短暂而辉煌。粤籍版画家在这个阶段创建了中国最早的版画团体“一八艺社”以及多个木刻画会，参加了鲁迅为培养木刻人才的讲习会，是支撑上海美专中 MK 研究会和无名木刻社的重要中坚力量。由于他们自身的努力不仅使由鲁迅倡导的中国新兴木刻运动成为最具影响力艺术运动，而且使上海成为中国新兴版画运动的中心，作为新兴木刻运动的发源地并载入美术史册。中国的木刻创作队伍从 1931 年的十几人发展到 1936 年时已有几百人之多，辐射至北京、广州、济南、太原等地。在这场史无前例的中国新兴版画运动中，粤籍版画家为此做出了卓越的贡献。（图 6－5、图 6－6）

左图 6－5　《良友》画报 1935 年第 111 期全版刊登全国木刻联合展览作品
右图 6－6　《良友》画报 1936 年第 121 期刊登第二次全国木刻画流动展览会作品

兴起于上海的新兴版画运动通过这些粤籍青年版画家传遍全国。罗清桢 1931 年离开上海返回广东任教，创办木刻工厂，与张慧共同编辑出版《木刻阵地》。张望先后在汕头回澜中学、海滨师范、神美艺术学校任教，与陈坚、谢海若等人在潮安发起组织“大众木刻研究会”，并主编潮安《大光日报》副刊《生活与木刻》，陈铁耕和钟步青在汕头发起成立新野画会。期间还出版《清桢木刻集》、《张慧木刻集》。20世纪30年代末，曾经在沪跟随鲁迅的一批木刻青年陈铁耕、张望、罗清桢、周金海、陈普之等先后离开广东投奔革命，奔向抗战第一线，将激情进行到底。

新兴木刻运动反映了现代美术的重大转型，在左翼文化运动的强烈推动下，新兴版画登上了历史舞台。当时的上海版画界，粤籍青年版画家民主、民族意识及对现实关注空前高涨。上海粤籍青年版画家用自己的生命和热忱投入到新兴木刻运动，在与黑暗的社会现实搏斗中去追求自由、民主与平等的理想。在特殊历史时期，他们开始用深度植入本土政治和文化语境的现代艺术作品以表现人民的苦难与斗争，反映时代脉搏与生活轨迹。他们组建的木刻社团无论在创建时间、规模还是形成的影响等方面都是当时上海其他艺术团体和流派所无法比拟的，在中国百年新兴版画史上留下了光辉的一页。

虽然以现今的眼光来看，这群粤籍青年版画家当时的作品在风格上存在着模仿欧洲版画的痕迹，在技法上亦未能达到炉火纯青的境界，然而他们通过召唤、鼓舞社会各阶层同胞抗击外来侵略的勇气和魄力，足以使之成为中国新兴木刻运动的先驱者、开拓者。

第七章

上海粤籍美术家在其他新美术领域的探索

20世纪前期的上海，粤籍美术家除了在新国画、洋画、新兴木刻运动中扮演了重要的角色之外，也出现在其他新美术领域。本章以上海粤籍美术家在现代雕塑、水彩画、新派漫画以及美术报刊等新美术领域的实践为对象进行分析研究。

第一节　现代雕塑家李金发

19世纪末20世纪初，中国的现代雕塑在相当长的一段时期内呈现一片真空状态。20世纪10年代社会变革时期，一批青年乘着新文化运动的浪潮奔赴欧美、日本等国学习雕塑，归国之后又多活跃于艺术教育等领域，开创中国近现代雕塑新纪元。其中，粤籍雕塑家李金发被誉为"我国雕刻界泰斗"①，"中国雕塑史上，第一位学习西洋雕塑和引进西洋雕塑的人"。虽然粤籍雕塑家李金发取得这一雕刻界泰斗的荣誉并不完全依靠上海期间所获得的艺术成就，但不可否认李金发早年的艺术生涯与上海有着诸多联系。

李金发是一位在诗歌、雕塑、美育等艺术重要领域显示出过人之才华的现代雕塑家。本节仅针对粤籍雕塑家李金发在上海活动期间的雕塑作品、艺术

① 参见李石岑致李金发信，手迹载李金发主编《美育》杂志第一期(1928年1月)。

教育及美育方面进行研究，结合其矛盾性艺术观探讨他在中国近代新美术运动中的活动及其影响。

一、雕塑家的诞生

李金发早年的人生轨迹与同乡友人林风眠交织在一起，两人均从上海出发踏上赴法留学之路，成为第戎国立美术专科第一批中国学生。在该校校长雕塑家伊恩塞斯(Ovide Yencesse, 1869—1947)的指导下，他们接受了艺术启蒙教育。半年之后，抱着学艺的志向他们获得校长推荐转入法国国立高等美术学院，分别进入雕塑教授布谢(Jean Boucher, 1870—1939)与历史画教授古尔蒙工作室学习。雕塑家布谢在担任巴黎国立美术学校教授期间，以纪念战争中为国捐躯的烈士为主题创作了一批作品[①]。1922 年春，李金发进入该校主攻雕塑半年之后，作品雕塑头像入选巴黎一年一度的艺术大展览——巴黎春季展览会，成为首位入选巴黎美展的中国雕塑家，可见其学习之刻苦。

20 世纪 20 年代的中国，艺术院校方才开始设立雕塑教学。1925 年，留学法国的李金发应上海美专校长刘海粟之邀回国执教。然而，由于当时国人对现代雕塑的不了解，使得李金发来到上海后无课可上，从此开始了长达数十年转战南北的生活。

在上海的数年间是李金发艺术创作的高峰期，自 1925 年应孙科之托为孙中山做铜像及胸像起，直至抗战爆发前后的十余年间，李金发共计创作了包括孙中山雕塑胸像(图 7 - 1)、蔡元培雕塑[②]、邓仲元铜像、伍廷芳铜像(图 7 - 2)等在内的数十件雕塑作品。塑造的对象中，无论是辛亥革命领袖，还是著名教育家、革命军将领或是著名的外交家，他们都顶着中国近现代史上杰出的历史人物的头衔，可见李金发在这段时间主要以为这些历史人物塑造纪念碑式的作品为主。由于李金发的雕塑作品多为受人订购之作，与时政紧密相连，因此学界有人认为李金发的雕塑作品具有历史价值和艺术价值的作品并不多。

---

① 由于布谢本人参与过第一次世界大战，故其作品多以纪念碑形式讴歌那些为法国而战的勇士。

② 1925 年应《申报》之邀而创作。

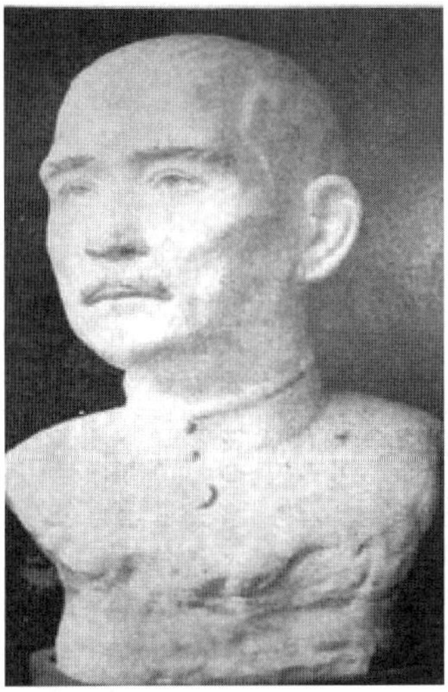

左图 7-1　李金发　孙中山胸像，转载自 1926 年 11 月《良友》画报，孙中山先生纪念特刊
中图 7-2　李金发　伍廷芳铜像(1931)
http://jb.sznews.com/html/2008-10/22/content_381754.htm
右图 7-3　布谢 Gallieni 元帅纪念碑，巴黎
(Monument au maréchal Galliéni (1926) sur la place Vauban dans le VIIe arrondissement de Paris)

然而，雕塑不同于一般西洋美术种类，较之油画、版画，雕塑更具有公共性。李金发用雕塑所刻画的革命领袖、教育家、外交家堪称一个时代的象征。在那个年代，单纯为了创作而创作的雕塑作品数量毕竟有限，在此只能说这是特定历史时期的遗憾。正如他在法国巴黎国立高等美术学院的导师布谢创作纪念碑雕塑那样，李金发归国后以上海为中心辗转全国各地，以自己独有的方式创作了一批记录历史的人物纪念碑。从入读的时间以及归国后的作品而言，较之启蒙教师擅长人物浮雕的伊恩塞斯，李金发受到善于创作以表现战争等历史人物为主题纪念碑雕塑的布谢的影响显然来得更深(图 7-3)。

1928 年起他虽担任杭州国立艺术院雕塑教授，却每周在上海、杭州之间奔忙，先后在沪完成了《马祥斌军长》、上海名人《李平书》铜像以及上海南京大戏院门前 35 尺长的浮雕，可见他对上海的眷恋之情。

李金发的雕塑创作背后有一支训练有素的团队，帮助其翻模、制作。这是一支诞生于上海的雕塑队伍，1928 年他与人合作在沪开办了一家名为"罗马工程处”的雕刻公司。虽然该公司三年之后由于生意欠佳而关门，但与原雕塑团队之间仍旧保持着联系。于是，当1931年孙科委托他制作伍廷芳铜像时，他便带领上海的助手一同南下广州，加之之前在上海翻石膏模型的经验，使这件作品成为完全由中国人自己创作、制模、铸铜之作。① 而后，李金发带领他的上海团队又完成了辛亥革命元老邓仲元铜像，以及其他十余件半身雕像或铜像创作。短短几年间，一系列作品不断涌现，奠定了李金发在中国现代雕塑界先驱者的地位。

李金发在中国现代中国雕塑领域的开拓性成就，无疑成为民国初期雕塑界佼佼者，引领了我国现代城市纪念性雕塑的诞生。20世纪早期的上海，少有中国人用西方雕塑技法来创作或者制作雕塑现代人物，作为城市雕塑来考虑。由此，李金发飘零在沪期间制作的这些纪念伟人雕塑作品堪称开中国近现代城市纪念性雕塑之先河。

二、李金发与《美育》杂志

20世纪前期，在上海众多美术类期刊杂志中，出现过两份名为《美育》的杂志。新文化运动前后，一批有识之士发起中华美育会并于1920年4月20日出版了中国第一本全面美育学术刊物《美育》杂志以宣传新思想、新美术。这是一本由众多文艺名人响应新文化运动的呼声，论述美育基础原理与规律，介绍西方美学家观点、艺术知识，探讨中国美育的实践问题，主张“美育”是新时代必须做的一件事。然而，该杂志前后仅出了七期便告终结。

另一本名为《美育》的杂志于1928年1月由李金发主编，上海美育杂志社出版，上海商务印书馆发行。这份杂志的编辑早在两年之前的1926年便在李金发的筹备下着手进行。在杂志的编后语中，李金发表明了对《美育》的希冀：

> 这个杂志，吾绝不敢希望在吾国文化上，有什么影响；亦不敢望美育将来会代替宗教。但若读者读了，能寻到人生尚到处是美，尚有一息可以留恋，而来同我们共同研究，则是欣幸的……我们厌弃现世社会、经济、政

---

① 陈厚诚.死神唇边的笑——李金发传[M].天津：百花文艺出版社，2008：115-116.

治的纠纷，要把生活简单化，人类重复与自然接近。[①]

该杂志以吸引读者共同研究人生中的美为宗旨，侧重介绍西方文艺复兴时期艺术。此外，李金发以片山潜雀、肩阔、马三郎、可寺、弹丸、蓝蒂、瓶内蛟野三郎等笔名陆续发表《做总理铜像的回忆》、《谁配调和东西洋艺术》、《神话与艺术》、《吾国艺术教育》、《风景画论》、《艺术在道德上之功用》、《艺术之本原与其命运》、《艺术与诗的将来》等美术论文及译文探讨了我国艺术现状、艺术教育等，《十九世纪法国三大雕塑家》与《卜德尔的雕刻》则介绍了法国近代雕塑家的生平与创作。同时，《美育》所刊载的图片更是涉及古今中外雕塑、绘画、建筑、舞蹈、音乐、哲学、诗歌等众多领域，这些文字与图片广泛介绍、传播西洋美术理论、思潮，以及古今中外的绘画，在美育方面作出了贡献，为后人留下珍贵的早期美育资料。

《美育》在上海先后出版了三期，李金发与夫人的分手导致该刊物的停刊。1937 年 1 月，他在广州编辑出版了《美育》第四期(终刊号)，在《复刊感言》一文中表达了对艺术的憧憬：我们有我们坚决的信仰。社会制度，政治活动，都将次第变迁消失，艺术才是永远无限，我们憧憬着埃及、希腊罗马的光辉。

总结、研究李金发主编创办《美育》的原因，笔者认为可以从两方面进行思考：一是蔡元培在 1917 年提出的“以美育代宗教说”的思想到五四以后，已经成为中国美学界的一种重要的思潮。并且，李金发曾担任蔡元培大学院[②]秘书处秘书兼大学院艺术委员会委员一职，与蔡元培有着密切的往来，《美育》杂志第二期的部分编写工作便是在这一阶段完成的。故而，可以从受到蔡元培美育思想影响的角度去理解李金发创办该杂志的原因。二是宣传其本人的美育思想，通过这份杂志阐述其艺术思想，宣传以艺术教育为美育的核心思想，这一点内容稍后将作具体分析。

在上海期间，李金发除了进行雕塑作品的制作、编辑《美育》之外，曾于 1928 年由上海商务印刷馆出版《意大利及其艺术概要》一书，介绍意大利的美

① 许志浩. 中国美术期刊过眼录：1911—1949[M]. 上海：上海书画出版社，1992：42－43.

② 1927 年 10 月 1 日，在蔡元培与李石曾提议下，中华民国最高学术教育行政机关中华民国大学院正式成立，蔡元培出任院长。

术。1930年，参与发起长风西画研究，教授西洋画，并先后举办教授近作展览会、学员成绩展览会以普及美术，倡导美育。

三、矛盾性艺术观

《死神唇边的笑——李金发传》的作者陈厚诚[①]认为李金发是思想和行动矛盾式的人物，思想上的悲观和行动上的勤奋、刻苦、创造。李金发无疑是多才多艺的艺术家，在油画、石雕、泥塑等方面进行尝试的同时，还阅读文学、诗歌进行文学创作。

李金发的艺术与他的诗歌相似，充斥着矛盾性。他的诗歌在中国的象征派诗歌领域占有一席之地[②]。朱自清作于1935年8月21日的《中国新文学大系：诗集》[③]导言将我国新诗分为自由、格律、象征三大派别，认为胡适是中国新诗第一人，李金发为首位将法国象征派诗人的手法介绍到中国诗里的人，其诗不乏想象力，但句法过于欧化。早年留法期间，李金发接触到波德莱尔象征主义诗歌《恶之花》，并体现在自己的诗作中。他的艺术亦或多或少受波德莱尔思想的影响。《恶之花》关注现实掩盖下的自我，艺术的最终目的是创造美，而波德莱尔认为美不仅存在美好之中，亦存在于丑恶之中。在李金发的雕塑作品中，亦可以看到他的矛盾性艺术观。

在当时的中国社会，李金发虽然倾向于罗丹的带有印象派意味的雕塑风格，但在中国创作纪念性人物雕塑时，却不得不考虑到国人的接受能力而采用现实主义写实的艺术手法。然而，在写实性雕塑创作的同时，他又想追求艺术上的神似。九英尺高伍廷芳坐姿铜像以写实主义手法，庄重且潇洒，表现出作为外交家伍廷芳的神韵。初到上海的两年时间里，李金发并无固定职业，仅仅依靠应孙科之托为孙中山做铜像及胸像的津贴度日。即便如此，在上海创作的孙中山胸像时，他在具体细部的处理中仍不忘将孙中山炯炯有神的目光和气宇不凡的神态刻画得栩栩如生，以至时任教育总长的蔡元培为该雕像题写

---

① 陈厚诚. 死神唇边的笑——李金发传[M]. 天津：百花文艺出版社，2008：118.

② 2000年李金发诞辰100周年之际，广东梅州举办了李金发学术研讨会。次年《新文学史料》、《诗探索》等杂志均推出专辑收录李金发研究文章。

③ 朱自清. 中国新文学大系：诗集[M]. 上海：良友图书公司，1936：1－5.

"精神不死"[①]。与此同时,李金发对于自己所制作的作品一律分为"供人订造的商品"与"自己满意的创作"。

在此,李金发对于雕塑创作的矛盾性可见一斑。1931 年,他南下广州完成伍廷芳、邓仲元纪念雕塑之后,其人生轨迹便离开了上海。由于战乱,国人已无暇订购纪念碑式的雕塑。迫于生活使他放弃了美术家的道路,开始外交生涯。

与其他上海粤籍画家类似,李金发的艺术道路亦是辗转天涯海角。早年从南粤客家经上海到法国巴黎求学,回国后又在雕塑领域里辛勤耕耘,最终成长为民国初期中国现代雕塑艺术的开拓者。同时,他又是中国象征派诗的创始者,在中国新诗发展史上具有不可抹杀的地位。当然,纵观李金发 20 世纪 20 至 30 年代的创作和成绩,不能忽视他良好的留学声誉及粤籍身份,这一特殊的身份使他接触到了当时各界粤籍要人及一批文化名人,在此社会网络中发挥雕塑与文学才华,为现代城市纪念雕塑和象征派诗歌在中国的传播发挥了一定作用。

第二节　潘思同与白鹅画会

水彩画,顾名思义,即通过在颜料中加水调和后作画。故而,水彩与水粉画在某种意义上意思相近。近代中国,水彩画作为西洋绘画的一种随着西风东渐传入我国,而上海作为我国早期水彩画的大本营,早期西画家一般都画过水彩[②]。

从 1864 年徐家汇"土山湾画馆"传授水彩画技法开始,到 1907 年上海图画音乐专科学校聘请日本梅田菊夫教授水彩画,1910 年周湘创办的上海油画院及 1911 年创办的背景画传习所均开设水彩画技法的教学,还有 1912 年上海美术专科学校成立之初便设立水彩画课程,上海培养了一批水彩画家。本

① 孙中山胸像,发表于《良友》画报 1926 年 11 月版。
② 骆献跃,王平. 中国水彩画艺术文献集[M]. 南宁:广西美术出版社,2010:13 - 14.

书的研究对象中包含的粤籍画家陈抱一、潘思同、胡善余、梁锡鸿、符罗飞、司徒乔以及下一节出现的梁白波等西画家均涉足过水彩画这一领域，然而真正以此为专业者并不多。

沪上早期颇有影响力的粤籍水彩画家中，以世居上海的潘思同为代表。一生致力于水彩画的创作和教育事业的他，为上海作为中国的水彩画发源地奠定作出了贡献。早年毕业于上海美术专科学校西画系的他，1924 年 1 月 1 日与陈白微(秋草)等在上海创办白鹅画会，同时出版《白鹅》美术杂志(半月刊)并开展美术教育、传授学生。1929—1931 年任上海美专西画教授。1933 年起任上海商务印书馆美术编辑兼任大成出版社美术编辑，1929 年和 1935 年方分别出版《潘思同铅笔画集》、《思同水彩画集》。

20 世纪早期的中国水彩画教学多出现于师范、高等工业学堂以及中小学的美术课以及艺术类院校之中。然而，上海最早的职工业余美术学校却是诞生于 1924 年元旦，由水彩画家潘思同、陈秋草、方雪鸪、都雪鸥等在上海北四川路东横浜路发起成立的西洋美术团体——白鹅画会(1928 年 8 月更名为白鹅绘画研究所)(图 7 - 4)，兼有绘画补习学校性质。该画会的创办以方便职工业余美术爱好者学习绘画为目的。同年暑假期间组织会员赴杭

图 7 - 4　白鹅西画研究所全体合影，转载自《良友》画报 1930 年第 43 期

州写生、举办画展览[①]。与此同时，协会以“启发广告事业，振兴国民皆有美术之真神”为目的成立广告公司，将美术应用于现实生活。

白鹅绘画研究所在潘思同等的倡导下，提倡教学相长，师生民主平等，共同自由商量、探讨、相互鼓励、发扬勤奋钻研艺术之精神。“一·二八”日本军队的炮火摧毁了研究所后，他们经过努力凭着对艺术的执著精神，1933 年，在虹口溧阳路重新恢复研究所活动，1934 年又附设白鹅绘画补习学校，画会自创办之日起由于学员的增加几经搬迁，校址两度毁于日本侵华战争。此外，江丰、程及、邵克萍等美术家均曾经就读于该校。白鹅画会为上海的水彩画艺术人才培养作出了特殊的贡献，它的学员遍布上海各大照相馆、剧场，活跃在商业、广告、出版等领域。

白鹅画会会刊《白鹅》（半月刊）于 1930 年 3 月 15 日由上海白鹅出版部编辑出版，是一份由陈秋草担任主编的综合类美术期刊，致力于“以新时代的艺术贡献给亲爱的读者”[②]，然而仅出版 5 期即告停刊。此外，白鹅画会还出版了一系列画册杂志，包括《白鹅画册》、《秋草雪鸪粉画集》、《装束美》以及《思同水彩画集》等。鲁迅木刻讲习会 13 名学员中，有三位出自白鹅画会。

白鹅画会在 20 世纪 20—30 年代中国水彩画语言的纯化方面做出了贡献[③]。而粤籍画家潘思同作为该画会的创始人之一，采用野外写生、记录当时的风景，为上海留下了具有艺术价值和历史价值的作品，无疑可以跻身上海早期最影响力的水彩画家之列。他的水彩画艺术风格有着自己独特的表现力，作于 1930 年的水彩画《船集》（图 7－5），反映了上海这座港口城市的风貌；而同年出现在《良友》画报的《水乡》（图 7－6）则给人以娴静的感觉。在这些西画家的努力下，中国的水彩画开始以独立的姿态存在、发展，而早期水彩画家对于西洋美术的研究与传承，值得后人学习。

---

① 参见 1924 年上海《申报》8 月 18 日报道。

② 许志浩. 中国美术期刊过眼录：1911—1949[M]. 上海：上海书画出版社，1992：72.

③ 潘耀昌. 20 世纪中国水彩（水粉）画史[M]//骆献跃，王平. 彩绘当代：中国水彩画艺术文献集. 南宁：广西美术出版社，2010：11－52.

左图 7-5　潘思同《船集》(1930)　38×50 cm　转载自骆献跃,王平.中国水彩画艺术文献集[M].南宁:广西美术出版社,2010:69.
右图 7-6　潘思同《水乡》,摘自《良友》画报 1930 年第 49 期

第三节　新派漫画家

现今,人们一般认为“漫画”一词自 1925 年《子恺漫画》开始正式普遍使用。在此之前,现代漫画经历了滑稽画、讽刺画、寓言画、谐画等称呼,通过图画反映社会现象、揭露社会问题,含有一定调侃讽刺意味。特别是在上海早期的各大画报上,文人通过时事漫画表达了对社会的关注,具体可参见本文第 4 章第一节《真相画报》的内容。

然而,《老上海漫画图志》认为“漫画”作为画种名称出现在中国是 1904 年 3 月 27 日上海《警钟日报》上发表的具有漫画特征的绘画,该绘画当时被冠以“时事漫画”之名①。1926 年 12 月 8 日,中国漫画史上第一个漫画家团体漫画会在上海成立,并于 1928 年出版周刊《上海漫画》,直至 1930 年 6 月与《时代画报》合并②。

① 上海图书馆.老上海漫画图志[M].上海:上海科学技术文献出版社,2010:1-4.
② 徐昌酩.上海美术志[M].上海:上海书画出版社,2004:280-281.

1934—1937年间上海漫画刊物的出版达到高峰，仅《上海美术志》中记录并介绍的就有20余种。

如同水彩画一样，沪上亦有不少画家涉足新派漫画领域。例如中国第一份漫画期刊《上海泼克》中除了主编沈泊尘的漫画外，还发表过陈抱一等画家的漫画。陈抱一在1935—1936年间，发表了一系列反映社会疾苦的漫画作品（见图7-9至7-11）。20世纪30年代活跃于上海的粤籍漫画家包括梁白波、黄苗子、特伟等，其中祖籍广东中山的梁白波被誉为中国漫画界“第一才女”，是“30年代中国唯一一位才华出众、具有很大影响的女漫画家”①。

生于乱世的这一代艺术家，作品存世的寥寥无几。梁白波“擅长于通过心理描写，把意识形态转化为抽象的图像”。1930年，她为“左联五烈士”殷夫（白莽）的《孩儿塔》画过9帧插图（图7-8）。简洁的线条勾勒出生动的形象，颇具形式感，特别是对于女人体的刻画，寥寥数笔，却令人神往。从现存梁白波的水彩作品、速写以及《蜜蜂小姐》（图7-7）等漫画作品中，可见她对线条的驾驭大胆而流畅。1935年9月，《蜜蜂小姐》在《立报》连载25天，通过塑造蜜蜂小姐这一漫画人物形象，表现了画家对理想化生活的追求。乍眼望去，《蜜蜂小姐》很有朱德庸漫画的意味，描绘了繁华都市新女性的生活百态，时尚而耐人寻味。同时，梁白波还在《救亡漫画》②上刊登过漫画作品，通过作品表现其对于民族危亡的关注。

同时，梁白波还是决澜社中唯一一位粤籍女画家。纵观梁白波的前半生，在油画、新派漫画领域用激情探索着现代性绘画，展现了新世纪上海女画家的独特形象。1935—1938年间，梁白波留下了一系列诙谐而带有深刻含义的漫画，从一个女画家的角度反映了当时的社会。当然，她这一时期的作品除了受到整个时局、大环境的影响之外，同叶浅予、张乐平等人的交往也不可忽视。另一位活跃于30年代上海漫画界的粤籍漫画家黄苗子，16岁便在叶浅予主编的《上海漫画》上发表作品，1932年自香港初到上海后，一边任职市政府租界办事处一边参与沪上漫画活动。1936年11月，第一届全国漫画展在上海南京路

① 上海图书馆. 老上海漫画图志[M]. 上海：上海科学技术文献出版社，2010：84.

② 1937年9月20日作为《救亡日报》副刊发行。

左图 7-7　梁白波《蜜蜂小姐》之《洋画展览会》(1935)；转载：梁白波．蜜蜂小姐[M]．济南：山东画报出版社，1998．
右图 7-8　《孩儿塔》插图(1930)

图 7-9　《救济》(1935)

图 7-10　《猪》(1935)

图 7-11　《娱乐》(1936)

大新百货公司四楼美术展览馆举办，年轻的黄苗子出任筹委会委员，参与了该展览的筹备工作。上海时期的黄苗子在漫画创作与漫画理论研究方面都有一定建树，创作《狐假虎威》①等一系列讽刺社会现实漫画的同时，撰写了《我的漫画理论》、《漫画表现的方法》等文章。

同为广东中山人的特伟与梁白波一样生于上海、长于上海，较早接触到西

① 作于 1936 年，揭露了日本侵略中国以及汉奸的卖国暴行。

方文明。特伟被誉为“中国的大卫·罗”[1],创作了一批反法西斯漫画作品,发表在当时的《上海漫画》、《漫画界》等各大沪上漫画杂志上。

上述三人均为广东中山人,《黄苗子的回忆》中详细描述了当时黄苗子与梁白波的往来,可见20世纪30年代粤籍漫画家之间关系较为融洽。抗战爆发之后,上海众多漫画家投身抗日漫画宣传队伍,其中便包括梁白波和特伟。

第四节 美术报人

纵观上海20世纪前期粤籍美术报人创办的现代美术报刊,以创刊于1926年的《良友》画报辐射面最广、影响力最强。从1912年创刊的中国最早的美术类综合性旬刊《真相画报》到《良友画报》,几代粤籍美术报人在上海通过画报这一大众化的报刊宣扬新美术,其影响力遍及五湖四海延续至今。通过研究粤籍美术报人在新美术运动中的所作所为,可以更好地解读这场粤籍美术家在这场运动中的作用,给予当今美术工作者以启迪。

1934年第85期《良友》画报上刊登了陈抱一作于1933年的《静物》。对于该作品的画风,《良友》评价道:

> 野兽派的作风,运笔流畅而极有把握;用色简洁却满充着富丽的光彩,技巧的纯熟是永远使人折服和满意的:这便是我们从陈抱一氏的作品中所得的印象。

在此,我们姑且不谈“野兽派的作风”这一点评内容是否确切,因为综观陈抱一的习画历程,其画风一直处于变化完善之中,但单就《良友》这一宣传美术家、美术作品的形式,在当时的画报中尚属少见。

---

① Sir David Alexander Cecil Low (1891 - 1963),国际时事漫画家。

一、办报育民的文艺思想

《良友》画报被誉为中国现代第一本大型综合性彩色画报。自1926—1938年的伍联德、周瘦鹃、梁得所、马国亮等四任主编中有三位广东籍，可谓无巧不成书。《良友》画报的粤籍美术报人认识到“宣扬之道，文字之功固大，图画之效尤伟。盖文字艰深，难以索解；图画显明，易于认识之故也”[①]。于是，充分利用图画“易于认识”的特点将之应用于宣扬思想、知识之中，诞生了《良友》画报以图片为主，配以文字说明的形式。为了收集更多优秀美术作品，良友主编们在征订广告中加入了“以美术的方法，集刊美术作品，时事照片，文艺”的字样，以“供应各界民众之需求”，“在普遍性园地培植美的、艺术的、知识的花果”[②]。

1934年《良友》画报第84—100期中开辟的《现代中国西洋画选》栏目[③]，汇集了留法、留日、留美等西洋画家的作品，包括：庞薰琹的《屋景》(图7-12)、陈抱一的《静物》(图7-15)、汪亚尘的《芍药》(图7-13)、林风眠的《鸡冠花》(图5-44)、吴大羽的《女孩》(图7-14)、倪贻德的《虎丘远眺》(图7-16)、张铉的《人像》、潘玉良的《钱塘江畔》(图7-17)、关良的《裸女》(图5-46)、黄潮宽的《古城之秋》以及许幸之的《彷徨者》等作品。每位画家的作品均配有作者肖像，并由主编[④]执笔配以精炼的解说文字。

《良友》的编者在简要介绍这些画家背景的同时，分别点评了他们的画作：庞薰琹的“色调和谐，画面有音乐的节奏，有诗的情绪”；汪亚尘的用色简洁却满充着富丽的光彩“笔触扩大，生动劲挺，色彩鲜明而强烈”；林风眠的色彩“大红大绿”，“画面热烈明快，笔触豪放”；吴大羽的“用色复杂而鲜丽，笔触轻快流利”；倪贻德的“融合而统一的调子，拙朴而清雅的韵律”，关良的喜好平凡题材，不用鲜艳的色彩，“潇洒的笔触，使画面上长充满着丰富的是一般的情调”；黄潮宽的“设色用笔，稳重圆熟”等。

---

① 伍联德，梁得所，明耀五，等. 中国大观：图画年鉴[M]. 上海：良友图书印刷有限公司，1930.

② 1927年5月《良友》画报第15期，封二。

③ 该栏目在《良友》画报第84—89期每月连载，1934年7月至12月由于画报一度变更为半月刊，第90—100期中该栏目分别依次出现于第91、93、95、97、99、100期。

④ 《良友》画报第80—138期主编为马国亮。

图 7－12　庞薰琹《屋景》

图 7－13　汪亚尘《芍药》

图 7－14　吴大羽《女孩儿》

图 7－15　陈抱一《静物》

图 7－16　倪贻德《虎丘远眺》

通过编者这些画龙点睛的语句加以解释说明，便于读者理解。特别是对林风眠的评价："色调方面一向喜欢用蓝绿等灰暗的颜色，故画面满充沉郁的情绪。最近所作，却一变以往的风格……这里所刊的《鸡冠花》，可代表他最近的作风的一斑。"[①]字里行间，编者对林风眠的作品风格了解之深可见一斑。在此，《良友》对粤籍画家的关注一览无余。

出于对美术的热衷，将《良友》的几任粤籍主编紧密联系在一起，前仆后继地大力宣扬新美术。其中，梁得所就读广州培英中学时便认识了伍联德，而马国亮

① 1934 年 4 月《良友》画报第 87 期。

图 7-17　潘玉良《钱塘江畔》

与梁得所同校，两人早在中学时代便负责过学校墙报的编辑工作(马国亮，良友忆旧，2002)。不仅如此，梁得所的兄长梁得允还曾留学美国芝加哥美术学院，《良友》第 41 期还刊登过他的画作。伍联德开创了《良友》画报，明确了该画报"把'良友'所抱的普及教育、发扬文化的目标保持到底"①的使命与希望，而梁得所则革新了画报的内容并促成了该画报的都市化转型。马国亮更是在前任的基础上，带领《良友》画报迈入成熟期的辉煌。伍联德、梁得所、马国亮等粤籍美术报人通过《良友》画报表达了他们对绘画艺术的趣味。

伍联德对于美术的爱好由来已久，早在 1923 年上海商务印书馆便出版了他与同学陈炳洪翻译的《新绘学》②一书。以此为契机，伍联德从广东来沪发展，从而翻开了他与上海长达数十年的不解之缘。在上海期间，无论是在商务印书馆编辑《儿童教育画》还是创立《良友》画报、出版《北伐画史》、编辑《大美画报》等，伍联德所从事的工作均关乎美术的传播，将美术教化大众的功效发挥极致。1929 年，梁得所根据英国人 W·渥宾的《美术大纲》编辑而成的《西洋美术大纲》由上海良友图书印刷公司出版。这部被蔡元培誉为"材料丰富，说明简要，印刷精良"的美术史话，介绍了自近代美术诞生到第一次世界大战期间的美术发展。附录中，同时选取中国当时 25 件西画与雕塑作品加以刊登，体现"近今中国之西洋美术"③。其中包括粤籍画家陈抱一、丁衍庸、林风眠等，堪称沪上最早一本中国西洋画家作品集。

《良友》的第四任主编马国亮自广州培英中学毕业后来沪求学，就读新华艺术学院(新华艺专)。马国亮在学长梁得所的推荐下进入《良友》工作，在良

① 1928 年 4 月《良友》画报第 25 期。

② 该书由广东汪兆铭题书名，岭南大学校长钟荣光、国画系主任梁銮及广州东山培正学校梁宗岱作序。

③ 徐昌酩. 上海美术志[M]. 上海：上海书画出版社，2004：177.

友人的提携下茁壮成长。于是，当梁得所辞职之后，马国亮被正式推上了主编的位置。《现代中国西洋画选》栏目介绍的12位画家中粤籍4人，占当年该栏目介绍画家三分之一。巧合的是时任主编的马国亮亦来自广东，在进入《良友》之前有过一段学习美术的经历，这为他解读当时西洋画家的作品提供了条件。

二、强国富民的抱负

1927年3月《良友》第15期伍联德的《为良友发言》道出了办报初衷："出版业可以保国育民！印刷业可以强国富民！"在此，粤籍美术报人忧国忧民，力争以美术唤醒民众，使国家富强的决心以及通过创办画报传播新美术，振兴中华的抱负一览无余。

沪上粤籍美术报人密切关注社会上各大美术展览，特别是有广东美术家参加的活动。1927年6月中华艺术大学举办师生作品美术展览会，时任《良友》编辑的梁得所前往参观并与中华艺大陈抱一、丁衍庸等教师会晤。1929年第42期刊登了高剑父在中日美术展览会上展出的作品以及高氏赠送给《良友》编辑的对联。1930年第50期整版刊登了《关紫兰女士个人展览会》(图5－25)的部分作品及展览会中关紫兰与友人的留影。20世纪30年代，决澜社因其所显现的前卫性而走在现代艺术的风口浪尖，而关于决澜社画展的报道自然而然出现在《良友》画报上，比如1933年第82期上刊登了决澜社第二届画展大幅入选作品图片(图5－3)。在第二、三次决澜社画展上，关良的作品亦有参展。《良友》画报同样关心中国版画的发展，1935年第111期和1936年第121期分别刊登了《全国木刻联合展览》(图6－4)和《第二届全国木刻画流动展览会》(图6－5)的部分作品。

与此同时，粤籍美术报人与美术家保持着良好的关系。《良友》画报1928年第25期刊登了鲁迅的照片。众所周知，当时的鲁迅不轻易允许报纸杂志刊登他的照片，而促成这一报道成功刊出离不开广东画家司徒乔。《良友》第三任主编梁得所通过司徒乔拜访了鲁迅多次①，拍摄了鲁迅在书房的场景。之

① 根据谢其章的《书蠹艳异录》(中华书局，2009)第三部分《鲁迅日记中的梁得所》中统计，鲁迅日记中提及梁得所共计7次，其中见面2次，得梁信件2封，回复信件1封。

后，这幅摄影作品（图 7－18）和梁得所撰写的采访稿《关于鲁迅先生》，连同司徒乔所作的速写（图 7－19）一并刊登在《良友》画报，并配有一段转自 1925 年 6 月《语丝》的《鲁迅自叙传略》。现今，这幅摄影作品业已成为鲁迅在那一时期的代表性留影之一。而在司徒乔的速写下方，则配有一段英文注释，大意为：新文化运动中杰出的中国作家。

图 7－18 《在书房的鲁迅》 梁得所摄

图 7－19 《鲁迅》 司徒乔绘

1932 年，良友图书公司更是专门设立文艺书籍出版部，出版文学艺术类书籍。之后的几年中陆续出版了李朴园的《中国艺术史概论》（1934）、《苏联版画集》（由鲁迅在苏联版画展中选取 184 幅编成，1936）、《世界裸体美术选》（150 幅，1936）以及包括 62 幅现代派画家作品的《现代名画集》（1937）等。

除了《良友》画报之外，良友图书印刷公司还出版美术期刊。1926 年 1 月 15 日创刊的《艺术界》自第二期起直至 1927 年 11 月第 26 期停刊均由良友出版。该刊收录的美术论文向读者介绍了当时世界的艺术潮流，包括梁得所的《未来派艺术》、陈抱一的《革命时期的艺术感想》等。陈抱一在该文中坚信艺术能美化生活的现象，能发展人类的精神，认为我国的美术运动自 20 世纪 10 年代起至 1926 年的十余年间，受到多方干涉、压迫与打击，呼吁美术界的同志努力从事艺术研究，促进艺术与社会的结合①。之后，上海良友图书公司还出

① 原载《艺术界》1926 年 4 月 23 日第 14 期。

版发行了三期由方雪鸪、陈秋草主编的《美术杂志》(1934.1.30—6.15)。

沪上粤籍美术报人在强调艺术的现实性、开放性、广阔视野的同时,依托上海城市为轴心去辐射出中国现代之真相。在此,他们以美术家与报人的双重身份出现在上海美术历史的舞台,将画报作为抗争武器,去揭露、抨击社会黑暗弊端的同时,力图通过艺术形式来提高民众素质,在20世纪前期中国兴起的新美术运动中发挥了重要的作用,成为民国初期提倡新美术运动的生力军。

20世纪前期的沪上粤籍美术家通过创办美术期刊宣扬新派美术,通过翻译、出版美术书籍以提高民众对于国内外当代美术的认知度,成为一群奋斗在最前沿的新美术传播者。《良友》画报的几任粤籍主编由于种种原因相继离开,但他们对于美术报刊的执著追求,对于"美术强国"的坚定信念一直支撑他们毕生致力于美术传播事业,直到生命的终结①。

出于"出版可以保国育民,印刷业可以强国富民"的坚定信念,他们深刻认识到出版印刷对于美术宣传的重要作用。当时,但凡各大美术团体、院校有重要活动,均通过报刊、杂志、书籍等方式告知民众,扩大其影响力②。自1912年粤籍国画家主编的《真相画报》到20年代伍联德等主编的《良友》画报、梁得所的《大众画报》、李金发的《美育》,直至30年代谢海燕主编《国画》、梁锡鸿主编《新美术》、李东平、曾鸣主编《现代美术》等美术报纸、杂志,沪上粤籍美术家凭借对社会敏锐的洞察力、深厚的艺术功力及独特的政治、艺术见解以及强烈的变革姿态,担负起教育民众的责任、反映了时代的气息。

正是通过这群粤籍美术家、美术报人的努力,使得我们能够通过当时刊登在沪上各种美术期刊上的粤籍美术家作品和文章,研究那个时代的美术活动。这群美术家不仅是记录着中国新美术运动的轨迹,更是传播、构建现代美术的倡导者,不愧是中国新美术运动的传播先锋。

---

① 梁得所在离开《良友》之后,又主编了《大众画报》,不惜重金聘请方雪鸪、梁鋙云等名家为画报绘制封面,于是人们得以在1933年11月至1935年5月的19期《大众画报》上领略到独具风格的封面美术画。1954年8月《良友》画报海外版在伍联德的努力下发行直至1968年因其身体原因终刊。马国亮则于20世纪80年代以古稀之年出任复刊后的《良友》画报顾问,可谓老骥伏枥、志在千里。

② 例如:成立于1918年2月的中华女子美术学校在1925年3月出版了《中华女子美术专门学校章程》,向考生介绍该校历史与现状。

第八章

结论与启示

20世纪前期的上海,作为世界文明的远东国际大都市,吸引了数以百万计的他乡移民,同时也催生了影响至今的新美术运动。本书以1912—1937年间活跃在上海画坛的粤籍美术家为研究对象,在梳理他们所处的地域、多元文化、艺术等时空背景基础上,将他们的美术活动按新国画、西画、新兴版画及其他新美术领域加以划分,阐述了他们在特定时期新美术运动中的推动作用及历史地位,还原了一段一度被遮蔽的美术史。

20世纪前期的上海,堪称一座多元文化的大熔炉。1912—1937年,在长达二十余年的时间跨度中,上海粤籍美术家的美术活动涉及不同领域、城市空间的各个角落,但他们却不约而同地选择以上海为平台拉开了新美术运动的序幕,与当时众多美术家一同开创了中国20世纪美术史的崭新篇章,成为历史的有机组成部分。由此,不禁让人产生疑问:这些粤籍美术家之间究竟有没有群体性的存在?

第一节 上海粤籍美术家的同一性

古今中外,同一时期内的不同地区、不同种类的艺术之间均存在着必然的差异[①]。中国是个多民族国家,各个民族、各个地区之间由于地域、文化之间的差

① 正是基于此观点,董其昌提出了南北宗,沃尔夫林对欧洲艺术的南北差异进行分析说明。

异，其体现出的艺术亦存在着不同之处。研究20世纪前期上海粤籍美术家的过程中，不难发现他们身上所表现出的超常胆识、超前意识与开拓精神。在文化人类学上，将这一整套心照不宣和根深蒂固的生活秩序、内心规范和文化方式，被称为“社区性的文化特征”。本书通过研究20世纪前期上海粤籍美术家作为一个个艺术个体的创作、美术活动，梳理他们的共性，从而论证他们作为一个群体而存在的可能性。

当然，本书所谓的“群体”不仅根据粤籍美术家所结成的社会团体、参与的美术活动，更包含他们精神状态的范畴。人无法脱离社会而独立生存，因而人必定从属于某一社会群体，禀赋某些文化讯息，体现在这群上海粤籍美术家身上便是以在沪美术活动为主体所形成的关系网络。

一、美术活动网络的形成

本书所涉及的20世纪前期这一时间段，来沪求学、发展的粤籍美术家不胜枚举。其中，还不包括仅仅在沪短暂停留或是在沪求学不久便离开去转战四方的粤籍年轻画家、艺术爱好者。上海粤籍美术家中，有少部分是生长在上海的粤籍移民后代，有些不远万里自日本、法国学成归来辗转漂泊到了上海，有些则直接从广东来到上海谋求发展，他们以当时的上海为时空平台，共同努力为中国近现代美术史留下了光辉灿烂的一页。

这群粤籍美术家在上海逗留的时间有长有短，所从事的美术活动、使用的材质、描绘的对象、创作的题材各异，涉及国、油、版、雕等新美术的各方面。同时，创作形态亦存在较大差异。即便如此，他们仍以艺术青年、画家、雕塑家、美术报人等身份进行着共同的现代美术事业，走在时代的前列。他们并没有像早期的旅沪粤商那般设立诸多同乡行业组织，亦没有出现诸如广肇公所这般在上海具有相当代表性的同乡组织。[①] 然而，他们在上海的美术创作、美术教育、社团活动确确实实交织成了一张无形的美术活动关系网络。

---

① 宋钻友. 广东人在上海：1843—1949年[M]. 上海：上海人民出版社，2007：63. “一·二八”爆发，民族处于危亡之时广东旅沪同乡会应运而生。1933年1月正式成立，33位董事中除了国民政府高官、政界元老之外，孙科、宋子文等广东籍要人被邀请担任该会名誉董事。较之以往的各粤籍同乡会，广东旅沪同乡会团结了更广泛的粤籍人士。为了帮助学员成功走上社会，广东旅沪同乡会创办工艺传习所。从叶恭绰入选广东旅沪同乡会董事会，可见粤籍美术家在上海广东人中的威望。

早期的粤籍国画家以《真相画报》为起点，开创了上海城市美术窗口的同时积极参与普及新美术。在此，一批有着共同理想的进步人士以“二高一陈”为中心开展活动。到了20世纪20年代，上海粤籍西洋画家成为洋画运动的中坚力量，并以东京美术学校的粤籍留日画家为中心展开美术活动。其中，尤以世居上海的陈抱一最为活跃，他经历并见证了中国洋画运动的整个过程，“抱一画室”则成为20年代文人会聚的交流场所。他的艺术生涯与关良、许敦谷、丁衍庸、周勤豪、陈宏、王远勃、关紫兰等沪上粤籍美术家，与汪亚尘、俞寄凡等沪上留日美术家以及一批在上海就学、举办展览的粤籍美术家交织在一起。30年代上海兴起的新兴木刻运动中，粤籍版画家团结在鲁迅周围，创办美术社团、进行木刻创作，成为这场运动的生力军。不仅如此，这一时期活跃在其他新美术领域的粤籍美术家们，无论是创办《美育》杂志的雕塑家李金发，参与发起成立中国最早的职工业余美术学校白鹅画会的水彩画家潘思同，涉足新派漫画的梁白波、黄苗子、特伟等，还是主编《良友画报》等美术期刊的伍联德、梁得所、马国亮等美术报人，均以其根深蒂固的岭南文化为背景支持，从而形成了他们的美术活动网络。20世纪前期的上海粤籍美术家无疑是沪上现代美术领域最活跃的动力，推动着诞生于上海的中国新美术运动走向新的辉煌。

二、美术参与革命

上海粤籍画家们有着共同的政治倾向，以明确的目的去选择艺术。正如美国文化人类学家露丝·本尼狄克特在《菊与刀》中所言：每一民俗与地域的文化尽管富有多样性，但总有一个带有历史性和行动一致性的价值秩序或主导精神贯穿始终。它作为一种典型性的目的，指导一个民族从文化的大系统中选择了某些东西，排除了另一些东西。这种选择可以渗透到文化的不同层次，体现在文化的各个单元中。因此，人类文化在具体形态上的千差万别正是根植于这一总体精神的差异。

本书所谓的美术参与革命具有双重含义：体现在绘画的内容上，创作反映社会、反映时代的作品以达到美术家干预社会、干预政治的作用；体现在绘画形式上，追求绘画本体语言的个性。

革命精神使广东成为中国近代革命的发源地之一。20世纪前期，粤籍美术家以与生俱来的革命精神，在中华民族受列强欺压之时拿起手中的画笔，使美术成为为社会、为救亡运动服务的革命工具。《真相画报》的创办者、撰稿者们多为早年跟随孙中山亲历枪林弹雨参与革命的进步人士，他们希望依托上海辐射全中国，并明确提出以美术救世的观点；“洋画运动”则汇集了沪上众多粤籍美术家，其中不乏留学归来者，他们怀着理想回国大展宏图，为变革中国西画教育呕心沥血，由陈抱一、丁衍庸等支持创办的中华艺术大学在培养艺术人才的同时，亦发展成为“左翼文艺运动的中心”[①]；李金发 1925 年从法国飘零到上海不久即主编《美育》杂志响应蔡元培的号召，希望用艺术去陶冶民众情操，使中国人毫无愧色地自立于世界“文明民族之列”；黄新波、陈铁耕等一批新兴木刻运动的先驱者们参加木刻创作本身就是冒着随时会被捕、坐牢的危险去学习、创作木刻画，以木刻为武器向黑暗的社会作斗争、反抗侵略者，由此来唤醒民众；梁白波、特伟等粤籍漫画家在抗战爆发之后，依然投身以漫画宣传抗日的救亡文艺活动中。因而，美术参与革命正是 20 世纪前期上海粤籍画家身上共同的艺术生命特征。

与此同时，对绘画语言本身的革新精神在上海粤籍美术家们的身上得到了充分的体现，他们在传播新艺术观念的过程中，不断地通过结社、展览、办报、办馆、出版等多种形式来表达自己的艺术主张。

20 世纪 10 年代初，粤籍国画家在上海提出了革新国画的思想，可谓开中国新美术运动之先声。长久以来，中国画家一直以继承传统为己任，明清时期的文人画家们更是沉浸在对古人的模仿、讲求技巧的传承，使国画的表现内容逐渐远离生活、脱离社会。1912 年起，高氏兄弟通过创办《真相画报》、开设审美书馆，宣传他们大胆革新国画的理念：提倡新派国画、“折衷中外”、新画法，并在该画报的封面美术画上花工夫，内容新奇、大胆，风格前卫。高剑父等革新派美术家试图以中国画的传统描绘当代事物，最终形成了“岭南画派”，与同时代的“海派”艺术各具特色，既遥相呼应又相互影响，在中国近现代美术史上留下了大写的一笔。

沪上粤籍西画家则是“洋画运动”中的弄潮儿，他们在中国西画创作、美术教育的现代化道路上作出了不可磨灭的贡献。在消化、吸收、融合东西方文化、艺术的过程中，这群粤籍西画家逐渐成长为洋画运动的先驱。同时，他们与当时沪

① 徐昌酩. 上海美术志[M]. 上海：上海书画出版社，2004：278.

上其他西洋画家一起将世界艺术潮流引入中国画坛，开创了中国现代美术的新局面。以陈抱一为代表的粤籍西画家们坚持现代美术之路、笔耕不辍。然而，不幸的是因日军侵略、社会环境恶化，有些英年早逝，有些不得不从此放弃绘画。另一方面，以林风眠、关良等为代表的粤籍留法、留日美术家在成长道路上经历了从单纯模仿到"摆脱"西方艺术的束缚，在油画中植入中国元素，融合中西绘画的精髓，最终走出一条创新之路，并获得艺术界的肯定。

20世纪前期的中国新兴木刻版画亦是"舶来品"。上海粤籍版画青年利用这一绘画表现形式创作了一批反映中国人民苦难、抨击黑暗的作品。他们在沪创立版画团体、组织版画展览、出版画册，传播了革命艺术观念的同时，成为中国现代新兴木刻的垦荒者、开拓者。他们紧密团结在鲁迅周围，造就了现代版画发源地的上海，并将掀起于沪上的新兴木刻运动遍及全国，在中国近现代美术历史上留下了光辉灿烂的一页。

20世纪前期，上海粤籍画家们面对世界艺术潮流，结合国情、勇敢地"拿来"为我所用。虽然从绘画技法、艺术表现语言而言他们的作品未必成熟，然而从近现代美术史的发展角度，他们通过组织美术社团、举办美术展览、发表美术论文、出版美术作品集等美术活动，用自己的创作成果传播新兴艺术思想，显示了那个时代"美术参与革命"的现代美术运动特征。

三、探索现代美术教育模式，传播新美术

综观上海粤籍美术家"美术参与革命"活动的整体特征，我们可以清晰地看到他们走过的艺术道路。20世纪前期沪上画坛的各个层面均有他们活跃的身影，在此，粤籍美术家传承多元文化精神、紧扣时代脉搏，为了中国的现代美术视野勇于创新、勇于献身的精神得到了充分的体现。

热爱美术教育、投身中国现代美术教育事业，几乎是在沪粤籍画家们都有过的经历。从广东到上海、日本、法国，从上海到全中国，他们正是在四处漂泊中学习求索，在辛勤传播新美术的过程中锤炼了执著的精神，形成了美术革新的理念。这里除了为生计等原因之外，更重要的是结合国情，将西方现代美术教育模式植入中国。同时，创办、任教艺术院校亦是在中国传播西方现代美术直接而有效的途径之一。他们的到来，为20世纪前期的上海现代美术教育带来了新

气象。

民国元年，无论是高剑父的《铅笔画范本》，还是陈树人的《新画法》、《图画教授法》等，粤籍国画家们在《真相画报》上发表的一系列西方美术理论及西方绘画造型技法介绍，表现了他们试图引进西方的艺术为我所用，提升民族文化、实现艺术救国的迫切心情。他们通过美术画报传播西方美术知识的方式，在很大程度上提高了民众对于西方美术的认知度，为洋画运动、新兴木刻运动在上海的兴起打下了一定群众基础。

随着20年代粤籍美术留学生的纷纷归国，他们在沪上兴办美术学校、任教各大美术机构，借鉴现代美术教育模式中的课程设置教授学生，建立了中国近现代洋画教育模式。从上海艺术师范专科、上海美术图画院（上海美专）、上海艺术大学、中华艺术大学到国立艺术院……20世纪前期上海乃至全国的美术教育机构随处可见这些粤籍美术家的身影，在他们共同的努力之下现代美术教育在中国开花结果。此外，印象派在中国大陆的传播很大程度上依靠留日美术学生，他们将具有日本特色的学院派洋画教学方式带回了中国、带到了上海。这些课程的开设，使中国近现代美术教育逐渐形成了较完备的系统教学体系。而留法美术家在中国的美术教育界的影响，则要从20年代中后期他们的陆续回国开始。鉴于本书研究范围1912—1937年上海粤籍美术家中的留日派占多数，笔者在研究他们提倡人体与静物写生教学的同时亦从粤籍留法、留日美术家所接受的现代美术教育模式、创作题材等方面进行分析对比，从而肯定他们对新美术传播的先锋作用。

沪上粤籍美术报人通过画报这一快速、生动活泼、图文互证、方便阅读而喜闻乐见的艺术形式，开辟了上海新美术的宣传窗口，将美术教育普及到社会各个层面，推向全国。从《真相画报》设立南洋、檀香山分售处，到《良友》画报远销世界各国，读者遍及五大洲。美术报人将发生在中国、发生在上海的西洋绘画运动推向全世界。

20世纪前期，上海粤籍美术家是中国新兴美术教育蓬勃发展事业的参与者。他们为中国新美术运动的异军突起作出了大量的基础艺术理论与实践教育工作。从某种角度而言，正是他们的辛勤培育传播现代美术的教育理念，才有现代新美术运动的蓬勃掀起。因而，从事现代美术教育、传播新美术的经历是20

世纪前期上海粤籍画家们所具有的另一个共同特征。

综上所述，虽然这群粤籍美术家的创作题材、形态各异，但他们传承了岭南文化的精髓，以近代上海、广东的沿海文化为依托，以多元文化影响下形成的美术活动网络为主体，出现在上海画坛、美术教育界。他们在倡导西方绘画技巧、绘画观念的同时，提倡美术参与革命，对推动中国近现代美术教育事业具有划时代的意义。岭南文化固有的开拓精神和近代上海、广东沿海文化中的前卫意识，以文化认同的方式在这群美术家身上得以体现，使他们成长为新美术运动的先驱。

在此过程中，20 世纪前期上海粤籍美术家身上所表现出的同一性一览无余。他们具有美术参与革命、传播新美术的共同目标以及依据此目标而形成的美术活动网络，成为以美术带动美育、以美育带动国人文化素质教育的提升，推动国人建立科学世界观、价值观、人生观的新美术运动有机组成部分，在现代美术传播过程中实现了自我价值。基于社会学中对于群体概念的各种阐述①，足以证明他们具备了社会学意义上作为群体而存在的可能性。

第二节 开创世纪之交中国美术新纪元

萨义德在《文化与帝国主义》中表达了对于掌控外来文化的认识，认为一切文化都倾向于把外国文化表现为易于掌握或以某种方式加以控制。但是，并非一切文化都能表现外国文化并且事实上掌握或控制他们②。

无论是他们在艺术救世政治上的抱负，还是引入西方现代绘画创作理念和艺术传播思想，以及美术教育的方式等所产生的社会艺术效应，都是明清以来任何时代所不能比拟的。从提出融合中西的中国画改革，积极倡导现代油画掀起

① 迄今为止，社会学家未就群体的定义达成共识。鉴于本书不是针对社会学群体概念的探讨，而是借鉴社会学的阐释，从美术学角度研究 20 世纪前期上海粤籍美术家。故在此处省略对社会学群体概念的分析及论证。本书所指的群体，具有共同的价值观、共同的目标以及共同参与的活动，即新美术运动。

② [美] 萨义德. 文化与帝国主义[M]. 李琨，译. 北京：生活・读书・新知三联书店，2003：139.

中国洋画运动到新兴木刻运动中振聋发聩的反战作品，本书涉及的20世纪前期上海粤籍美术家的活动中均可发现和印证这一群体所创造的艺术历史功绩。

当然，20世纪前期上海粤籍美术家们在对待西方绘画这一外来艺术的态度上，亦曾经尝试通过改良、融合等方式将之融入东方传统艺术之中，其中有成功的例子，亦存在失败的例子。然而，研究这段历史究竟对于中国美术、对于当下有何借鉴意义？这是笔者在本书的撰写过程中一直思考的问题。

一、上海粤籍美术家的历史影响力

20世纪前期诞生于中国上海的这场新美术运动改变了中国传统长期以来不变的格局。二三十年代出现的新式美术学校、社团组织是对传统作坊式、讲究师承美术教育的彻底颠覆。与此同时，美术教育的内容、工具、方式等亦随之发生了一系列的变化。

和平年代，多元文化的交融较之以往任何一个时代都要密切。近现代中西美术交流走过了漫长的过程。研究20世纪前期东京美术学校粤籍留学生的教育以及巴黎国立高等美术学校粤籍留学生的师承，我们不禁感叹国外美术教学悠久的历史、旺盛的生命力及独特的培养模式。东京美术学校的西洋绘画教学源自欧洲，采用了严格而规范的西洋模式，使这些留学生受益匪浅。东京美术学校当年所实行的高年级教授工作室制度，以及巴黎高等美术学校实行的导师制在当今世界已被各国美术教学机构广泛采用。东京艺术大学绘画科油画专业的研究生教学至今仍旧沿用这一方式培养西洋绘画人才。

在全球化进程不断深化的今天，美术教学早已走出了象牙塔，走向国际舞台。中国的美术教学不仅与亚洲国家之间的展开交流，还与欧美等西方国家的艺术学院建立校际交流显得更为频繁，中国也从过去的美术留学生输出大国开始接纳蒙古、韩国、越南等众多国家的美术留学生。由此可见，当年中国美术留学生所接受的与时俱进的国际化教育办学模式，在美术专业课程设置上，参照同时代、同类型的专业课程设置，强调与世界著名艺术学院基础课程的对接，三学期制的美术教学模式似乎更适应美术教学的特点，相对集中的短时间模块式教学以及教授工作室、本科生导师制，对于正在努力探索国际化美术教学构想的中国各大艺术类院校，无疑具有借鉴意义。

上海是中国新兴版画的发源地。20 世纪初，一群以粤籍版画青年为首的木刻爱好者团结在鲁迅周围掀起了中国新兴版画运动的浪潮。然而，当年的版画教育多以社会美术团体的形式进行，并未在全国各大美术院校普及。进入 21 世纪，受到数字时代电脑艺术的冲击，版画与其他画种的边界变得模糊，国际版画展览中电脑版作品逐渐占有一席之地。在此状况下，整个中国现代版画不得不面临一个时代“转身”的局面。具有新兴美术的优良传统是中国现代版画的优点，作为革命美术的重要武器，它在中国现代美术史上扮演过举足轻重的角色。然而，如今的中国现代版画早已发生了从功能性到实验性，从单一化到多元化的转变。同时，接下去中国的版画教育又将迎来一个怎么样的时代，每一位版画人肩负的责任重大。

二、美术救世理想的当代意义：美术的社会动员性

20 世纪前期，这群上海粤籍美术家抱着美术救世的理想投入到新美术运动大潮之中。这是一群充满历史使命感的美术家，他们怀着强烈的责任感，肩负起变革社会、变革时代的重任，拿起手中的画笔参与当时思想、文化领域的讨论。

19 世纪末 20 世纪初的社会背景下，康有为、梁启超提出了革新美术的倡议。究其原因，从某种角度而言是由于当时的中国画中缺少实现动员社会的作品，未能实现美术的社会动员性。当时的中国，百废待兴，社会急需一群紧跟时代的美术家，需要他们创作出一批反映时代、鼓舞民众、开拓百姓视野，还民“真相”的作品，在美术教育的同时，培养出为社会而艺术的革命接班人。上海粤籍美术家正是在如此大背景下登上了历史舞台，肩负起时代交给他们的任务。

回顾历史是为了更好地展望将来。20 世纪前期沪上粤籍美术家反映社会现实的作品，美术报人创办的报纸杂志、发表的论文，对当今负有时代责任感的美术工作者而言具有借鉴意义。为政治而政治的美术创作不在本书的讨论之列，但 21 世纪的今天艺术批评精神正逐渐消失，国内美术家亦由于诸多原因缺少对现实社会的深刻洞见。在此，如何关注当代艺术，投入新时期的艺术创新，游走于中西美术间的同时摆正方向，最终找到自己的定位，无疑有着格

外重要的现实意义。

第三节 上海粤籍美术家研究再思

环境、时代和社会影响、造就了一代人，同时也制约了他们的发展、创作。然而，我们不能把所有的归诸环境，回溯历史、审视过去、反省的同时，必须寻找另辟蹊径的可能性。20 世纪前期，上海粤籍美术家有些投身现代艺术活动，传播西洋美术；有些投身美术革命事业因战乱而失去了踪影，至今无从获悉他们的足迹。他们通过美术对于社会的变革作用，在整个中华五千年的历史长河中可能是微乎其微的，但确具有划时代的意义。

由于篇幅所限，本书将研究的时间范围控制在 20 世纪前期的 1912—1937 年。然而，1937 年抗战爆发，上海随即沦陷，这群粤籍美术家的活动环境变得甚为恶劣。即便如此，他们对于艺术的执著追求始终如一，并没有因为外界环境的变化而放弃探索艺术的真谛。抗战爆发后这群美术家的活动成为今后研究的课题之一。

本书剖析了民国美术留学出现的时代背景原因与所受教育状况，并对沪上早期留日、留法粤籍美术家做了比较。在美术活动与群众斗争、革命的结合方面，新美术的传播推广方面，美术创作与探索方面，他们所起的作用显然是不同的。因而，笼统地说民国美术留学生中哪一派作用更大，显然是不恰当的。所以，针对这一问题，我们不能一概而论，在探讨他们的成就及影响时，必须根据不同方面加以区别对待。晚年的关良、林风眠、“二高一陈”等纷纷回国中国传统国画，高昂的艺术救世激情随之淡薄，取而代之的是一种超脱之情。高剑父晚年的作品看似回复到了浸淫千年的传统绘画的探究，林风眠、关良的作品中亦融入了中国元素，但他们早年融合中西的革新精神并没有失去，对与艺术的探索亦没有随着时代的变革而停滞。

这些曾在上海叱咤风云的粤籍美术家，辛亥革命后新艺术的精英，一个个接受过日本或是法国的正规西洋绘画教育，将自己的艺术奉献给当时的政治活动，为何中年之后义无反顾地投入中国画的怀抱（当然他们的中国画里面还是渗透西方绘画的意味），不再去搏击艺术浪潮，是出于无奈，还是由于其他不为人知的原因？特别是建国之后的几十年间，由于户籍流动的限制，对艺术交流有何影响？鉴于本书的研究时间段为1912—1937年，这些问题将是笔者今后需要研究的一个重要问题。

同时，笔者计划将目光转向新时期活跃于新世纪上海画坛的粤籍美术家研究，分析粤籍美术家的新踪迹、新成就，为研究20世纪百年来粤籍美术家在上海的历程做铺垫。自新中国诞生之日起，60多年来粤籍美术家的时代引领作用依然可见。他们活跃在中国画坛，是一面不断创新的旗帜。现今的艺术创作早已迎来了春天，不必再冒杀头的危险，美术家们可以按照自己的想法去创作作品。新兴版画创作队伍遍及中国各省市，形成了云南的绝版版画、四川黑白木刻、黑龙江版画、江苏水印木刻等特色版画群体，当然主题必须是正面讴歌社会。洋画运动中涌现的西画教育思路、方式，为新中国第一代油画家的培养奠定了基础。虽然一批30年代的洋画家曾一度沉寂，但85当代艺术新潮的兴起，以及对民国第一、二代油画家的挖掘，使人们重新将目光投向这群上海粤籍美术家，他们的历史效应、功绩再次被放大。

1912—1937年的二十余年间，一群粤籍美术家以上海为平台传播民主革命思想的同时关注都市文化，普及新派艺术以达到提升都市乃至整个民族的文化内涵的目的，通过他们的作品和美术活动站到了民族复兴的最前沿。在此，上海粤籍美术家作为早期都市文艺的先锋性可见一斑。在上海都市文艺走向现代化进程的今天，他们身上所体现的这一难能可贵的精神对于如何构建新世纪上海都市海派文艺的引领作用同样有着多重意义，值得我们从更深层面去思考、总结。

附　录

附录一　1901—1949年间东京美术学校粤籍留学生名录

序号	抵日日期	入学日期	姓名	生卒年	专业	毕业日期	籍贯	备　注
1	1906.6.10	1911.9.22	雷毓湘	1885—1923	西洋画科选科研究生	1917.3毕业 1917.12因家事退学	广东省四会县城/惠州府归善县	官费 1910.4入葵桥白马会洋画研究所学习木炭画
2	1912.9.2	1913.9.23	刘镜源	1888—?	西洋画科选科	1918.3	广东省惠阳县	官费 回国后成为暗杀团成员
3	1912.3.10	1913.9.23	凌　骥	1894—?	西洋画科选科	1914.1.28因家事退学回国	广东省广州番禺县	私费
4		1914.9.21	崔国瑶	1894—1994	西洋画科选科	1919.3毕业 1919.4.9—1920.1.9研究生	广东省南海县	私费 1912.12—1914.6白马会研究所
5	1913.10	1914.9.21	许敦谷	1893—1983	西洋画科选科	1920.3	福建省漳州府龙溪县/广东省番禺①	藤岛教室 1914.2进入赤坂溜池白马会研究所
6		1914.9.21	潘元牧	1894—?	西洋画科选科	1916.5.27因拖欠学费被除名	广东省广州南海县	私费 东京同文书院 根据1931年10月刊行的天津市立美术馆馆刊《美术丛刊》，时任天津市立美术馆主任

① 许敦谷，1892年生于台湾，祖籍广东揭阳。19世纪末台湾沦陷后许父举家落户福建龙溪，后定居广东。

续表

序号	抵日日期	入学日期	姓名	生卒年	专业	毕业日期	籍贯	备注
7		1915.9.21	胡毓桂（根天）	1892—1985	西洋画科选科	1920.3	广东省开平县	私费 冈田教室 参与东京中华美术协会、美术社的创立。1921年在上海参加文学研究会
8	1914.7	1915.9.21	陈丘山	1895—1937	西洋画科选科	1916.11.13因拖欠学费被除名	广东省广州府南海县	私费 1914.9进入葵桥洋画研究所 回国后与留美归国的梁銮在广州西关观音大巷办楚庭美术学校，开第一回展览会
9	1913/1915	1916.10.4	陈洪钧（抱一）	1894—1945	西洋画科选科	1921.3	广东省新会县	私费 藤岛教室 1913进入东京美术学院，白马会葵桥研究所； 1916川端画学校入学
10	1914.3	1917.9.22	周勤豪	1894/1895—?	西洋画科选科	1922.3	广东省潮阳县	私费 和田教室 1914.4—1916.3日本体育会体育学校学习 1916.5加入中华美术协会研究洋画 1916.9进入川端洋画研究所
11		1918.9.21	伍子奇	1894—?	西洋画科选科	1923.6毕业（1922.11.2因拖欠学费被除名，后复学）	广东省台山县	私费 藤岛教室 1917.4川端画学校入学 毕业后回原籍
12		1919.9.23	陈元瀚	1896—?	西洋画科选科	1924.6	广东省台山县	私费 藤岛教室 1919.2.1川端画学校入学
13		1919.9.23	雷公贺	1901—?	西洋画科选科	1924.6	广东省台山县	私费 和田教室 上海青年会中学毕业 1920.6.13川端画学校入学

续　表

序号	抵日日期	入学日期	姓名	生卒年	专业	毕业日期	籍贯	备　注
14		1919.9.23	谭华牧	1895—1976	西洋画科选科	1924.6	广东省台山县	私费 藤岛教室 特别学生 1919.2.1 川端画学校入学
15		1919.9.23	何善之（三峰）	1895/1896—1949①	西洋画科选科	1924.6	广东省台山县	私费 和田教室 特别学生 1919.2.10 川端画学校入学 后从教广州市立美术学校，1929 年在广州创办烈风美术学校
16		1920.9.22	余兰初	1899—?	西洋画科选科	1921.9.28 因拖欠学费被除名	广东省台山县	1920.7.3 川端画学校入学
17		1921.9.20	丁衍镛	1902—1978	西洋画科选科	1926.3	广东省茂名县	私费 和田教室 特别学生 1921.4 川端画学校入学
18		1922.9.20	谭连登	1901—?	西洋画科选科	1927.3 毕业 同年作为文化事业部选拔成为研究生 1928.11.20 因家事退学	广东省台县	私费 和田教室 藤岛教室 特别学生 外务省/文化事业部补给
19		1925.4.5	熊汝梅	1902—?	西洋画科	1930.3.23 毕业 后入研究生 1932.3.4 因拖欠学费被除名	广东省梅县	藤岛教室 特别学生 1925.4.20 川端画学校入学
20		1926.4.5	叶仲豪	1902—?	西洋画科	1930.3.1 因拖欠学费被除名	广东省广州府新会县	私费 冈田教室 特别学生 左翼组织“社会科学研究会”成员 1924.10—1926.3 川端画学校学习 因日本特支事件被捕

① 吉田千鹤子《东京美术学校外国人留学生名簿》中记载何三峰生于 1896 年，李伟铭的《图像与历史：20 世纪中国美术论稿》第 322 页显示何三峰生于 1895 年。

续 表

序号	抵日日期	入学日期	姓名	生卒年	专业	毕业日期	籍贯	备注
21		1926.5.22	陈迹	1906—?	学科听讲生	1929.3.31 在学	广东省	特别学生 1928年川端画学校入学
22		1929.4.5	司徒慧敏	1910—1987	图案科	1930.5.31 因拖欠学费被除名	广东省开平县	特别学生 号屈文，后成为中国文化部副部长 1928年川端画学校入学 1929年组建青年艺术家联盟①
23		1930.4.5	林乃干	1907—1992	西洋画科	1935.3.25 毕业 1935.4.24—1937.3.31研究生	广东省蕉岭县	冈田画室 特别学生 上海新华艺术大学西洋画科毕业 1929.10.15川端画学校入学 1934—1937年度外务省文化事业部补给(50日元/月)
24		1930.4.5	林荣俊	1906—?	西洋画科	1937.3毕业 (1932.6.9因拖欠学费被除名)	广东省	特别学生 川端画学校·东亚学校修业 1934—1936年度外务省文化事业部补给(50日元/月)
25	1929	1930.4.5	谭显勋	1909—?	西洋画科	1932.6.9因拖欠学费被除名	广东省英德县	特别学生 1929.4上海新华艺专西洋画系毕业 1929.10川端画学校入学
26		1931.4.5	卢景光	1910 (1909—1993)	图案科	1936.6因拖欠学费被除名	广东省东莞县	特别学生 私费 执教上海美术专科学校
27		1934.4.1	胡光弼	1912	雕刻科塑造部预科	1937.12回国 1945.3.31 被除名	广东省开平县	特别学生 私费 川端画学校、东亚学校修业 1935、1936年外务省文化事业部选拔(50日元/月) 1937、1938年免除学费

① “青年艺术家联盟”是在日本中国美术留学生为响应1928年中国无产阶级革命文学运动而成立的联盟，将艺术作为武器，用艺术进行斗争。叶仲豪、司徒慧敏等均在日本参与过左翼艺术组织活动。

续表

序号	抵日日期	入学日期	姓名	生卒年	专业	毕业日期	籍贯	备 注
28		1935.4.1	林达川	1912—1985	雕刻科塑造部	1943.9 毕业（1937.9.11—1940.1.12 休学）	广东省新开县	特别学生 私费 1932 东亚预备学校、川端画学校修业 1934 年帝国美术学校入学
29		1936.4.1	许统璋	1915—?	建筑科预科	1937.9.11 休学回国 1942.3.31 退学 1945.3.31 被除名	广东省湖安县	特别学生 私费 东亚学校、大黄学社修业
30	1941.8	1943.4.1	崔耀义（佐井义久）	1919—?	日本画科	1948.3	广东省南海县	私费 儿玉希望塾 多摩帝国美术学校 后取得日本国籍 改名佐井永辉
31		1946.5.15	招瑞娟	1925—	油画科预科	1948.3.31 因长期旷课而被除名 1951.3 修了	广东省	梅原教室 特别学生
32		1947.2.1	陈绿妮	1924—1996	油画科预科	1949.3.31 因长期旷课而被除名 1951.3 修了	广东省	梅原教室 特别学生 陈抱一之女 后在东京赤坂经营中华料理店

“特别学生”身份确立：学习西洋油画的粤籍留学生，即使学习内容相同，仍有西洋画科选科、西洋画科、油画科之分，部分留学生分属预科、听讲生、特别学生等。自 1924 年起毕业生中有些注明“特别学生”[①]字样，在此之前的毕

① 根据 1924 年 2 月 21 日文部省东美专二号文件，外国学生称为“特别学生”，明确将 1923 年以前作为东京美术学校特别学生入学者中来自朝鲜、中国台湾的学生编入选科，而来自中国大陆的学生则按照外国留学生对待。由于当时朝鲜、中国台湾被日本占领，这项条款具有明显的时代特征。根据此细则 1926 年 6 月的教官会议上通过决议，修习“实习・学科”者毕业授予与日本学生相同的毕业证书，仅修习“实习”的则颁发实习毕业证书。附记中对“那些 1923 年以前入学的选科生，仍按选科毕业。但当初依照个人意愿作为特别学生入学者不适用此细则”的说明，在一定程度上解决了 1923 年以前作为特别学生身份入学的中国台湾学生的尴尬境地。同时，根据该文件及细则，我们可以解释为何 1923 年以后粤籍留学生均作为“特别学生”入学。决议原文如下：選科へ編入ノ件　大正十二年以前ニ於テ本校特別学生トシテ入学セシモノ、中ニ於テ朝鮮、台湾（支那留学生ハ外国人トシテ取扱フ元ノ如シ）学生ハ爾今選科ニ編入ス。附記：大正十二年以前ニ於テ入学セシ朝鮮、台湾学生ハ選科トシテ入学許可トナリ従ッテ各人卒業ニ至ル迄ハ選科トシテ卒業スルヲ至当トス　但シ本人ノ志望が特別学生トシテ入学セシモノハ此ノ限リニ非ズ。

业生中并没有明确标明该字样。通过查阅东京美术学校校史资料可知，大正初期该校就读学生分为8类：本科生(5年)、图画师范生(3年)、研究科生(3年)、选科生[①](本科生人数不足时才准予入学)、制版科生(3年)、听讲生[②](旁听课程)、别科生[③](研习专业课程)、东京高等工业学校委托的学生。

附录二 东京美术学校西洋画科的课程设置

东京美术学校西洋画科的课程设置并非一成不变，因而这批粤籍美术留学生由于入学年代不同在学期限和学习内容也有所差异。[④] 虽然这批中国美术留学生，不必同日籍本科生一样学习所有课程，原则上只需要修习用器画法[⑤]、解剖学、远近法等科目，根据个人要求还可以选修美学、美术史、历史、考古学等课程，这些课程所教授的内容在一个美术家的成长过程中起着至关重要的作用。根据上文所述，东京美术学校外国留学生毕业证书分为两种：一为与日本学生相同的毕业证书(需通过"实习"、"学科"两类课程)，另一种为"实习"类课程毕业证书。而东京美术学校32名粤籍留学生多数选择了西洋

---

① 选科生是一个与正规生相对应的概念。

② 入学资格为高中毕业，为期一年的课程中修读一门或数门课程。

③ 对具有大学入学资格者，实施简易程度的特定技能教育，修业年限亦在一年以上。

④ 明治三十八年(1905)东京美术学校规则改正中，正规生4月入学后至7月在预备科学习基础"实技・学科"，考试合格者9月升入本科阶段学习，4年学习后进入两学期的毕业期进行毕业制作。到了1914年，东京美术学校修改规则将作为基础教育的预科分属各科之前，除图画师范科之外，学生完成一学期(3个月)的预科课程之后需通过考试才能进入各科就读。如未通过考试，则等于浪费了3个月的时间。预科入学时间改为每年4月，6月下旬举行本科入学考试，9月11日本科开学。此外，学生从预科阶段便可接触未来的研究方向，不同建校之初学生经过两年的基础课程学习后才选择科别、专业方向学习，同时增加了1学时的《修身》品德教育课程。粤籍留学生相对集中的西洋画科的课程安排为每周修身(1学时)、实习(24学时)、历史(3学时)、外语(2学时)、用器画法(8学时)、体操(2学时)。根据文部省第25号令，1923年的学制改革中废除预科，除图画师范科外本科均为5年，本科三年级(摄影专业二年级)以上学生(图画师范科不做要求)从绘画史、雕刻史、建筑史、考古学、风俗史、美学、文学、工艺史、工艺制作法、外语等选修课程中选修两门。除摄影之外的全部专业一年级开设东西美术史概要，工艺部开设工艺史、美学等课程，以提升工艺艺术的价值。详见东京美术学校1914年、1923年规则改正，[日] 磯崎康彦，吉田千鶴子. 東京美術学校の歴史[M]，大阪：日本文教出版. 三晃書房，1977：167－168，214－217.

⑤ 用器画法(ようきがほう Yokigaho)是在平面上正确表现平面图形以及立体图形的基础作图法，是绘制设计图的基础作图法。フリー百科事典『ウィキペディア(Wikipedia)』[2010－07－17]

画科，故对该专业“实习”指导教程的内容设置有研究的必要。表 9－1 为东京美术学校西洋画科的具体课程内容与配合该课程的竞技考核项目设置[1]：

表 9－1　东京美术学校西洋画科课程内容

教　室	年　级	课　程　内　容
第一教室（炭笔画）	一年级学生 二年级学生	炭笔画：临摹、石膏像写生 炭笔石膏像、人体写生；铅笔、色彩、油画静物、风景
第二、三、四、五教室（炭笔、油画人体写生）	三年级学生 四年级学生 研究科学生	铅笔人物姿势速写、色彩、油画静物、风景写生 铅笔人物姿势速写、静物写生、水粉画，着衣人物画、历史画
	毕业创作阶段	炭笔、色彩器物、花卉；人物写生；装饰构图 铅笔画、人物姿势速写、油画风景、课题风俗历史画

分析表 9－1，通过西洋画科实习指导教程五间教室具有针对性的课目培训，使学生掌握炭笔、铅笔、水彩水粉、油画等绘画工具。四年左右的专业学习，从临摹石膏像到静物、人物、风景写生循序渐进地培养了学生的造型能力。为配合专业“实习”指导教程的内容设置，东京美术学校还开展了一系列竞技考核项目。考核时间依照与西方艺术院校相同的三学期制[2]教学培养模式而定，每学期对应竞技项目。具体安排如表 9－2：

表 9－2　东京美术学校竞技考核项目

竞技（竞赛）时间		竞技内容（课时）
第一学期	4 月	炭笔石膏像写生（9）（入学竞技）
	5 月	炭笔石膏像写生（18）、铅笔风景素描（3）
	6 月	炭笔人体写生（18）、铅笔人物素描（3）、水彩静物写生（9）

① ［日］吉田千鶴子. 近代東アジア美術留学生の研究——東京美術学校留学史料. 東京：ゆまに書房，2009：23－26.

② 1923 年文部省第 25 号令下达之后，东京美术学校调整了开学日期：第一学期自 4 月 1 日起至 8 月 31 日，第二学期为 9 月 1 日至 12 月 31 日，第三学期为 1 月 1 日至 3 月 31 日。其中包括寒假（当年 12 月 25 日至次年 1 月 7 日），春假（4 月 1—7 日）以及暑假（7 月 11 日—9 月 10 日）。因而，1911—1922 年入学的 18 名粤籍学生除了陈抱一 10 月入学之外，其余均为 9 月下旬，1923 年起入学者均为 4 月初、5 月。

续 表

竞技(竞赛)时间		竞技内容(课时)
第二学期	9—10 月	炭笔石膏像写生(18)、铅笔风景素描(3)
	10—11 月	油画头部写生(18)、水彩风景写生(18)、铅笔画课题立案(3)
	11—12 月	油画人体(36)、静物(18)写生、木炭画课题立案(3)
第三学期	1—2 月	炭笔人体写生(18)、铅笔人物素描(3)、水彩静物写生(9)
	3 月	油画着衣人物(36)、风景写生(36)、课题立案(6)

表 9 - 2 所示三学期制的教学模式可知：早在 20 世纪前期，日本东京美术学校便与欧美艺术院校的教学培养模式保持同步。每学期的竞技考核安排循序渐进，人体写生是对每个学生绘画技艺的检验，通过评定学生各项目绘画水平的优劣，从而推进实习指导教程科目的深入。由此，东京美术学校对教学的严谨可见一斑。这一教学模式至今仍被广泛采用。可见，虽然经历了百年的风雨磨炼，美术教学几经变革，但基础教学的经典规律并不会随着时间的流逝而改变。

附录三 大 事 记

在大事记的收集、整理过程中，参照了《上海美术志》、《近现代中国美术教育大事记》、《上海油画史》、《岭南画派活动年表》[①]、《中国人留学日本史年表》[②]等文献。对其中出现的史料，在考证基础上选取与上海粤籍美术家相关部分，对于部分无法考证的则未收录。大事记的制作意在以图表的形式，记录上海粤籍美术家的成长过程与主要活动，给读者以更直观的背景资料。

① 卢辅圣. 岭南画派研究：朵云第 59 集[C]. 上海：上海书画出版社，2003：261 - 290.

② [日] 实藤惠秀. 中国人留学日本史[M]. 谭汝谦，林启彦，译，北京：生活 · 读书 · 新知三联书店，1983：435 - 450.

1911—1915

国际	意大利、土耳其战争。	第一次巴尔干战争。	第二次巴尔干战争。 美国总统威尔逊上任。 德国成为仅次于美国的帝国主义强国。	第一次世界大战爆发。 日本侵占中国山东。 东亚高等预备学校成立。	中国留法勤工俭学会成立。 中华美术学会在东京成立。
国内	辛亥革命爆发。 同盟会中部总会在沪成立。 美国人在沪创办《大陆报》。 上海革命军武装起义爆发。	中华民国临时政府成立。 蔡元培等组织留法俭学会。 上海图画美术学院成立(1921 年改名上海美术专门学校)。	宋教仁遇刺身亡。 二次革命失败，主要人物赴日、美。 教育部主管美术教育的鲁迅撰写《以播布美术意见书》。	日文报纸《上海日日新闻》创刊。 孙中山在日本成立中华革命党。 李叔同首次开设人体写生课。	袁世凯接受日本“二十一条”。 《新青年》(《青年杂志》)在沪创刊(1920.9—1926.7 成为上海共产主义小组机关杂志)。
年份	1911 年 宣统三年 明治四十四年	1912 年 民国元年 大正元年	1913 年 民国二年 大正二年	1914 年 民国三年 大正三年	1915 年 民国四年 大正四年
上海粤籍画家	7 月，周湘创办背景画传习所，招收陈抱一等 20 余名学生。	陈树人京都市立美术工艺学校毕业。9 月再度赴日考入立教大学攻读英国文学。 6 月，《真相画报》(旬刊)创刊。 梁锡鸿出生。	高剑父、高奇峰、高剑僧在棋盘街(今延安东路与福州路间的河南中路两侧)创办审美书馆。 《真相画报》停刊。 哈同花园“艺术观赏会”成立(高剑父、康有为、邓实等)。 陈抱一赴日留学。	4 月，振青书画会成立，编辑出版《铅笔习画帖》。 陈抱一等发起组织写生画会。 审美书馆出版《剑父画集》、《奇峰画集》。 胡根天赴日留学。	东方画会创立，陈抱一任艺术指导。 审美书馆出版《新画选》等。

1916—1920

国际	《达达主义宣言》在瑞士发表。 中华学艺社前身丙辰学社在东京成立。	第一次世界大战美国参战。 俄国十月革命。 中国对德国宣战。 华法教育会成立。	第一次世界大战结束。 德国建立魏玛共和国。	巴黎和会召开，签订《凡尔赛条约》。 德国马克暴跌。	国际联盟成立。 美国初步实现城市化。
国内	《民国日报》创刊。 孙中山在沪发表“第二次讨袁宣言”。	《新青年》编辑部迁往北京，仍在沪印刷、发行，第3卷第6号刊登蔡元培《以美育代宗教说》。 日本三菱、三井银行在沪开设分行。 内山书店开业（1917—1929）。	中国最早中英对照漫画杂志《上海泼克（ShanghaiPuck）》创刊。 日资上海交易所成立。 北京美术学校成立为第一所国立艺术学校。	五四运动。 中华革命党改组为中国国民党。 蔡元培发表《文化运动不要忘记了美育》。	上海共产主义小组成立。 中国最早白话文诗集《尝试集》（胡适）出版。 上海公共租界纳税华人会成立。 中国第一所高等美术师范学校上海艺术专科师范学校正式成立。 私立上海艺术大学创立。 上海图画美术学校改名上海美术学校。
年份	1916年 民国五年 大正五年	1917年 民国六年 大正六年	1918年 民国七年 大正七年	1919年 民国八年 大正八年	1920年 民国九年 大正九年

续 表

上海粤籍画家	广东慈善会会员旅沪。 高剑僧客死日本。 高剑父上海冰天庐作《狂涛图》。	陈树人立教大学毕业。 赴加拿大工作。 高剑父在上海作《双鹰图》。	高剑父离沪在陈炯明军中任粤军参议。 高奇峰返粤。	林风眠、李金发由上海出发留学法国、德国。 陈抱一、许敦谷、胡根天、关良在东京发起组织艺术社(油画)。 高剑父于上海听涛阁作《仿蓝瑛山水》。	

1921—1925

国际	德国纳粹政党成立。 “创造社”在日本成立。	意大利墨索里尼上台。 苏联成立。	日本关东大地震。	美国排日移民法确立。 列宁去世。 林文铮、林风眠、吴大羽等人在巴黎发起组织海外艺术运动社(亦名“霍普斯会”)	苏联提出社会主义工业化方针。
国内	中共一大召开。 大阪朝日新闻特别派员芥川龙之介来沪并作《上海游记》。 上海中华女界联合会半月刊《妇女声》创刊。 上海戏剧协会,文学研究会上海分会成立。	上海大学创立(1922.10—1927.5)。 首批7千余名俄国难民抵沪。	周刊《中国青年》创刊。 上海—长崎定期航运。 高剑父在广州创办春睡画院。	第一次国共合作。	孙中山逝世。 “五卅惨案”,上海总工会成立,指挥工人大罢工。 良友图书印刷公司成立。

续 表

年份	1921 年 民国十年 大正十年	1922 年 民国十一年 大正十一年	1923 年 民国十二年 大正十二年	1924 年 民国十三年 大正十三年	1925 年 民国十四年 大正十四年
上海粤籍画家	1 月，晨光美术会成立。 陈抱一归国。	梁启超在上海美专讲座：《美术与人生》《达·芬奇的生平和艺术成就》、《论创作精神》。 陈树人回沪就职上海国民党总部。 11 月，东方艺术研究会成立(周勤豪任会长)。 夏，许敦谷、胡根天、陈抱一、关良举办“艺术社绘画展”。	关良参加天马会第六届绘画展览会。 陈树人任职上海国民党总部。	1 月，白鹅画会成立。 陈抱一、丁衍庸、关良联合展览。 梁鼎铭、梁又铭、梁中铭兄弟成立上海天化艺术社。 大观雅集成立，郑慕康主持会务。 高剑父、高奇峰、陈树人回到广东。	立达学园成立。 中华艺术大学成立(陈抱一、丁衍庸等)。 李金发留法后回到上海。 林风眠留法回国。陈宏留法回国。

1926—1930

国际	《日华学报》创刊。	苏联农业集体化运动开始。	英国扩大公民选举权(21 岁以上男女公民)。	资本主义世界经济危机。	英、日、美签署伦敦海军条约。
国内	上海第一次武装起义失败。 万氏兄弟(南京人)完成卡通片《大闹画室》。 高剑父创立佛山市美术学院。 上海私立新华艺专成立。	中华民国政府定都南京。 上海特别市政府成立。 蔡元培任大学院院长，推行“以美育代宗教”主张，在全国开展艺术运动。 鲁迅移居上海。	艺术派文学杂志《新月》创刊。 横光利一访沪作小说《上海》。 公共租界工部局首次出现华人理事。 埃德加·斯诺抵沪。 林风眠任国立艺术院校长。	史沫特莱来沪。 日本画家金子光晴在沪拍卖会。 上海—南京航线通航。 4 月，第一届全国美术展览会在上海举办(历史上首次)。	中国左翼作家联盟、文化界总同盟成立。 上海特别市改称上海市。 世界版画展览会(鲁迅与内山完造)举办。 私立上海艺专成立。

续 表

年份	1926 年 民国十五年 大正十五年	1927 年 民国十六年 昭和二年	1928 年 民国十七年 昭和三年	1929 年 民国十八年 昭和四年	1930 年 民国十九年 昭和五年
上海粤籍画家	上海美专人体模特事件。 陈抱一出版《油画法之基础》。 司徒奇来沪转读中华艺大西画系。 李金发完成孙中山塑像。 《良友》画报创刊。	陈树人辞职返沪。 李金发任蔡元培的秘书。 第 20 期《良友》刊登《陈树人及其作品》。 上海文艺协会成立，丁衍庸任执委、陈抱一任监委。 6 月，丁衍庸举办个展。 夏，人文艺术大学创立(关良等发起)。 9 月，上海美术联合展览会。 关紫兰赴日举办展览。	陈树人、经亨颐发起寒之友社。 潘思同参与创办上海白鹅绘画研究所。 李金发主编《美育》杂志。 司徒乔个展。 陈树人、何香凝、经亨颐在上海结成“寒之友社”。 4 月，上海和平社出版《陈树人画集》第一集。 6 月，召开大学院艺术教育委员会会议，蔡元培、林风眠、萧友梅、李金发等出席。 7 月，潘思同参与创办白鹤绘画研究所。 8 月，丁衍庸、关良、陈之佛、谭华牧发起成立上海艺术俱乐部。 10 月，丁衍庸、陈抱一参与发起成立上海市艺术协会并举办第一届展览，关良、潘思同、关紫兰等作品入选。 12 月第 33 期《良友》刊登《陈树人书画》。	1 月，“寒之友”画社作品展开幕。 春，人文艺术大学创办。 4 月，第一届全国美术展览在沪举办。 8 月，陈抱一与友人创办晞阳美术学院。 9 月，《陈树人画集》第 3 辑由和平社出版、诗集《寒绿吟草》出版，推广新国画。 10 月，关良任艺苑绘画研究所指导。 关良、谭华牧等参加现代作家洋画上海展览。 潘思同三人展在市政厅举行。	中国文艺学院开始招生(叶恭绰约黄宾虹创办)。 陈树人诗集《寒绿吟草》出版，印制明信片推广新国画。 关紫兰举办个人画展。 李金发作品参加长风西画研究会教授展览。

1931—1935

国际	全球经济大萧条。 《威斯敏斯特法》标志英帝国转变为英联邦。	日本结束政党内阁，加强法西斯军事专政。 印度甘地入狱。	希特勒任德国总理，开始抵制犹太人。 罗斯福出任美国总统，推行新政。 美、苏建交。	苏联加入国际联盟。 日本退出华盛顿海军条约、伦敦海军条约。 中华革命美术展在巴黎等地展出。	罗斯福颁布《社会保障法》，美国工农业生产逐渐恢复。
国内	中国实现关税自主。 日华绘画展览会。 九·一八事变。	新国民政府成立。一·二八事变。 中日《淞沪停战协定》。	中华民权保障同盟成立（宋庆龄、蔡元培等）。 中日《塘沽协定》。 鲁迅举办俄法书籍插图展览会。	鲁迅编《木刻纪程》（黄新波、何白涛、陈铁耕陈烟桥等作品）。 抗日救国统一战线成立。	上海文化界救国会成立。 《一年来之中国木刻》（《申报》）。首次全国木刻联合展上海巡回展。
年份	1931 年 民国二十年 昭和六年	1932 年 民国二十一年 昭和七年	1933 年 民国二十二年 昭和八年	1934 年 民国二十三年 昭和九年	1935 年 民国二十四年 昭和十年
上海粤籍画家	6 月，上海一八艺社成立，习作展。 8 月，鲁迅在上海举办木刻讲习会，顾鸿干等参加。 胡一川等发起组织现代木刻研究会。	5 月，春地美术研究所成立及画展。 7 月 15—19 日，陈树人个人绘画展览会。 8 月，野风画会成立（陈卓坤、顾鸿干、野夫、陈学书、吴似鸿、郑邵勤、倪焕之等）。	上海绘画研究会成立（顾鸿干、郑野夫、陈铁耕、陈烟桥、何白涛等）。 涛空画会成立。 黄新波等成立无名木刻社。	春，《无名木刻集》出版，鲁迅为之作序。 高剑父《柳燕图》参加艺风画会第一届展览。 《高奇峰先生遗画集》在上海出版。 何香凝作品参加现代名家书画展览会。	中华独立美术协会第二回展在上海中华学艺社举办。 高剑父应聘伦敦中国国际艺展筹委来沪。 阳太阳、关良作品参加决澜社第四届画展。

续　表

上海粤籍画家	9 月，决澜社成立。 陈抱一、关紫兰作品参加晨光美术展览会。 梁锡鸿上海艺专毕业。 何香凝发起救济国难书画展。	9 月，MK 木刻研究会成立（陈烟桥、陈铁耕、周金海、黄新波）。 冬，野穗木刻社成立（陈烟桥、陈铁耕、何白涛、程沃渣）。 10 月，《陈树人画集》第 4 辑出版。 方君璧速写画集出版。 决澜社第一回展览。	12 月，高奇峰病逝上海，陈树人抵沪协助处理后事。 梁得所主编《大众》画报创刊。	中华女子书画会成立，冯文凤主持。 7 月 31 日—8 月 4 日，中华旅日画家十人展在东京举行。	丁衍庸上海大新公司举办个展。

1936—1939

国际	日本确立天皇制的法西斯军事专政。 中国留日学生联合会成立。	英王乔治六世加冕。 日本发动全面侵华战争。	德国突袭奥地利、捷克斯洛伐克。	德国入侵波兰。 第二次世界大战爆发。
国内	全国各界救国联合会在沪成立。 鲁迅逝世。 西安事变。 3 月 15 日，中华美术协会在沪成立。 第一届全国漫画展览会在大新公司 4 楼回廊举办。 苏俄版画展。苏俄版画集出版。 凯绥·珂勒惠支版画选集出版。 上海美术作家协会联合展（丁衍庸等参加）。	上海沦陷 南京大屠杀。 七·七卢沟桥事变。 八·一三事变。 上海文艺界救亡协会成立。	《文汇报》创刊。 《申报》发表《起来》、《冲呀》木刻版画。	青年美术会提倡艺术研究精神、扩展美术运动为宗旨。 《全国抗战版画》丛刊创刊。

续 表

年份	1936 年 民国二十五年 昭和十一年	1937 年 民国二十六年 昭和十二年	1938 年 民国二十七年 昭和十三年	1939 年 民国二十八年 昭和十四年
上海粤籍画家	1 月，铁马版画会成立（江丰、温涛等发起）。 丁衍庸、关良、朱屺瞻、陈抱一、陈士文、宋钟沅、周碧初、倪贻德、钱鼎组织“九人画展”。 7 月，高剑父、方人定、司徒奇等在沪举行高剑父师生国画展。 8 月，由陈树人、何香凝等发起成立力社。 11 月，上海木刻工作者协会成立。 谢海燕主编《国画》；梁锡鸿主编《新美术》；李东平、曾鸣主编《现代美术》。	9 月，上海漫画界救亡协会编辑出版之《救亡漫画》创刊。 第二次全国美展广东出品沪展。 方人定在沪举办个展。 何香凝作品参加书画助灾展览会。 白危（吴勃）编译的《木刻创作法》出版。	陈抱一由香港返沪。	大新公司画廊“五人油画展”（陈抱一、周碧初、朱屺瞻、宋钟沅、钱鼎）。 6 月 8—11 日，关良画展。

附录四　20世纪前期上海粤籍美术家名录

本书所涉及的粤籍美术家多为漂泊四方，在钻研、传播现代新美术中度过一生。通过梳理、汇编他们在沪期间的活动，为写作提供了必要的素材。现整理如下（按出生年月排列）：

1. 邓实（1877—1951），字秋枚，别署枚子、野残、鸡鸣，风雨楼主，广东顺德人。1877年生于上海。从青年起，便崇拜顾炎武，19岁南归，游广东经学名家简朝亮草堂。庚子后，痛感亡国无日，于1902年在上海创办《政艺通报》，1905年发起成立国学保存会，刊行《国粹学报》。以国粹派的组织者和理论家而闻名于时。

2. 何香凝（1878—1972），广东南海人。1902年东渡日本，毕业于东京女子美术大学，跟随田中赖章学习日本画，早年画作受日本南画影响。在日期间，成为同盟会第一位女会员，运用自己所学的知识为起义军设计军旗、符号、军用票图案等。20世纪20年代经历孙中山的逝世和廖仲恺的遇刺身亡，积极从事抗日救亡活动，在沪与陈树人等组成"寒之友"社。

3. 高剑父（1879—1951），原名斋，号爵廷，后改名剑父，广东番禺人。岭南画派创始人。早年拜啸月琴馆居廉为师习画。后东渡日本学画，加入同盟会。回国后参与策划广州"三·二九"起义。在陈炯明任会长的"广东军团协会"中任干事。后与其弟奇峰在上海办《真相画报》，又在江西饶州办"中国瓷业公司"。二次革命失败后回粤，1920年被陈炯明任命为广东工艺局局长兼广东甲种工业学校校长。1921年6月因学生运动下台后，设立春睡画院及南中美术院授徒。历任中山大学和南京中央大学教授、广州市立艺术专科学校校长等职。

4. 潘达微（1880—1929），原名景吾，别号铁苍，又号冷残，广东番禺人。早年投身革命，是同盟会的秘密会员。黄花岗起义失败后，冒死为遇难革命者收尸。1905年，在孙中山授意下在广州创办《时事画报》。

5. 叶恭绰(1881—1968),字裕甫,又字誉虎、玉父,号遐翁、遐庵,晚年别署矩园,广州番禺人,祖籍浙江余姚。毕业于京师大学堂仕学馆,早年以交通事业为己任,力行交通救国。为保存文献古籍等国宝不遗余力,并致力于文字改革,先后将所藏书画、典籍、文物重器捐献于北京、上海、广州、苏州、成都等有关机构。

6. 冯钢百(1883—1984),别名百练,号均石,广东新会人。1911 年毕业于墨西哥国立美术学院,后先后进入旧金山、芝加哥、纽约各地美术研究院研究肖像画,师从美国画家罗伯尔特·亨利习油画。1921 年回广州,筹办广州市立美术学校。1934 年任教上海艺专,抗战爆发后回到广东。

7. 陈树人(1884—1948),原名韶、字澍人,别署树仁、树人,别号葭外渔子、安定老人等,广东番禺人。岭南画派创始人之一,中国同盟会成员。1908 年入日本京都市立美术工艺学校,1912 年毕业回国后再次赴日攻读外国文学。1916 年毕业获得文学学士学位,因党务工作赴加拿大,1922 年回上海。1928 年陈树人在沪与何香凝等人以岁寒三友之意组成“寒之友社”,期间出版《陈树人画集》,上海《陈树人书画》(《良友》杂志)、《陈树人画集》(第 3 辑)及诗集《寒绿吟草》等。1932 年 7 月 15—19 日在沪举办陈树人个人绘画展览会并出版《陈树人画集》(第 4 辑)和《桂林山水写生集》。1933 年在沪主持高奇峰后事,1947 年《陈树人画展》在上海大新公司画廊举行,1948 年上海世界书局出版陈树人《自然美讴歌集》,同年病逝广州。

8. 简经纶(1888—1950),字琴石,号琴斋,别署千石,室名千石楼、万石楼、在山楼等,广东番禺人。简朝亮与康有为均为名儒朱次琦的弟子,简经纶得两人亲炙可谓是出师名门。早年,简经纶曾任国民政府参事,后由于时局动荡,转而殚精艺事。他和当时大多数的艺术家一样,把人生的大部分时间留在了艺术与商业异常繁荣的上海,晚年移居香港。

9. 高奇峰(1889—1933),名嵡,字奇峰,广东番禺人。岭南画派创始人之一。高奇峰的绘画技艺、主张以及人生经历均受其兄高剑父影响。民国初年与兄剑父至上海创办《真相画报》及审美书馆,担任审美书馆馆务,出版有《三高遗作合集》等。1933 年被中央政府任命为赴德国柏林中国美术展览会专使,赴南京途中病逝于上海。

10. 高剑僧(1894—1916),名剑争,号剑僧、年生,广东番禺人。“岭南画派”创始人高剑父的六弟,与兄剑父、奇峰合称“岭南三高”。幼从兄长习画,得居派真传,1912 年随兄来沪创办审美书馆、发行《真相画报》。1916 年随高剑父东渡日本进修工艺美术,同年病逝。剑僧实践了其兄倡导的“新国画”,其技法掌握运用已趋于成熟。

11. 梁鼎铭(1895—1959),广东顺德人。自幼喜爱绘画,受西方古典写实主义画风影响较大。1920 年后曾在上海英美烟草公司从事月份牌年画创作。1926 年受聘于广州黄埔军官学校,出任《革命画报》主编,成为军事题材油画家。亦擅水墨画,在 20 世纪 30 年代曾与徐悲鸿、张一尊、沈逸千并称为“画马四杰”。

12. 谭华牧(1898—1976),广东台山人。1924 年毕业于东京美术学校西洋画科。1928 年参与“上海艺术俱乐部”、人文艺术大学的发起,历任上海艺术大学西画系主任、新华艺专、上海美专和中华艺大教授。乐于用一个游离于主流社会的旁观者角度去描绘周围景色,反映所处时代。

13. 许敦谷(1892—1983),字太谷,生于台湾,福建省漳州府龙溪县人,祖籍广东。1914 年考入东京美术学校,师从藤岛武二。1921 年在沪参加晨光美术会,为郑振铎《儿童世界》绘制封面、插图等。1922 年与周勤豪等发起东方艺术研究会。1924 年起任东方艺术专门学校教务长。1926 年投身北伐,后在南京艺术专科学校等处任教。

14. 陈抱一(1894—1945),生于上海,原籍广东。日本东京美术学校西洋画科毕业后回沪开抱一画室,倡导人体、静物写生。先后任教中华艺术大学、上海美专等,参与组织东方画会、晨光美术会、默社等绘画团体。发表多篇美术论文、著作。1942 年发表《洋画运动过程略记》。

15. 周勤豪(1895—?),字钟杰,广东潮阳人。日本东京美术学校西洋画科毕业后回沪创办东方绘画研究会。先后担任上海艺术大学校长、上海美术专门学校西洋画科教授、系主任,发表论文《为什么要研究艺术》。

16. 袁松年(1895—1966),又名十,字鹤文,广东番禺人。毕业于圣约翰大学。早年专攻西洋画,欲借西画方法以新国画面目,后放弃西画,专事国画,兼能诗文。著有《抒情小唱诗集》、《名胜写生集》等。

17. 陈宏(1898—1937),广东海县人。1921 年留学法国,先入圣德天美术专科学校,后改入巴黎美术学院。1925 年归国,任上海美专西洋画系主任,后任广州市美术专科学校教授。不久,到广西省政府工作,任视察员。1937 不幸失足落水身亡。

18. 黄君璧(1898—1991),本名韫之,别名允瑄,号君翁、君璧,室名白云堂,祖籍广东南海。1926 年至上海,结识黄宾虹,神州国光社出版他的仿古人物花鸟集。作为传统派的艺术家,他忠于传统的同时勇于借鉴西画,善于将传统的山水与西画风景写生的意趣相结合。作品既传统又富有现代的写实感。被西方艺术界称为“中国新古典派”。

19. 伍蠡甫(1900—1992),字敬庵,广东新会人,生于上海,当代著名的翻译家、美术理论家、西方文论专家、文学家、国画家。一生著述写作,教书育人,与其父伍光建被称为“中国译坛双子星”。早年就读于上海青年会中学和上海圣约翰大学附中,复旦大学毕业。20 世纪 30 年代赴英国伦敦大学留学。1938 年归国,任复旦大学文学院院长和文艺批评教授。1939 年开始撰写研究中国绘画及画论的论文,研究中国绘画的审美特征。

20. 关良(1900—1986),笔名良公,广东番禺人。1917 年留学日本,入川端研究所和东京太平洋美术学校,师从藤岛武二、中村不折学习素描和油画。回国后先后任上海美术专科学校、上海艺术大学、中华艺术大学教授,并参与“东方艺术研究会”的创办。1924 年在上海宁波同乡会举办画展,被郭沫若、郁达夫等组织的“创造社”聘为美术编辑。1926 年回广州,北伐时期投笔从戎,担任国民政府政治部艺术股长。抗战爆发后辞去公职,长途跋涉去西北各地考察石窟艺术。

21. 李金发(1900—1976),原名李淑良,笔名金发,广东梅县人。早年就读于香港圣约瑟中学,后至上海入南洋中学留法预备班。1919 年赴法勤工俭学,1921 年就读于第戎美术专门学校和巴黎帝国美术学校,在法国象征派诗歌影响下,成为我国第一个象征主义诗人。1925 年初回国执教,同年加入文学研究会,并为《小说月报》、《新女性》撰稿。1927 年秋任中央大学院秘书,1928 年国立艺术院雕塑系主任,创办《美育》杂志,后赴广州塑像,并在广州美术学院工作。20 世纪 40 年代后期出任外交官员,后移居美国。

22. 林风眠(1900—1991),原名林凤鸣,广东梅县人。1918 年在沪通过留法勤工俭学出国考试,赴法留学。1920 年秋转入巴黎国立高等美术学校,改凤鸣为风眠。1926 年回国经上海抵达北京就任北平国立艺专校长一职。1927 年迫于压力辞职,后被蔡元培聘为南京中华民国大学院艺术教育委员会主任委员,次年出任国立杭州艺专校长。1929 年作品参加在沪举行的第一届全国美术展览会及艺术运动社(1928 年成立于杭州)首届展览。1937 年后辞职返沪后于次年赴重庆担任宣传工作。

23. 伍联德(1900—1972),字星联,广东新宁(今台山)人。早年毕业于广州岭南大学预科,后至上海谋生。1923 年上海商务印书馆出版其与同学陈炳洪合译《新绘学》一书。次年进入商务印书馆任美术编辑,主编《儿童教育画》,同时担任郇光小学(1916 年由旅沪广东中华基督教会创办)美术教员。1925 年创办良友印刷所,次年 2 月 15 日创办《良友》画报。

24. 郑慕康(1901—1982),名师玄,号慕康,室名柽华馆主,广东潮阳人。1918 年来沪,进入上海美专,从冯超然学画,曾任教于上海美专。他将西洋画中的明暗法、透视法与冯师的工笔人物糅合为一。工仕女,擅肖像画。

25. 冯文凤(1902—1961),名鹭,别署瘦梅鹤山人,广东鹤山人。擅长书法、国画及西画、摄影、雕塑、音乐等。在新文化运动精神的感召下,1918 年在香港创办香港女子书画学校,1925 年到上海设立分校。1933 年 11 月,由上海新闻报公开征印全国女书画家近作,冯文凤的书法被评为第一名。1934 年,与上海著名女画家李秋君、陈小翠、顾青瑶特发起组织“中国女子书画会”,自 1939 年起连续三年举办“四家书画展览会”。

26. 司徒乔(1902—1958),原名司徒乔兴,广东开平人。1924 年,进入北京燕京大学就读,曾为鲁迅编辑的文艺刊物《莽原》画封面和插图。1925 年,在孙中山的灵前当场作画。1926 年,在北京中央公园水榭举行个人画展,鲁迅选购《五个警察一个○》、《馒头店门前》两幅作品。1928 年春,在上海举办“乔小画室春季展览会”,鲁迅为该展览会作序。1928 年底跟随法国写实派大师比鲁习画。1930 年曾赴美国。1936 年为鲁迅葬礼作巨幅遗像。

27. 丁衍庸(1902—1978),字叔旦,广东茂名人。中国现代画家、美术教育家,日本东京美术学校毕业。先后担任上海立达学园西画教授兼神州女学艺术科西洋画教授、中华艺术大学董事、教务长、艺术教育系主任。1926 年，与关良、陈抱一等组织洋画家联合展览会。1928 年任第一届全国美术展览会甄审及筹备委员会委员。1932 年，回到上海任教新华艺术专科学校。1941 年，回广东并转赴重庆，任教于国立艺术专科学校。1945 年在上海参加九人画会，研讨中西艺术。1949 年 10 月移居香港，改名丁鸿。

28. 关紫兰(1903—1985)，祖籍广东南海。1927 年毕业于上海中华艺术大学西洋画科，师从陈抱一。同年进入日本东京文化学院留学，被誉为“中国闺秀女油画家”。作品多次入选日本的“二科会”美术展览等。留日期间受日本艺术家有岛生马、中川纪元等指点。1930 年日本当局发行的《水仙花》明信片作为中国较早接受野兽派、浪漫主义影响的职业油画家之一，具有现代艺术倾向的风格。1930 年回国后任教上海晞阳美术院。

29. 司徒奇(1904—1997)，字苍城，广东开平人。少时习画。广州市立美术学校西画系毕业后，考进上海中华艺术大学西洋画。油画《艺人之妻》以第一名最佳品入选全国美术展览会。之后回到广州办学，拜高剑父门下。

30. 潘思同(1904—1980)，祖籍广东新会，世居上海。擅长水彩画。早年毕业于上海美术专科学校西画系。1924 年 1 月与陈白微(秋草)等在沪创办白鹅画会，同时出版《白鹅》(半月刊)美术杂志并开展美术教育、传授学生。1929—1931 年任教上海美专西洋画系素描、水彩画。1933 年起任上海商务印书馆美术编辑兼任大成出版社美术编辑。1929 年和 1935 年分别出版《潘思同铅笔画集》、《思同水彩画集》。

31. 王远勃(1905—1957)，广东澄海人。青年时代留学法国学习油画，回国后曾担任上海美专西画科主任(1933—1935)，约 1930 年起担任代理校长一职直至刘海粟赴欧考察回国重新主持学校校务，参与组织发起雁风画室。后弃文从商，定居天津。

32. 梁得所(1905—1938)，广东连县人。美术报人、翻译家。1926 年起担任《良友》画报第三任主编，1933 年辞职创办上海大众出版社，主编《大众画报》(1933—1935，共 19 期)、《小说》半月刊、《文化》月刊、《时事旬刊》等刊物，译著《西洋美术大纲》等。

33. 温涛(1907—1950)，广东省梅县人。1923 年投入粤军，一年后到新加坡谋生，并开始学画。1930 年回到上海，先就学于关良门下，后转入上海艺术大学图画音乐系。“九·一八”事变后，加入左翼美术家联盟。1932 年“一·二八”事变爆发，因受追捕赴香港担任美术和音乐教师。

34. 庄子曼（1907—1969），祖籍广东番禺。1925 年入上海专科美术学校，向刘海粟习画，后就读上海新华艺专。1929 年留学巴黎国立美术学院，师从画家西蒙。期间与几位艺术家组成“中国留法艺术学会”，作品曾入选法国沙龙画展。

35. 陈铁耕（1908—1969），原名陈耀唐，曾用又村、未名、克白等笔名，广东兴宁人。1929 年初与同学陈卓坤、徐正义等组织成立了一八艺社。1930 年到上海从事木刻运动和革命文艺宣传工作。1931 年在上海加入一八艺社研究所及中国左翼美术家联盟，参加鲁迅举办的木刻讲习会。“九·一八”事件爆发，曾和江丰等油印抗日画报、木刻组画传单以宣传抗日。1938 年赴延安，任教鲁迅艺术文学院。

36. 马国亮（1908—2002），广州顺德人。1927—1928 年就读上海新华艺术学院，后进入《良友》画报工作，1933—1938 年出任该报第四任主编。后赴香港与同仁合作出版《大地画报》宣传抗日救国。

37. 陈卓坤（1908—2002），又名李福如、呈陆、伯昂，别号陈广，广东兴宁人。新兴木刻讲习会学员。1928 年就读西湖艺专，1930 年加入左联，参与创办上海一八艺社，发表《美术大众化与大众美术》等论文。抗战爆发后奔赴延安。

38. 胡善余（1909—1993），广东开平人。1928 年入上海人文艺术大学学习绘画。半年后转入杭州国立艺术院学习，师从林风眠、蔡威廉。1930 年从国立杭州艺术院肄业，赴法留学，入法国巴黎国立美术学校学习。师从于法国写实画家西蒙，作品《自画像》、《静物》入选法国春季沙龙。1935 年春毕业回国，先入广州西南美术研究所任研究员，1935—1936 年间至广州市立艺术专科学校任教。

39. 谢海燕（1910—2001），原名海砚，广东揭阳人。1928 年考入上海中华艺术大学西洋画科，师从陈望道、陈抱一等，后赴日本东京帝国美术学校研修绘画与美术史。曾任上海汉文正楷印书局编辑部主任兼《国画月刊》主编，上海美术专科学校教授、教务长、副校长，东南联合大学、暨南大学、英士大学教授，南京艺术专科学校教授兼教务长。

40. 黄山定(1910—1996)，别名黄聊化，广东兴宁人。新兴木刻讲习会学员。1931 年在沪加入一八艺社，次年加入春地美术研究会及左联，1934 年毕业于新华艺专。离开上海后进入延安鲁迅艺术学院学习，毕业后担任画报美术编辑，亦作中国画。

41. 钟步卿(1910—　)，原名青云、后改名步卿、亦作步清，广东兴宁人。新兴木刻讲习会学员。1929 年辗转杭州抵沪，考入上海美专艺术教育系，后转入西画系。在沪期间参与左联、一八艺社、MK 木刻研究会、春地美术研究所、野风画会等活动。1934 年 1 月上海美专新制第十三届西画系毕业后回广东担任美术教师。

42. 顾鸿干，亦作洪干，广东新兴人。新兴木刻讲习会学员。曾就读杭州艺专，一八艺社、左联成员。

43. 邓启凡，广东兴宁人，新兴木刻讲习会学员。

44. 梁白波(1911—1987)，广东中山人。生于上海，决澜社成员，漫画《蜜蜂小姐》作者。画风接近欧洲的现代派。1934 年冬，为《小说》半月刊绘制封面。抗战爆发后投身抗日漫画宣传队伍。被誉为“30 年代中国唯一一位才华出众、具有很大影响的女漫画家”。

45. 白危(1911—1984)，原名吴钦宏，又名吴渤，广东兴宁人。1930 年进入上海东亚同文书院学习，积极参加左翼新兴木刻运动。在鲁迅先生的指导下编译《木刻创作法》。抗战爆发后，进行抗日救亡宣传工作。

46. 陈烟桥(1911—1970)，笔名李雾城，广东宝定人。上海新华艺术专科学校西洋画系毕业，从事进步艺术活动，并加入中国左翼美术家联盟。1932 年冬，与陈铁耕、何白涛等在校组织野穗社。1934 年，木刻作品《天灾》、《投宿》、《某女工》、《受伤者的呐喊》四幅入选在巴黎举行的“革命的中国绘画与木刻展览”。翌年出版手拓本《陈烟桥木刻集》。1936 年底，与江丰、沃渣等发起组织上海木刻工作者协会。抗日战争爆发后，在武汉、重庆等地从事抗日宣传活动。

47. 梁锡鸿(1912—1982)，广东中山人。1927—1930 年，先后就读于广州市立美术学院、上海美术专科学校、上海中华艺术大学。1933 年东渡日本习画，参与创立“中华独立美术协会”。在《良友》、《艺风》发表介绍西方近代美术画派文稿，创办《独立美术月刊》。1948 年撰写《中国的洋画运动》。

48. 赵兽(1912—2003)，本名赵伟雄，广东亘家人。1928—1932 年间，先后就读于广州市立美术学校图案科、上海艺术专科学校，1933 年留学日本，入川端画学校、日本大学艺术科、前卫洋画研究所学习，初用笔名赵兽。1934 年在东京参加“中华旅日作家十人展”，次年在东京与梁锡鸿等人创立“中华独立美术协会”。同年归国，在广州、上海等地参加了由该协会主办的多次展览，并在《艺风》、《良友》等重要杂志上发表作品和文章，与会员共同编有《独立美术》、《美术杂志》等多种刊物。抗战爆发后，赴粤北从事战时宣传和教育工作。

49. 黎冰鸿(1913—1986)，原名黎炳康，广东东莞人，出生于越南鸿基，幼时侨居越南。早年得画家阮有悦启蒙指导，曾从画家李铁夫学画。20 世纪 30 年代末到上海投身美术活动和爱国民主活动。

50. 黄苗子(1913—　)，原名祖耀，广东中山人。漫画家。少时漫画作品入选香港学生画展，1932—1938 年间在沪担任上海市政府租界办事处办事员、大众出版社《大众画报》、《小说半月刊》编辑，上海市禁烟委员会科员，上海市政府机要室科员等职务，参与筹备首届全国漫画展，抗战爆发后，辗转广州、重庆、上海等地从事文艺活动。

51. 赖少其(1915—2000)，笔名少麟，斋号“木石斋”，广东普宁人。早年参加鲁迅倡导的木刻运动，是现代版画研究会主要负责人之一。1934 年为“现代版画研究会”主要成员，编译中国新兴木刻史上第一个介绍版画技法的书籍《创作版画雕刻法》(上海形象出版社出版)，1935 年开始发表作品。1936 年毕业于广州美术专科学校西洋画系。

52. 特伟(1915—2010)，原名盛松，广东中山人，生于上海。20 世纪 30 年代专攻国际时事讽刺漫画，抗战爆发后加入抗日漫画宣传队，担任该队领导人之一，辗转桂林、重庆等地。1941、1942 年在香港出版《特伟讽刺漫画集》、《风云集》。1949 年期开始中国水墨动画编导工作，上海美术电影制片厂首任厂长，代表作《小蝌蚪找妈妈》、《牧笛》等。

53. 黄新波(1916—1980)，原名黄裕祥，笔名一工，广东台山人。1933 年赴上海，参加中国左翼作家联盟、中国左翼美术家联盟，并与刘岘组织未名木刻社，在鲁迅先生指导下从事新兴木刻运动。1935 年参加中国左翼美术家联盟东京分盟（发起人官亦民、顾鸿干、陈学书等），1936 年发起成立上海木刻工作者协会，并参与举办第二届全国木刻流动展览；出版木刻作品集《路碑》。1938 年参加在武汉成立的中华全国木刻界抗敌协会。

参考文献

1. 中文文献(按作者姓氏拼音顺序排列):

[1] 安宇,周棉. 留学生与中外文化交流[M]. 南京:南京大学出版社,2000.

[2] 昂智慧. 文本与世界——保尔·德曼文学批评理论研究[M]. 上海:上海人民出版社,2009.

[3] 白危. 木刻创作法[M]. 上海:读书生活出版社,1937.

[4] 毕克官. 李叔同和丰子恺:中国现代木刻版画的先行者[J]. 寻根,2001(3).

[5] 蔡元培. 对于教育方针之意见[C]//蔡元培美学文选. 北京:北京大学出版社,1983:1-7.

[6] 陈抱一. 日本洋画发展的概况[J]. 前锋月刊,1930(2).

[7] 陈抱一. 洋画运动过程略记[J]. 上海艺术月刊,1942(5)-(12).

[8] 陈抱一. 洋画运动过程略记[C]//郎绍君,水天中. 二十世纪中国美术文选上. 上海:上海书画出版社,1999:544-574.

[9] 陈抱一. 女性肉体美的观察[N]. 申报·艺术界,1925-10-07.

[10] 陈抱一. 油画鉴赏说[N]. 申报·艺术界,1925-10-08.

[11] 陈抱一. 油画艺术是什么[N]. 申报·艺术界,1925-10-14.

[12] 陈伯海,袁进. 上海近代文学史[M]. 上海:上海人民出版社,1993.

[13] 陈木兴. 李叔同(弘一大师)与中日文化交流[C]//弘一大师纪念文集. 福州:海风出版社,2005:271-282.

[14] 程美宝. 地域文化与国家认同:晚清以来"广东文化"观的形成[M]. 北京:生活·读书·新知三联书店,2006.

[15] 陈平. 李格尔与艺术科学——西方李格尔研究述要[J]. 新美术,1999(1).

[16] 陈平. 李格尔与"艺术意志"的概念[J]. 文艺研究,2001(5).

[17] 陈瑞林. 陈抱一和中国早期的油画运动[J]. 美术研究,1986(2).
[18] 陈瑞林. 现代美术家陈抱一[C]. 北京: 人民美术出版社,1988.
[19] 陈瑞林. 20 世纪中国美术教育历史研究[M]. 北京: 清华大学出版社,2006.
[20] 陈瑞林. 城市文化与大众美术: 1840—1937 年中国美术的现代转型[J]. 清华大学学报: 哲学社会科学版,2009(4).
[21] 陈真魂. 陈树人先生年谱[M]. 广州: 岭南美术出版社,1994.
[22] 陈振濂. 近代中日绘画交流史比较研究[M]. 合肥: 安徽美术出版社,2000.
[23] 高奇峰. 真相画报[J]. 1912(1)-1913(17). 上海: 真相画报社,1912-1913.
[24] 关良. 关良回忆录[M]. 上海: 上海书画出版社,1984.
[25] 广州美术学院岭南画派研究室. 岭南画派研究: 第 1 辑[C]. 广州: 岭南美术出版社,1987.
[26] 广州美术学院岭南画派研究室. 岭南画派研究: 第 2 辑[C]. 广州: 岭南美术出版社,1990.
[27] 郭笙. "五四"时期的工读运动和工读思潮[M]. 北京: 教育科学出版社,1986.
[28] 郭绪印. 老上海的同乡团体[M]. 上海: 文汇出版社,2003.
[29] 韩强. 岭南区域文化构成及特色[J]. 岭南文史,2007(4).
[30] 胡伟. 东方的理想——日本东京艺术大学[M]. 北京: 人民美术出版社,2004.
[31] 孔令伟. 风尚与思潮: 清末民国初中国美术史的流行观念[M]. 杭州: 中国美术学院出版社,2008.
[32] 郎绍君. 林风眠的艺术历程[M]//守护与拓进: 二十世纪中国画谈丛. 杭州: 中国美术学院出版社,2001: 347-400.
[33] 李超. 上海油画史[M]. 上海: 上海人民美术出版社,1995.
[34] 李超. 中国早期油画史[M]. 上海: 上海书画出版社,2004.
[35] 李超. 中国现代油画史[M]. 上海: 上海书画出版社,2007.

[36] 李超.宏约深美——上海美专的西画活动[M].上海：上海锦绣文章出版社,2008.

[37] 李公明.广东美术史[M].广州：广东人民出版社,1993.

[38] 李桦,李树声,马克.中国新兴版画运动五十年[M].沈阳：辽宁美术出版社,1981.

[39] 李清悚,顾岳中.帝国主义在上海的教育侵略活动资料简编[M].上海：上海教育出版社,1982.

[40] 李伟铭.图像与历史——20世纪中国美术论稿[M].北京：中国人民大学出版社,2005.

[41] 李喜所.近代中国的留学生[M].北京：人民出版社,1987.

[42] 李允经.中国现代版画史[M].太原：山西人民出版社,1996.

[43] 李允经.鲁迅与中外美术[M].太原：书海出版社,2005.

[44] 李铸晋,万青力.中国现代绘画史·民国之部[M].上海：文汇出版社,2003.

[45] 梁启超.饮冰室合集·文集：第2册[C].上海：中华书局,1989.

[46] 梁白波.蜜蜂小姐[M].济南：山东画报出版社,1998.

[47] 梁超.时代与艺术：关于清末与民国"海派"艺术的社会学诠释[M].杭州：中国美术学院出版社,2008.

[48] 刘晓路.为了忘却的记忆：世纪初美术史上的中国留日学生[J].美术家通讯,1994(12).

[49] 刘晓路.让先辈们名垂史册——《东京美术学校中国留学生名簿》的世纪沉思[J].美术家通讯,1996(3).

[50] 刘晓路.寻找川端画学校[J].美术家通讯,1996(8).

[51] 刘晓路.肖像后的历史 档案中的青春：东京艺大收藏的中国留学生自画像(1905—1949)[J].美术研究,1997(3).

[52] 刘晓路.从中国风格到日本主义：东西方视线的交错[J].新美术,1997(3).

[53] 刘晓路.各奔东西：纪念近代留学东洋和西洋的中国美术先驱们[J].新美术,1998(3).

[54] 刘晓路. 青春的上野：李叔同和东京美术学校的中国同窗[J]. 荣宝斋，2000(6).

[55] 刘晓路. 20 世纪中国美术的留学生[J]. 美术，2000(7).

[56] 刘瑞宽. 中国美术的现代化：美术期刊与美术活动的分析：1911—1937[M]. 北京：生活·读书·新知三联书店，2008.

[57] 鲁迅. 拟播布美术意见书[M]//鲁迅全集：第 8 卷. 北京：人民文学出版社，1989：46－47.

[58] 卢辅圣. 岭南画派研究：朵云第 59 集[C]. 上海：上海书画出版社，2003.

[59] 吕新雨.《良友》画刊：浮华世界的欲望与美丽[J]. 新周刊，2008(19).

[60] 吕澎. 20 世纪中国艺术史[M]. 北京：北京大学出版社，2006.

[61] 罗淑慧. 日治时期的台湾留日美术家——以东京美术学校为研究中心[D]. 台湾："国立中央"大学历史研究所，2009.

[62] 骆献跃，王平. 彩绘当代：中国水彩画艺术文献集[M]. 南宁：广西美术出版社，2010.

[63] 大未来画廊. 民初西洋美术的开拓者[M]. 台北：大未来艺术有限公司，1996.

[64] 丁言昭. 倪贻德艺术随笔[M]. 上海：上海文艺出版社，1999.

[65] 潘耀昌. 20 世纪中国美术教育[C]. 上海：上海书画出版社，1999.

[66] 潘耀昌. 中国近现代美术教育史[M]. 杭州：中国美术学院出版社，2002.

[67] 潘耀昌. 中国近现代美术史[M]. 上海：百家出版社，2004.

[68] 齐凤阁. 中国新兴版画发展史：1931—1991[M]. 长春：吉林美术出版社，1994.

[69] 清华大学中共党史教研组. 赴法勤工俭学运动史料：第 1 册[M]. 北京：北京出版社，1979.

[70] 全岳春. 上海陈年往事——《新民晚报·上海珍档》选粹[C]. 上海：上海辞书出版社，2007.

[71] 阮荣春，胡光华. 中华民国美术史：1911—1949[M]. 成都：四川美术出

版社，1992.
[72] 《上海出版志》编纂委员会. 上海出版志[M]. 上海：上海社会科学院出版社，2000.
[73] 上海鲁迅纪念馆，江苏古籍出版社. 版画纪程——鲁迅藏中国现代木刻全集[M]. 南京：江苏古籍出版社，1991.
[74] [日] 深见东洲. 日本与中国的美术市场现状[J]. 美术观察，2006(4).
[75] 四方当代美术馆. 民国油画收藏展[M]. 南京：江苏美术出版社，2006.
[76] 宋钻友. 广东人在上海：1843—1949 年[M]. 上海：上海人民出版社，2007.
[77] 石剑锋. 上海文化身份的建立[J]. 上海风采，2010(7).
[78] 王邦雄. 艺术的味道：面对图像文化[M]. 上海：百家出版社，2009.
[79] 王慧青. 馆藏创刊号——《真相画报》[EB/OL]. (2009－05－04)/[2010－09－08]http://www.archives.sh.cn:8888/web/platformData/infoplat/pub/sdajytw_24/docs/200905/d_291509.html
[80] 王列辉. 近代上海港崛起的"天时地利人和"[N]. 中国社会科学报，2009－12－17(5).
[81] 王锡荣. 画者鲁迅[M]. 上海：上海文化出版社，2006.
[82] 王震. 20 世纪上海美术年表[M]. 上海：上海书画出版社，2005.
[83] 王忠萍. 清末民初的留日学生与中国近代社会变迁[J]. 徐州师范大学学报，2002(2).
[84] 吴冠中.《林风眠画集》序[M]//放眼看人. 北京：团结出版社，2008：97－99.
[85] 吴梦非. "五四"运动前后的美术教育回忆片断[J]. 美术研究，1959(3).
[86] 徐昌酩. 上海美术志[M]. 上海：上海书画出版社，2004.
[87] 许志浩. 中国美术期刊过眼录：1911—1949[M]. 上海：上海书画出版社，1992.
[88] 姚公鹤. 上海闲话[M]. 上海：上海古籍出版社，1989.
[89] 杨慧丹. 西方艺术思潮对民国初期三地国画画风的影响[J]. 跨世纪，2009(1).

[90] 叶朗. 美学原理[M]. 北京：北京大学出版社，2009.

[91] 余弦. 现代日语语法[M]. 大连：大连理工大学出版社，2002.

[92] 邹依仁. 旧上海人口变迁的研究[M]. 上海：上海人民出版社，1980.

[93] 赵力，余丁. 中国油画文献：1542—2000[M]. 长沙：湖南美术出版社，2002.

[94] 张晓辉，孙利平. 民国前期粤商文化在上海的辐射效应[J]. 学术月刊，2004(12).

[95] 郑工. 演进与运动——中国美术的现代化：1875—1976[M]. 南宁：广西美术出版社，2002.

[96] 周一川. 近代中国女性日本留学史：1872—1945[M]. 北京：社会科学文献出版社，2007.

[97] 朱伯雄，陈瑞林. 中国西画五十年：1898—1949[M]. 北京：人民美术出版社，1989.

[98] 朱自清. 中国新文学大系：诗集[M]. 上海：良友图书公司，1936.

2. 中文译著(按出版时间顺序排列)：

[1] [法] 泰纳. 艺术哲学[M]. 傅雷，译. 北京：人民文学出版社，1963

[2] [日] 菊地三郎. 陈抱一和中国的西画[J]. 周艳丽，译. 美术画报，1981 (1)-(3).

[3] 容闳. 西学东渐记[M]. 徐凤石，恽铁樵，译. 长沙：湖南人民出版社，1981.

[4] [德] 马克思恩格斯论艺术：第 1 卷[M]. 北京：中国社会科学出版社，1982.

[5] [日] 实藤惠秀. 中国人留学日本史[M]. 谭汝谦，林启彦，译. 北京：生活·读书·新知三联书店，1983.

[6] [俄] 普列汉诺夫. 普列汉诺夫美学论文集：第 1 册[M]. 曹葆华，译. 北京：人民出版社，1983.

[7] [英] 贡布里希. 理想与偶像——价值在历史和艺术中的地位[M]. 范景中，曹意强，周书田，译. 上海：上海人民美术出版社，1989.

[8] [英] 珍妮特·沃尔芙. 艺术的社会生产[M]. 董学文,王葵,译. 北京:华夏出版社,1990.

[9] [英] 爱德华·泰勒. 原始文化[M]. 连树声,译. 上海:上海文艺出版社,1992.

[10] [美] 费正清. 剑桥中华民国史[M]. 杨品泉,张信,孙开远,等译. 北京:中国社会科学出版社,1994.

[11] [美] 萨义德. 文化与帝国主义[M]. 李琨,译. 北京:生活·读书·新知三联书店,2003.

[12] [瑞士] 海因里希·沃尔夫林. 艺术风格学——美术史的基本概念[M]. 潘耀昌,译. 北京:中国人民大学出版社,2004.

[13] [美] 露丝·本尼狄克特. 菊与刀——日本文化面面观[M]. 北塔,译. 上海:上海三联书店,2007.

[14] [美] 克莱门特·格林伯格. 艺术与文化[M]. 沈语冰,译. 桂林:广西师范大学出版社,2009.

[15] [英] 亚历山大. 艺术社会学[M]. 章浩,沈杨,译. 南京:江苏美术出版社,2009.

3. 英文文献(按作者姓氏字母顺序排列):

[1] Burke, C. *Chen Chengbo (1895 -1947): A Taiwanese Painter At the Crossroads of Modernity* [D]. The Ohio State University, 2005.

[2] Croizier, R. *Art and Revolution in Modern China: The Lingnan (Cantonese) School of Painting*, 1906 - 1951 [M]. Berkeley, University of California Press,1988.

[3] Gabrel P. Weisberg, Jane R. Becker. *Overcoming All Obstacles: The Women of the Académie Julian* [M]. Rutgers University Press, NJ, 1999.

[4] Haskell, F. *History and It's Images: The Art as an Index of Society*[M]. Yale University,1993.

[5] Lambourne, L. *Japonisme: Cultural Crossings between Japan and*

the West [M]. Phaidong Press Limited, NY, 2005.

[6] Skira, A. *Japanese Painting* (*Treasures of Asia*) [M]. Albert/Rizzoli, NY, 1990.

[7] Sullivan, M. *The Meeting of Eastern and Western Art* [M]. Rev. and exp. ed. Berkeley, University of California Press, 1989.

4. 日文文献(按出版时间顺序排列):

[1] [日] 大日本国民中学会. 絵画独習書[M]. 東京:東京国民書院,1909.

[2] [日] 旭正秀. 創作版画の作り方[M]. 東京:弘文社,1927.

[3] [日] 小倉忠夫. 現代日本美術全集 11[M]. 東京:集英社,1971.

[4] [日] 木川正隆. 現代日本美術全集 12[M]. 東京:集英社,1971.

[5] [日] 芥川龍之介. 西洋画のやうな日本画. 芥川龍之介全集第四巻[C]. 東京:筑摩書房,1971.

[6] [日] 細野正信. 原色現代日本の美術 4-東京画壇[M],東京:小学館,1978.

[7] [日] 富山秀男. 原色現代日本の美術 7-近代洋画の展開[M]. 東京:小学館,1979.

[8] [日] 日本の印象派. 原色現代日本の美術第 5 巻[M]. 東京:小学館,1979.

[9] [日] 小林忠. 原色現代日本の美術 2-日本美術学院[M],東京:小学館,1979.

[10] [日] 東京下町の昭和史-明治、大正、昭和 100 年の記録[M]. 東京:毎日新聞社,1983.

[11] [日] 富山秀男. 近代日本洋画素描大系 3-昭和Ⅰ戦前[M]. 東京:講談社,1984.

[12] [日] 鶴田武良. 民国期における全国規模の美術展覧会:近百年来中国絵画史研究 1[J]. 美術研究,1991(349).

[13] [日] 瀬木慎一. 美術経済白書[M]. 東京:美術年鑑,1991.

[14] [日] 樋田直人. 蔵書票の魅力—本を愛する人のために[M]. 東京:丸

善ライブラリー，1992.

［15］［日］波田野節子. 金東仁と藤島武二[M]. 天理大学朝鮮協会，1997.

［16］沈国威. 康有为及其《日本书目志》[J]. 或问，2003(5).

［17］［日］小川裕充.『美術叢書』の刊行について：ヨーロッパの概念"FineArts"と日本の訳語「美術」の導入[J]. 東京大学文学部美術史研究室：美術史論叢 20，2004(2).

［18］［日］ワタリウム美術館. 岡倉天心——日本文化と世界戦略[M]. 東京：平凡社，2005.

［19］［日］荒木慎也. つくられる個性：東京芸術大学と受験産業の美術教育[M]. 東京大学大学院総合文化研究科，2005.

［20］李葉篯. 近代中国における美術展覧会の生成——第一次教育部全国美術展覧会を中心に[D]. 日本：千葉大学，2008.

［21］［日］小谷一郎. ふたたび一枚の写真から——王道源、そして「青年芸術連盟」のことども[J]. 日本アジア研究，2009(6).

［22］［日］吉田千鶴子. 近代東アジア美術留学生の研究——東京美術学校留学史料[M]. 東京：ゆまに書房，2009.

5. 主要参考网站

［1］法国巴黎国立高等美术学校：http://www.ensba.fr

［2］法国第戎美术学校：http://www.ensa-dijon.fr

［3］亚洲历史资料中心：http://www.jacar.go.jp

［4］东京文化财研究所：http://www.tobunken.go.jp

［5］筑波大学现代艺术研究所 Modern Art Studies：http://www.geijutsu.tsukuba.ac.jp

［6］东京艺术大学：http://www.geidai.ac.jp

［7］女子美術大校：http://www.joshibi.ac.jp

［8］WebAE 誌『芸術と教育』：
http://www.art.hyogo-u.ac.jp/fukumo/WebJournal/WebAE.html

［9］黒田清辉纪念馆：http://www.tobunken.go.jp/kuroda/index.html

[10] 有岛生马纪念馆：
http://www. ne. jp/asahi/shinmachi/museum/arishima _ museum/arisimamus_index. html
[11] 久米美术馆：http://www. kume-museum. com/index. html
[12] 林风眠网站：http://www. linfengmian. net/index. htm
[13] 广东文化网：http://www. gdwh. com. cn

后　记

一晃拿到博士学位已经四年了。每天忙于教学、科研，似乎博士论文已经离我远去，却又时常萦绕心头。

感谢上海师范大学，使我终于有机会作为多摩美术大学研究员赴日进行为期一年的访学，研究20世纪中日艺术交流史。感谢上海市教卫党委、市教委的上海市高校青年教师培养资助计划，使我能在启程之前将博士论文出版。临行前的这本书尽可能地保留了博士时期的文字，想呈现给读者最真实的自我。

感谢导师潘耀昌教授多年来的悉心指导和关怀。感谢陈平教授、李超教授、陈瑞林教授邀我参与各种项目的资料收集及英文、日文翻译工作，使我更深入地了解早期上海的艺术活动状况。感谢邹其昌教授、范景中教授、哈佛燕京学社汪跃进教授对本文框架结构提出的宝贵建议。感谢邵琦教授、秦钠博士、周成璐博士、唐小兵博士以及上海书店出版社原社长、总编俞子林先生对本书写作给予的热情指导。感谢上海大学出版社傅玉芳、柯国富两位老师为本书顺利出版付出的辛劳。

感谢陈抱一的家属陈鸿逵、陈乐德、郭念祖、陈健怡以及黎鲁等老前辈，是他们珍贵的回忆使我对那段历史有了更深刻的理解。感谢使我有机会欣赏到留日画派原作并提供这些作品图片的叔叔徐龙森。感谢上海图书馆的黄显功先生、上海鲁迅纪念馆的王锡荣先生、日本版画家末广吉成先生以及在资料收集过程中所有为我提供过帮助的各位老师、朋友。当然，还要感谢指引我步入艺术殿堂的父亲与母亲，是他们给了我努力学习的信心与力量。

广东艺术家，以漂泊的传播者身份，将现代艺术引入上海，传遍大江南北，是我国近现代艺术史中不容忽视的一个群体。百年后的今天，我立志成为艺术交流的使者，立足上海，继续探寻近现代文化交流中艺术家们留下的足迹。希望归来之后能够递交一份满意的答卷。

徐　立

2015年6月于清风轩